# 漢川善書・上冊

漢川市文化體育新聞出版局　編

總序

雷文潔

　　湖北是楚文化的發祥地，歷史悠久，文化燦爛。在漫長的歷史長河中，勤勞智慧的荊楚兒女不僅創造了大量的物質文化遺產，而且創造了豐富多彩、絢麗多姿的非物質文化遺產。這些寶貴的文化遺產，凝聚了荊楚先民的民俗信仰、價值觀念、社會理想與道德追求，不僅是荊楚民眾生生不息、繁衍發展的精神支柱，也是推動當今社會發展進步的重要力量。

　　湖北是非物質文化遺產大省，是全國實施非物質文化遺產保護工程較早的地區之一。十年來，在省委、省政府的高度重視和社會各界的大力支持下，我省非物質文化遺產保護工作取得了可喜成績。已經建立了國家、省、市、縣四級名錄體系，保護機構逐步健全，保護隊伍不斷壯大，保護制度日趨完善，傳承工作成效顯著，社會影響不斷擴大，基層立法和數據庫建設走在全國前列。目前，有人類非物質文化遺產代表作名錄四項，國家級非物質文化遺產名錄一二七項，省級非物質文化遺產項目四六六項；國家級代表性傳承人五十七人，省級代表性傳承人五七一人；現已有五個國家級非物質文化遺產生產性保護示範基地，十九個省級非物質文化遺產生產性保護示範基地，一個國家級文化生態保護實驗區，十三個省級文化生態保護實驗區和十六個非物質文化遺產研究中

心。

從二〇一二年起，湖北省非物質文化遺產保護中心陸續編輯出版《湖北省非物質文化遺產叢書》，系統展示我省非物質文化遺產保護在挖掘整理、項目研究、傳承保護等方面的成果。本套叢書的出版，凝聚著全省非物質文化遺產保護工作者的心血與汗水。在此，向他們表示衷心感謝並致以崇高敬意！

非物質文化遺產是民族智慧的結晶，是聯結民族情感的紐帶和維繫國家統一的基礎。保護和利用好非物質文化遺產，對落實科學發展觀，實現經濟社會全面、協調、可持續發展具有重要意義。加強非物質文化遺產保護工作是各級文化部門的重要職責，是全省文化工作者義不容辭的責任。我們要以更加紮實的作風，更加有效的措施，努力提高我省非物質文化遺產保護工作質量和水平，為推動文化強省建設，實現湖北「建成支點、走在前列」做出積極貢獻。

是為序。

　　善書是我國宗教文化和民間文學的重要組成部分之一，顧名思義是勸善之書，勸人為善而去不善。最初是宗教徒通過講述與佛教、道教有關的故事而宣傳其教義，對世人進行勸化的工具，具有明顯的宗教性。舊日善書曲藝的思想體系屬道教一脈，其內容以道教為本而融匯儒、佛並兼采民間信仰——即道教的積善消惡觀念，佛教的「因果輪迴」和「因果報應」或者「感應」的信仰，儒家的忠孝節義、道德內省與陰騭觀念共同構成善書的思想體系，這也是中國宗教深植的傳統。

　　作為一種從宗教的「說善書」脫胎而來的說唱藝術，善書本來流行全國，更是遍及湖北江漢平原的各個角落。之所以最終在漢川發揚光大，獨樹一幟，是由於歷史上漢川是眾水匯歸之區，清代至民國，襄河兩岸開出九條支津，匯歸漢水，水鄉逐漸變成平原，群眾也逐漸由捕撈轉至耕種，生活日趨安定，對文化、教育的要求也日益迫切。由於善書是一種敘述體，不像戲劇那樣要求化裝，其形式簡單，易於繼承，故善書很快被人接受，並發展演變為盛行於湖北省漢川市及其周邊地區的一種地方性曲藝曲種——漢川善書。自清朝乾隆年間形成曲藝形式以來，漢川善書已有二百六十餘年歷史。它是我國曲藝寶庫中一朵耀眼的奇葩，是善書藝術在發展過程中不斷本地化的結果。其藝術特點和風格可以概括為十個字：正派、雅緻、動聽、感人、完整。因其主流思想健康積極、故事性強、情節生動、講唱並美而擁有廣泛深厚的群眾基礎，與黃陂花鼓、陽邏高蹺一起被人們譽為「湖北三盛」。

歷史滄桑巨變，漢川善書經歷了移植、發展、提高的過程。新中國成立後，漢川善書在「雙百方針」、「兩為方向」等文藝政策的指導和鼓勵下，日趨成熟完善——首先，漢川善書吸收了其他曲種和地方戲曲的長處，改革了原來善書的演出形式，由「一人班」發展成「兩人班」，進而又發展到多人同臺、分工角色、上下場，猶如戲劇，自然活潑，用定場詩代替了「聖諭」，更為群眾所喜聞樂見。其次，吸收地方民歌、生活音調乃至本地其他曲種的音樂，改造、創立、豐富了善書的唱腔，對漢川善書的唱腔進行了記譜和整理，並依據其各自的韻律、節奏、情緒、表現力等特點為善書唱腔的曲牌進行了分類和命名，歸納出了漢川善書的唱腔曲牌——大宣腔、小宣腔、流水宣腔、丫腔、梭羅腔、歡樂腔、怒斥腔、哀思腔、流浪腔、漁鼓腔、正板兩塊皮、花腔數板、單頭數板計十三個。其三，改革了唱詞框架。過去的善書常是三三四式的十字句。難以表達眾多人物錯綜複雜的思想感情。漢川藝人突破了這種傳統框架，創造出三二三式的八字句，四四三和三四四式的十一字句，三三七式的十三字句，五五七式的十七字句和不規則的長短句式，同時又改革了一些唱腔，使古老的善書煥發出新的生機與活力。其四，在整理、移植、改編古書目的同時，創作了《三槐冤》《活鯽魚》《浪子回頭》《一口血》等大批取材於本地的新書目，用善書向人民大眾宣傳新思想、新道德、新風尚，使善書順應了社會發展的潮流。

　　漢川市文化部門近年來不遺餘力地開展了對漢川善書的搶救挖掘、保護推廣、傳承發展等卓有成效的工作。蒐集到的善書案傳的孤本、珍本、善本已達到二百多個，並鼓勵新生代藝人新創或移植、改編案傳多個；釐清整理了漢川善書的新舊唱腔曲牌，分析劃定了漢川善書的傳承譜系，組織開展了多次國際國內的理論研討和演出展示。這一系列舉措使漢川善書的知名度和影響力大為提高，引起了國內外相關領域專家學者的關注和研究，有一大批理論研究文章在各級相關學術刊物上發表。

二〇〇五年和二〇〇六年，我們已相繼編輯出版了《漢川善書》文史資料第一、二輯。主要刊載了漢川善書早期理論研究文章，同時共精選了三十八個善書案傳。在這本集子裡，選編了近年來國內有關科研院所和本地學者的理論研究文章九篇和已收集的所有善書案傳目錄；同時精心遴選了既適於案頭閱讀又宜於表演宣講的代表性善書案傳二十五個。

　　在這些案傳中，由於受到善書發展變遷的侷限性，難免出現因果報應，因緣輪迴等不合時代發展的內容，還需要讀者在品評時秉持辯證唯物主義和歷史唯物主義的文學觀來鑑別、取捨和揚棄。

　　漢川善書的演出形態特點是以漢川方言採取「韻散相間，講唱結合」的方式進行的，尤其宣詞也就是韻文部分講究「仄起平出」的聲調特點和「方言歸韻」的用韻特點。漢川方言發聲不分捲舌音平舌音，收尾不分前鼻音後鼻音的特點在宣詞中體現的尤為明顯，這也是漢川善書的固有藝術基因。本書案傳為了忠於這些藝術特點和方言特色，音義用韻等不能用普通話的音律規範匡正。

　　漢川善書作為瀕危的仍難得地保持常年活態演出的曲藝曲種，二〇〇六年以其寶貴的歷史價值、豐富的人文內涵、獨特的藝術魅力而被國務院列入首批國家級非物質文化遺產保護名錄。中共漢川市委、市人民政府以此為契機，加大了對漢川善書的保護、發展、傳承工作力度，作為地方特色曲藝品種不斷推陳出新，使漢川善書在當今城鄉文化娛樂市場仍占有重要地位；同時由於漢川善書演出方式靈活，既簡便又生動活潑，並且能隨著社會進步不斷豐富自己的內容，改進表演形式，始終保持鮮活的姿態，保持貼近民間生活，富於道德教化的可貴特色，所以其與當地文化生活和民間習俗有著很好的融合。這樣，漢川善書就在當地的民間文化生態中顯得生機旺盛，為未來的傳承和發展不斷注入活力。

在資料的蒐集整理和編輯過程中，得到社會各界和有關人士的大力
支持，在這裡一併表示感謝。

由於編輯水平有限，書中難免出現錯訛，敬請讀者批評指正，並提
出寶貴意見。

編　者

# 目錄
CONTENTS

# 善書案傳

# 善書理論研究

# 傳統曲藝與新農村文化建設

## ——以「漢川善書」為例

侯姝慧[1]

〔摘要〕傳統曲藝是我國傳統文化的重要載體，漢川善書是其中具有代表性的品類，它有著深厚的歷史淵源和文化底蘊，不僅是維繫鄉村人群的精神紐帶，也是溝通民眾與官方文化的橋樑；同時還具有與時俱進的品質，能夠順應歷史發展的潮流，並以其高度凝聚力和藝術感染力為促進新農村公共文化空間構建，推動鄉風文明建設，恢復和重建農村的文化基礎做出應有的貢獻，因此復興傳統曲藝是促進農村文化重建的有效增長點。

〔關鍵詞〕傳統曲藝　新農村文化　和諧　漢川善書　非物質文化遺產

　　傳統曲藝是我國歷史上流傳最悠久、積澱傳統文化最深厚的藝術門類之一，不僅在鄉土社會具有深厚的群眾基礎、高度凝聚力和藝術感染力，而且還有著與時俱進的品質，是一種善於從其他文學藝術門類吸取營養並不斷推陳出新的「說唱藝術」。它源於鄉土、盛於鄉土、傳於鄉土，是鄉土文化的載體，是維繫農村人群的精神紐帶，也是民間文化與主流文化之間溝通調和的重要途徑。因此，在我國農村文化出現斷裂衰敗現象的情況下，發展傳統曲藝應是新農村文化重建工程中的增長點之一。

---

1　侯姝慧（1979-　），山西省忻州人，太原科技大學藝術系助教，華中師範大學中國民間文學專業2006級博士研究生。

漢川善書是湖北省首批入選國家非物質文化遺產名錄的珍貴的曲藝品種，簡稱「善書」，又稱「未開言」，是以講唱高臺教化和「勸善祈福」為主題的具有一定宗教輪迴觀念的通俗故事的曲藝形式，是廣泛流行於湖北漢川、天門、沔陽、潛江、孝感等地的曲藝說書品種。它在漢川最為興盛，且蘊藏的傳統最為深厚。其表演形式分「宣」、「講」、「答」、「對」等，唱腔曲調有大宣腔、小宣腔、丫腔、梭羅腔、怒斥腔、哀思腔等。它的演出形式有兩種：一種是「場書」，即在固定的書場或茶館中講唱的形式；一種是「臺書」，即每逢民間節俗，專為鄉民慶祝壽誕、婚喪嫁娶、許願還願而在外演出的形式。「語境」的變化往往是功能不同的重要標誌，由於兩種演出形式的不同，「善書」講唱所起的功能和作用也不盡相同。「場書」有日常娛樂聚會的性質，對鄉村弱勢群體老年人群的文化生活有著特殊的意義；而「臺書」則有節日狂歡的性質，它在節日這種特殊的群體性狂歡節日中又有文化傳播的功能。

# 一、漢川善書的節日狂歡性質<br>　　與傳統和諧文化的傳承

漢川善書是以講唱「勸善祈福」為主題的具有一定宗教輪迴觀念的通俗故事的曲藝形式。它形成於明末清初，由清初開始的「聖諭」宣講活動發展演變而來。在清代由官方督辦，是朝廷進行民眾教化的一種演唱形式。每年元宵、中元節前後，地方官員就會督促善堂、紳士邀請當地文人宣講，名曰：「勸善行好，祈福消災」。後來，民間也用善書來還願、祭祖、祝壽。[1]這是新中國成立前善書講唱活動的習俗和內容。

---

1　萬生鼎：《湖北省曲藝品種概述》（轉引自《湖北文史》第七十九輯）。

現在，漢川一地仍在繼續著這樣的習俗，每逢春節到農曆三月下旬以及中元節前後是善書藝人們的忙季。春節到三月三期間，鄉村民眾最為聚集，他們主要沉浸在消閑和娛樂之中，往往邀請善書藝人上門演出。中元節前後是農閑時期，民眾在這段時間也常常組織善書等具有狂歡性質的民俗活動娛樂和犒賞自己。

我國傳統節日是民眾集體狂歡節。民眾在節日裡暫時忘卻了繁重的勞作、瑣碎的生活，把無法克服的現實困難、不幸生活丟到腦後，充分地享受愉快和消閑。這時候他們的心理特點大致有這樣幾種：第一是祈福求吉；第二是斬斷平日生活的辛苦與平淡，釋放被壓抑的生命衝動；第三是象徵性地滿足願望；第四是在節日中弘揚人類的善良、正義、英勇等優秀品質。民眾會用各種「狂歡式」的行為、藝術表達他們的心理需求，利用他們認為合適的形式一次次的強化實現美好願望和理想的精神。善書在此時出場正是因為它能夠滿足民眾的心理需求。

首先，善書講唱內容指向非常明確。主要講唱以「勸人為善去惡」為內容，以「善惡終有果報」為結局的帶有因果報應的宗教性質的通俗故事。不僅表達出民眾對「真與善」的嚮往，滿足他們的願望，而且用故事講述這種「大眾式狂歡」模式，在親和民眾的雜語世界裡促成了民間與官方文化的滲透和交流。

傳統善書承載著中華民族的和諧文化觀。「早在光緒年間，就曾有根據《十大全善》『孝敬父母、和睦家庭、友善鄰里、救難濟急、恤老憐貧、設立義學、設立義渡、修橋補路、施茶施藥、施捨棺木』而編寫的、反映中國人民傳統美德的善書[1]案卷問世」。這些善書案本很多都是根據傳統民間傳說故事改編而成，深受民眾喜愛。《十大全善》不僅提

---

1　王家瑞：《善書和民間文學》，湖北省漢川市政協學習文史資料委員會編《漢川文史資料叢書》第二十一輯《漢川善書》2005年12月版，第34頁。

到了建設和睦家庭關係的文化觀、構建和諧社會關係的文化觀而且還提到了建設和諧公共空間的觀念。其中許多傳統美德至今仍然散發著馨香，比如「孝敬父母，和睦家庭」且不論它是否包含封建的尊卑秩序，這種提法本身就體現了希望和諧和睦的觀念；「恤老憐貧、施茶施藥」這兩種美德都是調整社會強弱群體之間和諧的傳統觀點；再比如「設立義學、設立義渡、修橋補路」等善行都是建構和諧公共空間，服務社會的思想觀點。時至今日，漢川善書仍是以勸善去惡，主張社會和諧為主導思想。現在漢川善書團隊出去講唱，每新到一地，開講的首要書目便是「勸孝」。其中包含著的尊老、敬老、養老正是中華民族家庭和睦、鄰里相親、社會穩定的重要因素。

其次，善書講唱內容豐富，是我國節日習俗中典型的「大眾式狂歡」模式。善書講唱的故事類型包括忠孝節義、倫理道德，也講白蛇傳一類的傳說故事，還有綠林好漢、才子佳人、王侯將相等通俗故事。一方面，豐富的講唱內容能夠適合民眾在節日習俗期間的心理需求；另一方面，講唱「善惡終有果報」模式的故事又與「大眾式狂歡」模式相契合。所謂「大眾式狂歡」是指在我國傳統節日習俗中大眾享用的「非顛覆性快樂」模式，它與巴赫金的狂歡理論中的「狂歡式」不同，巴赫金所講的「狂歡式」是一種以暫時顛覆式的情境滿足人們被壓抑情緒的釋放，具有激進性。我國民俗節日中的狂歡式有兩種，一種是巴赫金所講的顛覆性狂歡式，表現在遊藝活動中對階級身分的顛倒和徹底的戲謔；而另一種則是非顛覆性的「大眾式狂歡」是指在同一場景展現控制與被控制雙方矛盾鬥爭的快樂模式。我國傳統戲曲、曲藝所表現的多是這種形式。在演出過程中，控制方與被控制方雙雙出場，經過一番鬥爭之後，被控制者以「善有善報」的完美結局收場，但這個結局只是一個讓人聊以自慰的形式，並沒有顛覆性和激進性。善書中講的「善」是傳統「忠、孝、節、義」等倫理道德，這是被官方首肯的「善」，同時也是

民眾期盼生活秩序井然、美滿幸福的「善」。民眾在節日習俗中群體性集會上欣賞善書，既能得到這種象徵性「願望的滿足」，又接受了傳統美德的教化，還在一定程度上釋放了他們被壓抑的生命衝動。這種通行於群眾的講述模式溝通著官方文化和民間文化，自由地在幾千年歷史長河中穿行。

第三，漢川善書的唱腔曲調具有濃厚的地域色彩，悠久的講唱歷史培養了當地人特定的欣賞習慣，從而決定了善書講唱藝術相對穩定的生命力。漢川善書的唱腔地域色彩濃厚，大都是根據當地的民歌曲調、楚劇的曲調以及鄉土宗教音樂諸如「道情」、「漁鼓」，又在漢川方言的基礎上發展而成，正是這種濃厚的地域色彩縮短了善書與群眾之間的距離，一種天然的親和力加強著善書的藝術凝聚力。其中漢川善書的傳統唱腔為哀思腔，漢川當地人稱為「哭喪調」，這種哭腔其實表達的是一種「哀怨」之情。「哀怨」是中國悲劇的獨特感受方式，其意蘊前人多總結為「哀而不傷，怨而不怒」，是中國傳統音樂中的一個重要主題。善書的敘事模式之一就是悲劇型的，故事從主人公擁有令人羨慕的美滿生活開篇，即刻便使主人公遭遇迫害令情節陡然直轉，完滿生活被破壞得支離破碎，主人公屢經磨難，行事驚險，悲慘的情節令人揪心；最後主人公由於行善而得到大團圓式的美滿結局，《一口血》《滴血成珠》《葡萄頂》等是典型劇目。雖然美滿結局讓人心中略有安慰，但摧殘「真與善」讓人感到的哀怨才是故事的主體。漢川善書就是用「哭喪調」唱出「或被逼家毀人亡，或受惡人陷害深陷囹圄等等」之後的種種哀怨之情，如極盡憂鬱悲憤之情，又有不得申訴之苦，還有無可奈何之感慨。藝人每唱到此處，群眾每聽到此處，淚水都會潸然而下。這種哀思腔所含蘊的情感基調與「大眾式狂歡」的敘事模式相結合，形神兼備地集中體現了中國傳統悲劇強烈的感染力。傳統節日正是民眾聚集的時候，感情的共鳴更易使人們對講唱內容形成共識，並受到薰陶。

漢川善書在節日習俗期間充分地發揮著它強有力的文化溝通功能，這支在集市和廣場上活躍著的隊伍，促進了俗文化與官方主流文化在對立、碰撞、衝突間滲透、交流與對話。同時，漢川善書是一種日常娛樂聚會式的曲藝形式，對鄉村弱勢群體老年人群的文化生活有著特殊的意義。

# 二、漢川善書「公共文化空間」的營造 與鄉村文化建設

「場書」就是指漢川善書平時有固定的書場，每日都為當地民眾講唱。漢川善書作為一種鄉村大眾文藝形式，形成了以老年人為主體的「文化公共空間」。二〇〇六年九月底，我曾到漢川市馬口鎮調查善書講唱活動的現存狀況，這是我首次接觸活態的善書講唱現場。當時善書場子裡坐著八十多位聽書的老人。平均年齡在六十歲左右。訪談後得知，這些老人來自方圓十幾里的不同村落，而且很多老人基本上每天必到聽「場書」。我驚奇這個小小的、簡陋的書場裡居然能夠聚集如此多的老人。他們邊聽書，邊喝水，隨著說書人的感情走勢或沉悶壓抑或開懷喜笑，愜意與安詳寫在他們的臉上。

為什麼善書和老人如此親近呢？除了我們在前一部分談到的那些符合大眾審美的特質之外，還有以下幾個因素：

首先，從表演規律來說，「場書」講唱的時間、地點固定，有利於形成固定的聽眾群。在漢川馬口鎮，每天都會在固定的地點，固定的時間講善書，有部分老人走十幾里路每天來聽書。善書場子給當地老人們提供了一個較為穩定的群體相處機會，可以驅趕老人心理上寂寞孤單的感覺。

其次，從講唱風格上看，善書講唱節奏舒緩，往往一場書講下來要

三至四個小時，特別適合老年觀眾的欣賞習慣。從表演過程看，善書表達感情張弛有度，由於近體效果的影響，講唱者喜怒哀樂之情能充分調動聽眾的感觸。善書表演包括宣、講、答、對四個環節，「宣」是唱；「講」是宣講、講故事；「答」是臺下插白；「對」是演員上下場答對時的對白。一般來說，主案講故事，扶案唱悲情，巧妙地使用答詞做包袱。時而讓人悲，時而使人笑，氣氛時緊時鬆，有起有落。好的演員甚至可以作出「舌生花、口生香、臉生色、目生光」的藝術效果。這種舒緩的速度，有唱有說的形式對老人來說是非常享受的，既打發了他們的空閒時間，又可調節老年人單調的晚年生活。

第三，從經濟方面講，善書講唱成本很小，老人們可以欣賞到質美價廉的文藝產品。講唱善書不同於上妝戲，不需要成套的配樂系統，主要靠幾位演員口頭講唱，擴聲主要就是用兩個麥克風，演員也沒有特殊的行頭打扮，隨意服裝就可以，因此善書講唱形、簡單、靈活，所需成本少。據組織者講，老人們只要一塊錢就可以通天坐在那裡喝茶聽書，取樂解悶，真可以說是兩全之舉。

從以上幾點看，日常的善書講唱活動為豐富當地老年人群的文化娛樂做出了一定貢獻。眾所周知，我國正在步入老齡化社會，預計到二〇一五年我國老年人總數將突破二億人。而我們國家目前面臨著的重要問題是大多數老人「未富先老」，而且很多老人生活在農村，他們中還有相當數量的留守老人。在農村，老人們的生活無論從物質上，還是從精神上都是存在一定障礙的，生活內容貧乏單調，精神上相當空乏。這些問題也正是在外辛勤奔波的孩子們的牽掛。有很多人能夠給老人解決部分經濟問題，但在精神上他們所能給予的太少。因此，利用善書等曲藝形式在農村豐富老年人的文化生活，使老人們能夠老有所樂，使他們的子女扶養老人的心理壓力得到一定程度的緩解。這不僅是建設新農村文化的重要組成部分，更是構建和諧社會的重要內容。

除此之外，善書還有「近體感染」特質。這就是善書藝人是生於當地、長於當地、實實在在的「土著」，是「正派」「善」的典型，他們行為端正、品行高尚，在當地民眾中威望很高。善書是「由信仰習俗促成的曲種……善書的宣講風格，要求較嚴，即『雅緻、動聽、感人、正派、完整』」[1]。同時也要求講唱人必須是行為端正、品行高尚的人。「講唱善書並不是誰都能講的，也不是誰都能講好的。」這是我在第一次調查漢川善書時群眾對我說過的一句話。一方面是因為講唱善書必須有一定的音樂天賦，另一方面就是針對善書講唱人的人品而言的。因此「善書」不僅是用令人難忘的唱腔，符合大眾審美的講唱模式去打動和感染人，更是用藝人的品格魅力感染人。這個特點是地方性曲藝形式與戲劇、皮影戲等「獻身中敘事」型表演形式所不具備的。著名善書藝人徐忠德舉過一個生動的例子，他曾用《白公雞》勸架，解決了村支書都解決不了的打架扯皮糾紛。他說：「不行孝的，聽了書以後，變為行孝了；不講理的，聽了書以後，變得講理了。這方面的例子，那不是一兩個，多得很。」如果只是因為說教，恐怕善書也沒有這樣的作用。正是因為善書是由這些品行正派的藝人講出來的，所以才能起到良好的文化溝通、滲透效果，才會對促進鄉村新文化建設有明顯作用。

我國新農村的文化重建一方面需要制度的規約，另一方面需要形成正確的評價體系。文化評價體系不是由政府規定的，而是通過樹立為民眾所信服的模範典型而起到正確引導民眾的思想，最後形成自由、平等、積極向上的文化輿論空間。而那些為民眾所信服、信任的生活在他們身邊的優秀傳統文化的承載者就是民眾所信服的模範。在漢川，善書藝人就是民眾所信任和尊重的「善人」。他們不僅講唱善書勸人為善，

---

1　萬生鼎：《湖北省曲藝品種概述》《江漢尋夢》，第130頁。

同時以身作則，是大家的活榜樣。

善書藝人是鄉村道德品質菁英，老年人聚集在善書場子裡，藉助講唱善書在鄉村中的聚集性功能，以故事塑造理想的人格信念，用善人善事作道德榜樣，在「農村公共文化空間」中造成輿論聲勢，以培養民眾內心嚮往和諧的堅定信念，指導民眾按照中華傳統的和諧美德決定自己的行為，調節和修正家庭中、鄰里間、社會上不同層面的不和諧關係，推動周邊環境形成嚮往和諧的普遍風尚。這對於農村文化重建中補充農村自治的制度性不足，對於村落營造積極健康的輿論氛圍，培育文明的道德風尚，構建鄉村的和諧文化起到了重要作用。

# 三、漢川善書與時俱進的品質
　　與鄉村文化的發展

和諧文化是發展的文化。漢川善書之所以能夠在當地堅持、繼承和發展到今天，與它具有與時俱進的品格是密切相關的。漢川善書在傳承發展過程中，進行了大膽的改革和創新，從內容、形式等諸多方面都在不斷地尋求與社會的契合點。

據查考，清代末葉善書的編、講從官辦逐漸走向民辦，善書一改以往朝廷訓教者的身分成為民眾自己的寓教於樂文藝形式。善書講唱與民眾生活貼近的故事，表現他們的善良願望，宣揚民族美德，受到了大眾的認可，因而清代末葉是善書講唱活動的一個高潮。辛亥革命時，漢川善書在演唱場地高臺上貼出「宣統小奴逐回家去，講我大漢扭轉乾坤」的新對聯，代替傳統的「宣聖諭歌賢詞因為消災解厄以了願，講道德說仁義務必洗心革面而酬神」，場地的布置和藝人的精神面貌，都為之一新。除此之外，在演出形式、音樂唱腔、書目創作上也進行了改革，產生了一批宣傳反對封建婚姻、社會惡習的新思想、新道德、新風尚的新

書目，適應了社會的發展，擴大了善書的影響。新中國成立前，漢川、黃陂的善書民間藝人集中成立了「評書」「宣講」聯合工會，改革了一些落後的唱腔，新創了講唱句式，使善書得到進一步的發展。新中國成立後，漢川善書在改革的基礎上又創造了大批反映現實生活的新曲目，並且摒棄了宗教色彩，使善書成了不受季節和場地限制的群眾文藝形式。二十世紀八〇年代前後，漢川一地的善書講唱活動仍然非常活躍，經文化部門審批的宣講小組就有十三個，從事職業和半職業宣講的藝人不下百餘人，有的還增加了配樂伴奏[1]時代的變遷可以佐證善書具有適應社會持續發展的潛能。漢川善書在尋求發展道路的過程中，保流傳承了部分產生於封建社會但在當今社會仍有生命力的老善書，也根據現代社會背景和生活內容創作了一些適應社會的新善書。這兩者構成了現代漢川善書講唱的主要內容。漢川著名的善書藝人徐忠德曾經這樣說：「善書總是教人做好事，教人忠、孝、節、義，所以我就愛好這，總在搞這，總巴不得善書發揚光大。」[2]是藝人本身對事業的熱愛，讓我們感覺到這門古老的遺產至今仍有生機和活力，也讓我們這些研究者堅信，對一項事業從心底的熱愛會促進這種富含民族傳統文化、傳統美德，反映民族情感、民族心理的文藝形式在新社會復興。

但不可否認的是，近些年來善書這種傳統的文藝形式的整個走勢是低落的。漢川善書的市場在不斷地縮小，從業人數少了，聽書的人也少了。據調查，漢川當地大部分善書講唱藝人年事已高，四十多歲的傳承人現在只有一個，不到三十歲的只有一個，而且由於講唱善書賺不了太

---

1 王家瑞：《漢川善書》，湖北省漢川市政協學習文史資料委員會編《漢川文史資料叢書》第二十一輯《漢川善書》2005年12月版，第13頁。

2 《長盛不衰的漢川善書》，湖北省漢川市政協學習文史資料委員會編《漢川文史資料叢書》第二十一輯《漢川善書》2005年12月版，第48頁。

多的錢，所以，這個人現在在外打工。聽善書的觀眾數量也比前些年少了很多。很多有識之士也開始憂慮這種具有民族特徵的藝術形式的發展。我們也知道，這個現象不僅僅發生在這一種民眾文藝形式中，而是普遍的發生在眾多的民族民間文藝形式當中，但是類似漢川善書這樣的民族文化的迅速流失對我們來說無論如何都是巨大的損失。我國文化界名人馮驥才先生曾說：「在經濟全球化的時代，文化的走向是全球本土化」，「自己的本土文化是一張不變的王牌」。因此，我們在全球保護非物質文化遺產的語境中，大力地支持漢川善書這種藝術形式在當地發揮它的價值和功能，在官方文化和民間文化的結合部位建構它的發展趨勢，在我國構建社會主義和諧文化的大好形勢之下，從保護善書本體出發，從提高藝人的文化素質出發，切實地給它注入新的活力，讓善書這種富含民族文化特質的文藝形式在新的歷史條件下煥發出它應有的活力。

## 四、傳統曲藝的復興
## 　　對新農村文化重建的價值和意義

漢川善書是我國傳統曲藝形式的一種，在我國每個省分都有類似漢川善書的眾多曲藝形式，它們的功能雖不盡相同，但作為曲藝形式有著很多本質的共同性。

首先，傳統曲藝的群眾性特質和文化溝通功能是我國新農村文化重建工程中的重要力量。

曲藝形式具有深厚的群眾基礎，集中體現在曲藝形式的地方性、民眾欣賞的習慣性、曲藝與民俗生活的緊密結合性三方面。就我國的曲藝形式而言，大都具有鮮明的地域性。與漢川善書相同，各地民眾往往是根據他們當地的文化生態環境選擇和創造了具有濃厚地方色彩的曲藝形

式，一般都使用方言，講唱所使用的曲調又與當地的民歌、戲曲等音樂藝術形式有密切關係。尤其是在講唱過程中使用俗語和與民眾生活中相同的感情表達方式和習慣，都密切連繫著曲藝與民眾的感情。這種清晰的地域文化痕跡，在民眾的生活中有無法代替的親近感和藝術魅力。曲藝的這種地域性還具有相當大的穩定性。一種曲藝在流傳地的長期講唱實踐迎合併培養著當地民眾特定的欣賞習慣，逐漸融入地域文化並成為地域文化的結構因素，民眾對該曲藝品種的欣賞就會形成一種慣性，這也決定了一些地方性曲藝在流傳地較為穩定的生命力。除此之外，傳統曲藝所需成員少、成本小、表演形式靈活，再加之經常配合民眾的節日喜慶進行表演，群眾基礎深厚，因此易於傳承。民俗生活的慣性會附載狂歡活動的延續，而人們對狂歡的需求又促進民俗活動的繁榮。面對我國現代化過程中農村文化出現的斷裂、衰敗現象，社會學界普遍認為農村文化基礎的斷裂和衰敗危害很大，重建新農村文化刻不容緩。劉老石在《新農村建設中的文化重建》中講「失去文化基礎的農村社區必然衰敗……今天的文化[1]恢復與重建已經變得具有非同尋常的意義了」。傳統曲藝在深厚的群眾基礎上不僅容易繁榮發展，而且作為一種「大眾式狂歡」模式的藝術形式，它還是民間文化與主流文化之間溝通的重要途徑。因此，促進傳統曲藝在當代社會的復興和發展是新農村文化重建工程中的重要增長點。

第二，曲藝形式具有順應歷史發展的潮流的可開發點，可以為促進村落公共文化空間構建，推動鄉風文明建設，恢復和重建農村的文化基礎做出應有的貢獻。村落公共文化空間建構的提出與哈馬貝斯「公共領域」的概念在內涵上有一致之處，都是要留給民眾一個自主的輿論和行

---

1 劉老石：《新農村建設中的文化重建》，《開放時代》2006年第4期，第45頁。

為空間，讓他們在文化的選擇中建立有序的狀態。以漢川善書為代表的傳統曲藝構建的就是一類比較典型的「村落文化空間」，它具備了民間組織、文化菁英、輿論功能一體化的特徵，能夠在民間組織，也就是固定的氣氛自由寬鬆的講唱空間內，由文化菁英引導，形成對民眾生活態度有影響的輿論。傳統曲藝本身具有濃厚的傳統文化特色，蘊含著很多傳統文化美德。在我國現階段，新農村文化主要是以建設「鄉風文明」為主要內容，就是要繼承並發揚農村社會主義建設成就和傳統文化美德，提倡尊老愛幼、鄰里和睦、遵紀守法、遵守社會公德等良好的鄉風民俗。因此我們完全可以藉助這種形式，正確引導曲藝藝人在講唱活動中去其糟粕而取其精華，從現實生活出發創作和講唱符合民眾審美傾向的新作品，形成對新農村文化重建有力的「村落文化空間」。讓生成於其中的符合社會公德的輿論制約村落中鬆散的個人和個人行為，以文明的鄉風來加強村民和諧，充分調動廣大農民的生產積極性和民主參與意識，推動農村物質文明和政治文明建設的發展。

# 從寶卷到善書

## ——湖北漢川善書的特質與魅力

劉守華[1]

〔摘要〕二〇〇六年列入國家非物質文化遺產首批保護名錄的漢川善書是源自唐代「俗講」、明清「寶卷」，兼容宗教性與世俗性於一體的民間說唱文藝。中國寶卷在清代城鄉曾盛極一時，辛亥革命後即迅速走向消亡，而在湖北漢川一帶由於當地藝人的堅持和地方文化部門的重視，善書這種飽含深厚文化傳統的說唱藝術，既保持它原來的特色，又在內容和表演形式上予以改進，從而在當地城鄉文化生活中至今仍保持著活躍態勢，因而受到國內外學界的關注。

〔關鍵詞〕寶卷　宣講　漢川　善書

二〇〇五年全面啟動的中國非物質文化遺產保護工程，二〇〇六年獲得巨大進展。不僅設立了「文化遺產日」，而且公布了列入國家非物質文化遺產首批保護名錄的五一八個項目，在湖北省的二十個項目中就有漢川善書。作為善書的愛好者與研究者，我感到十分欣慰。

二〇〇四年，日本山口大學的阿部泰記教授，來函邀請我參加在日本舉行的中國善書學術研討會，特別希望我就湖北漢川善書發表論文。我當時因事未能與會，卻由此有幸結識了阿部泰記先生，隨後便於二〇〇五年和二〇〇六年兩次陪他到漢川聽善書，對善書這種傳統民間文藝，在強勁推進經濟文化現代化的今日中國，依然有這樣的生命力感到

---

1　劉守華（1935-　），湖北仙桃市人，教授，博士生導師，現主要研究方向為中國民間文學。

無比驚訝和振奮，於是寫了一篇短文在《湖北日報》發表。

其實我對善書的感受來自於五十多年前的童年時代。我出生於湖北沔陽（今仙桃市）農村，緊鄰漢川。那時鄉村裡最為流行的兩種民間文藝活動就是演皮影戲和說善書，每一場演出都深深吸引著眾鄉親特別是我們這些初諳世事的孩子。正是基於這樣的機緣，當我成為一個民間文藝研究者，於二十世紀八〇年代著手研究湖北民間文藝時，我關注到善書，四處搜求有關資料，寫成《論善書》一文在一九八八年的《民間文藝集刊》上發表並支持漢川文化館工作的王家瑞研究漢川善書，還幫助四川大學攻讀道教文化專業的研究生撰寫有關道教善書的學位論文。在這次學術研討會上，海內外學者能夠會聚在一起，對善書這朵民間文藝之花的特質魅力與文化價值進行研討，是十分令人快慰的事。

# 一、漢川善書的淵源

關於漢川善書在中國鄉村的流行情況及其文化價值的評估，郭沫若先生在他的自傳的《少年時代》部分有一段情趣盎然的文字：

> 我們鄉下每每有講「聖諭」的先生來講些孝節義的善書。這些善書大抵都是我們民間的傳說。敘述的體裁是由說白和唱口合成，很像彈詞，但又不十分像彈詞。這些東西假如有人肯把它收集起來，加以整理和修飾，或者可以產生現在的民間文學吧。
>
> 在街口由三張方桌品字形達成一座高臺，臺上點著香燭，供著一道「聖諭」的牌位。在下邊的右手一張桌上放著一張靠椅，有時是兩人合演的時候，便左右放一張。
>
> 講「聖諭」的先生到了宣講的時候了，朝衣朝冠地向著聖

論牌磕四個響頭，再立著拖長聲音念出十條聖論，然後再登上座位說起書來。說法是照本宣科，十分單純的，凡是唱口的地方總要拖長聲音唱，特別是悲哀的時候要帶著哭聲。有的加入些金鐘和魚筒、簡板之類，以助腔調。

這種很單純的說書在鄉下是很受人喜歡的一種娛樂，人們立在「聖諭」臺前要聽三兩個鐘頭。講得好的可以把人的眼淚講出來。

在我未發蒙以前，我已經能夠聽得懂這種講「聖諭」先生的善書了。[1]

二十世紀四〇年代我在沔陽鄉下聽善書的情景，大體也是這樣。只是開講之前所舉行的儀式沒有那麼正規，因清王朝早被推翻，自然就不再沿襲舊時規矩以宣講皇帝的「聖諭」來開場了。中國南方沿長江一線，從四川到武漢再到下游江浙一帶流行的善書，從案傳到文本到表演形式均十分相近，屬同一體系的說唱藝術。它講說大多是貼近現實，貼近民眾生活，人物命運大起大落，飽含悲歡離合意趣的故事；著力宣揚善惡報應不爽，勸人行善積德，富於道德教化功能；卻又以輕便靈活、生動有趣的說唱形式引人入勝，寓教於樂。因而在城鄉盛行不衰，在近現代民間文化活動中占有相當重要的位置。善書作為中國民間說唱藝術的重要品種之一，是人所公認的，但其歷史淵源尚須清理評說。我以為它就是中國文學史上「寶卷」的支系，乃至可以說就是「寶卷」的別名或俗稱。而「寶卷」又是從唐朝的「變文」、「俗講」演化而來。

由中國藝術研究院曲藝研究所於二十世紀八〇年代編撰的《說唱藝

---

1　中國藝術研究院曲藝研究所編《說唱藝術簡史》，文化藝術出版社1998年版，第100頁。

術簡史》，列有「寶卷」專節，告訴我們：「寶卷直接淵源於唐五代的變文，它講唱經文，演唱佛教故事，是從唐代寺院中和尚的俗講、宋代瓦肆裡和尚的講經一脈傳來的。明代正德年間，寶卷開始刊刻行世，在萬曆、崇禎間為各種寶卷刊行的極盛時期，清康熙間寶卷逐漸衰落。到清末民初，又流行過宣講寶卷的民間說唱藝術，簡稱宣卷。」「關於明代社會上演唱寶卷的情形，小說《金瓶梅》第七十四回『宋御史索求八仙鼎，吳月娘聽宣黃氏卷』作了細緻入微的描寫，它講的是吳月娘將三個尼姑請到家中，專門為她宣講《黃氏寶卷》的情景。開講之前，焚香禮拜神靈，主講人薛姑子展開《黃氏寶卷》的文本，高聲演說。」寶卷的內容是山東曹州黃氏女一心朗讀《金剛經》後女轉男身而得善報。它以寶卷、善書、唱本和故事的多種體態在民間傳誦不息。因「皇」、「王」諧音，今天所見多以《王氏女對金剛經》的多種變異文本流行於世。

從《金瓶梅》的描述可以看出，明代寶卷從宣講文本到宣講形式都有較濃厚的宗教色彩。延至清代，幾位最高統治者均十分重視社會的道德教化，康熙帝親手制訂了《聖諭十六條》，雍正二年（1824年）「刊刻聖諭廣訓，頒布天下」，原先只規定每月初一、十五由各州府學宮士子及官紳舉行儀式，宣讀「聖諭廣訓」，後又擴展到向平民百姓宣講，但單純宣講枯燥的聖諭條文難以吸引民眾，於是宣講聖諭條文就和講說寶卷故事結合起來，形成一種強勁的民俗文化活動，其世俗娛樂性大大增強。從郭沫若所述一九〇〇年前後他在清末親歷的宣講善書活動的情形，就可以看出善書的特質及其在當時社會文化活動中的重要地位了。這一活動的正式名稱就是「宣講寶卷」，後簡稱「宣卷」，又簡稱「宣講」。許多文本曾以《宣講大全》《宣講拾遺》之類的書名流傳於世，我手頭就存有好幾本。又俗稱「善書」，顧名思義，「善書」即「勸善書」本是一個包容很廣的概念。如四川大學陳霞博士所著《道教勸善書研究》，就將道教善書區分為「說理性道教善書《太上感應篇》、懲惡

性道教善書《玉歷鈔傳》、操作性道教善書《太微仙君功過格》」以及「說理性與記事性結合的道教善書《文昌帝君陰騭文》」好幾類；它們均屬作為道教經文的勸善書，因此，此書末將我們在這裡所要評述的說唱故事的善書涵蓋在內。而說唱故事的善書，則被學人將它和寶卷捆綁在一起。鄭振鐸先生於二十世紀四〇年代問世的《中國俗文化史》，將寶卷和唐代變文比較之後，就指出：「後來的寶卷實則變文的嫡派子孫，也當即『談經』等的別名。寶卷的結構，和『變文』無殊；且所講唱的，也以因果報應及佛道的故事為主。直至今日，此風猶存。南方之諸地，尚有『宣卷』的一家，占有相當的勢力。所謂『宣卷』即宣講寶卷之謂。」他還說：「注意到『寶卷』的文人極少。他們都把寶卷歸到勸善書的一堆去了，沒有人將他們看作文學作品。且印寶卷的，也都是善書鋪。」[1]經學人的仔細梳理，寶卷這種兼有宗教性和世俗性的說唱文學，脫胎自唐代的「變文」和「俗講」，已屬明確無疑的史實。至於隨後出現的「宣卷」、「宣講」、「善書」等名稱，均由寶卷生發而出，說它們是寶卷的一個支系也可，說它們是寶卷的俗稱、別名也不錯。就我的見聞所及，專門研究說唱善書的人甚少，而將它歸附於寶卷進行評述的論著則並不罕見，如李世瑜的《寶卷綜錄》、車錫倫的《中國寶卷總目》等，都是嘔心瀝血長時期對寶卷體裁作精細考察的出色論著，也給我們研究善書打開了一片廣闊天地。下面就讓我們從《中國寶卷總目》的代前言中摘出一段文字，來看看寶卷這一中國特有的民間說唱藝術的千年發展輪廓。

　　中國寶卷淵源於唐代佛教的俗講。宋代原來集中於寺院、廟會中的說唱文藝形式大部分轉移到勾欄瓦子中演唱，但佛教寺院和僧侶仍保留向俗眾講經說法的活動。

---

1　鄭振鐸：《中國俗文學史》，作家出版社1957年版，第357頁。

寶卷之名出現於元末明初……明代中葉以後，直到清康熙年間是民間宗教寶卷發展時期，演唱寶卷被稱作「宣卷」……清康熙以後，寶卷進入新的發展時期……康熙年間宣卷已流入南北各地民間，成為民眾信仰、教化、娛樂活動，因此民間寶卷盛行。其流行區域，南方集中在江浙兩省吳語方言區，北方則散布於山東、河北、河南、山西、陝西及甘肅等省的部分地區。明末清初是寶卷發展鼎盛時期，在江浙一帶，宣卷成為僅次於彈詞的民間說唱文藝形式……北方諸省的民間寶卷稱作「念卷」，其發展沒有江浙宣講那樣普及，主要是農村中一些識字的「先生」抄卷，並為民眾「念卷」。這一時期的民間寶卷，除了一些用於信仰活動的祝禱儀式寶卷及勸世文寶卷外，絕大部分是文學故事寶卷，包括神道故事、民間傳說故事，俗文學傳統故事和時事傳聞等，另外還有一些源於民歌俗曲的「小卷」。自二十世紀五〇年代以來，江浙的宣講和北方的念卷迅速衰亡了。但據八〇年代的調查，在江浙地區個別農村中仍有零星可見的宣講活動，江蘇靖江縣農村則盛行「做會講經」（一種說書化的宣卷）；在甘肅河西走廊偏遠農村中，仍盛行念卷和抄卷。[1]

在車錫倫傾多年精力所撰寫的這部《中國寶卷總目》中共收錄海內外所收藏的寶卷一五七九種，是迄今最為完備的一個寶卷編目，由此可看出這一民間說唱藝術歷經千年的豐厚積累與寶貴價值。漢川善書就是這宏大的文化遺產中最鮮活、最輝煌的一角。

## 二、漢川善書的時代與地域特色

如上所述，中國寶卷的宣講活動，含善書在內，以清末最為繁盛，

---

1　車錫倫：《中國寶卷總目》，臺北中央研究院中國文哲研究所圖書文獻專利1998年初版，第2頁。

辛亥革命後因時勢變遷而走向衰落，新中國成立後更迅速被新的曲藝和其他群眾文藝所取代。漢川善書卻在風風雨雨中一枝獨秀，不僅作為居民日常文化娛樂形式之一持續至今，而在內容和形式上推陳出新，顯出勃勃生機。其中隱含著怎樣的奧秘呢？

有關漢川善書在本地得以生存發展的謎團，漢川市編印的《漢川善書》一書所載當地文化人依據大量鄉土資料撰寫的相關文章已作了很好的解答，歸納起來，我以為是取決如下三個原因：

一是善書在這裡札根，已有二四〇多年的歷史。這裡曾湧現出王海元、譚新春、陳宗福、潘炳學等一大批既有精湛說唱技藝，又能潔身自好、品行端正的藝人，他們收徒傳藝，已傳至第六代，並建立起行業組織互相扶持。積累至今的新舊善書案傳文本已達三百多個。在漢川這個生計艱難的水鄉澤國作為謀生手段，以武漢市跨越城鄉的廣大地域為舞臺施展才華。這樣的根基是其他地方所沒有的。

二是當地政府和文化人對鄉土文化的重視與扶持。善書是染有宗教色彩的民間文藝品種，因而在許多地方被貼上封建迷信標籤棄之不顧。漢川市對這一深受群眾喜愛的民間文藝形式一直抓住不放，一方面給藝人以自主演唱傳統善書的權利，同時還組織與倡導編寫新的善書本子，如《何月英的婚事》、《浪子回頭》、《梅花記》、《茶碗記》等，藝人將它們帶到省裡的「百花書會」演出，其中優秀之作不斷受到獎勵，從而給這種藝術樣式的發展注入了活力。我所認識的王老黑、王家瑞等先生，幾十年在漢川從事文化工作，他們對漢川善書和其他地方民間文藝，一直採取積極扶持的態度，把它們融入新的文化生態中，從而給善書提供了在其他地方所沒有的良好生存發展空間。

三是以其鄉土特色顯出獨有魅力。漢川善書作為中國寶卷、善書的一個獨特地方支系，它的地方與時代特色何在呢？以下是我的粗略印象。

第一，善書具有彰顯儒家道德倫理，促進社會和諧的積極社會功能。從善書文本的主題建構和價值取向來看，早期寶卷源自佛家講經說法，宋以後中國思想文化體系由佛、釋、道三教鼎立走向三教合流；以儒學治天下的封建王朝將皇帝聖諭楔入寶卷宣講活動，民間佛道信仰本來就滲透在寶卷故事之中。這樣寶卷就成為三教合一的社會文化重要載體之一。辛亥革命以來的漢川善書，伴隨時代風雨，其思想主題的佛道烙印逐漸消退，所宣揚的善惡報應實際上是以儒家道德倫理為主導。少量新編善書自然是以彰顯社會主義新風尚為主旨了。傳統善書案傳有「十全大善」之說，所謂「十全大善」即「孝敬母親、和睦家庭、友善鄰里、救難濟急、恤老憐貧、設立義學、設立義渡、修橋補路、施茶施藥、施捨棺木」，這些善舉既是依託明清社會習俗而來，其思想內核卻是儒家道德倫理。藝人至今選取和說唱的善書文本，應該說大體也以此為紅線。簡而言之，貫穿在善書中間的是以儒家思想為主導的中華傳統美德。

寶卷和善書最主要的體裁特徵是勸導世人積德行善，有益社會教化。由此曾受到清王朝幾代皇帝的重視而撰寫聖諭進行導引。這應當成為我們可資借鑑的寶貴歷史經驗。

第二，漢川善書以其鮮活鄉土特色顯出獨到藝術魅力。善書作為一種說唱藝術，以講說故事和歌唱抒情的交替表演，在說說唱唱中發揮其教育娛樂功能為基本特徵。全國各地流行的寶卷和善書，均保持這種說唱結合的文體特色，但又因時因地之不同而凸顯各自的地域與民族特色。據我的童年記憶以及後來對漢川善書文本仔細考察所得，它的藝術特色主要表現為：它十分注重故事性，善於從民間日常生活或民眾熟悉的歷史傳說中選取素材，構成富有曲折跌宕，人物命運大起大落的故事，以便藝人展開委婉述說；同時又善於抓住故事中悲歡離合的重要關節，以主人公（通常是女性角色）的身分出面放聲吟唱，淋漓盡致地抒

發情懷，有力地敲擊了聽眾的心扉。這裡試從漢川善書中所錄《滴血成珠》這個文本為例；它講的是宋代包公斷案的故事，善書中卻把它完全現代化、生活化了。在一個富貴人家中，凶橫霸道身為武舉的長子，為謀奪家業，陰險地殺死了同父異母的弟弟。由於地方官的貪贓枉法，此冤案數年得不到昭雪。死者之妻田氏和女兒瓊瑤堅強不屈，先後四次由四川巴州前往河南開封府尋求包公申冤。在這長途跋涉，四下河南期間，瓊瑤被山大王擄掠上山；在通常情況下，其險惡遭遇可想而知。然而那位山大王卻竟然是她被迫上山落草為寇的舅舅；她陪母告狀之前本以成婚，卻因這一次落入虎口，其女性清白招至丈夫誤解，於是又生出滴血驗貞操的插曲來。緊扣著母女倆歷經艱難四下河南的故事，作品中穿插了十三個唱段，除瓊瑤之父死後託夢和瓊瑤丈夫的休妻申訴外，其餘十一個唱段均出於這母女倆之口，有些唱段長達數十句乃至上百句。這些唱段由女藝人用漢川一帶流行的悲腔唱出，常常出現臺上臺下哭聲連成一片的動人情景。這部《滴血成珠》的善書，後被改編成楚劇《四下河南》，在湖北廣泛演出，深得民眾喜愛，以至家喻戶曉。它雖然不是漢川人創作的，卻經周生炳等藝人的唱講與琢磨加工，賦予了漢川善書的特殊韻味，成為一個極具代表性的作品。

　　善書的宣講，過去都是由儒學系統的宣講先生來擔任，女人是不能上場的。漢川善書打破了這一傳統，由男女演員交替說唱，女主角的唱段多由女藝人來演唱，因而更為真切感人。

　　寶卷、善書本來就是一種說唱結合的民間藝術，其他地方在宣講演出時，有的以說唱為主，唱段很少；有的只是用唱詞來交代人物身世、陳述事件過程，未顯出唱段的特殊感染力。而漢川善書卻充分發揮出唱詞的抒情功能，特別是女主人公身陷苦難，含冤受屈時的哭訴，淋漓盡致，往往使全場震撼，構成一種富有地方特色的審美意趣。善書藝人不僅由此引導人們深切體驗到舊時社會的苦難，還潛移默化地培育了人們

忍受與抗擊苦難的堅韌心靈。廣大聽眾一方面從善書故事歷經曲折而獲取大團圓的完整述說中獲得快慰，同時又從主人公傾訴苦難的唱段中獲得精神解脫。作為一個曾經與家鄉父老姐妹一道多次體味善書意趣的學人，我以為這正是漢川善書藝術亮點之所在。

第三，漢川善書和其他民間文藝品種中有著互滲互動的密切關係。善書本身是一種民間說唱藝術，同時它的文本製作和說唱表演，又吸收了其他民間文學、民間藝術長期積累的廣大民眾所喜聞樂見的許多藝術特色。《漢川善書》一書中所載魏文明先生的《漢川善書音樂淺談》，以善書吸收民歌的《哭喪調》和《漁鼓調》等為例，認為「把民歌的基本音調和善書音樂糅和，形成了新的唱腔曲牌，曲調優雅動聽、親切感人，使唱段既帶有民族風味，又具有善書音樂的特點」，所論十分中肯。書中還載有王家瑞先生所寫的《善書和民間文學》，著重從善書的故事情節主幹方面來尋求它同民間故事傳說的關聯，也富有見地。民間故事傳說是一種流行更普遍，藝術天地更寬廣的口頭文學樣式，因此許多精彩之作常常被吸取作為寶卷、善書書目。「孟姜女哭長城」、「董永賣身葬父」、「白蛇傳」、「梁山伯與祝英臺」等著名傳說轉化為寶卷，就是人所熟知的事例。就湖北地區的情況而論，用民間故事和善書兩種體裁表現同一敘事本體的事例俯拾即是，如《做好事不問前程》和《方便美報》、《兩妯娌》和《尿脹雞》、《賢惠媳婦》和《賢婦承恩》、《當匾得金人》和《天理良心》等。前者由文化人采錄編選在故事集裡，後者是留存至今的善書本子。其實它說的就是大同小異的同一個故事。至於究竟是民間藝術家將故事予以豐富充實作為善書來說唱；還是善書流行之後，民眾又把它作為普通民間故事來轉述呢？那就一下子難以判明了。正是在這種互相滲透、互相補益中，更顯得生機勃勃。《漢川善書》這本書中選錄的作品也有這種情形。《堂上活佛》和《審磨子》其主幹情節於二十世紀八〇年代初期就被人們作為民間故事記錄整理過。《蘿

蔔頂》的主幹情節，來自民間流行的生活故事《三女婿拜壽》。故事中貧富懸殊的三位女婿在給丈人祝壽的大排場中各露家底、各顯其能。富貴驕橫卻智力愚劣的大女婿、二女婿出盡洋相，而家境貧寒卻聰明能幹的么女婿卻反而揚眉吐氣。它以富於幽默詼諧情趣的虛構情節來嘲弄勢力者，大長下層民眾的志氣，顯出深厚的人民性。善書《蘿蔔頂》的故事情節要豐富曲折得多，然而其巧妙構思正是三女婿拜壽。這一喜劇構思為基點加以充分發揮所致，這正是它能成為民眾喜聞樂見的善書案傳文本的奧秘所在。

在寶卷、善書由依託宗教文化而走向世俗化、文學化的歷史行程中，因受到舊時官方重視和儒家文士參與編制文本和登臺演講，作品的內容和形式也不斷趨於精緻化，但作為民間大眾的說唱藝術，它始終同那些存活於民間的各種樣式的民間文藝保持著緊密連繫，不斷從他們那裡汲取滋養，以至兩者都融化在中國民間文藝寶庫之中，使我們難以截然異質地來劃分它們的界限，這是耐人深思的文化變異演進之謎。

漢川善書作為一種獨特的民間說唱藝術，多年以前就受到湖北省文藝界的關注。一九八一年成書的《湖北說唱音樂集成》中，就載有漢川縣文化館王遠翔、胡美君撰寫的《善書介紹》的長篇調查報告，告訴我們：善書作為一種口頭語言藝術，不論宣、講、答、對，都得緊緊抓住一個情字，只有動之以情才能感人。它的藝術特點與風格，可概括為「正派」、「雅緻」、「細膩」、「動聽」、「感人」十個字。其藝術生命力的奧秘就在裡面。

從我幾十年來對善書的直接感受和粗略考察可以看出，漢川善書作為一種既具有深厚文化傳統，又具有濃郁鄉土特色並能適應現代文化潮流的民間說唱藝術，不愧為國之瑰寶。我們應當按照「保護為主，搶救第一，合理利用，傳承發展」的方針，讓這朵民間藝術之花長盛不衰。

# 從宣講聖諭到說善書

## ——近代勸善方式之傳承

游子安[1]

〔摘要〕本文主要探討清初至民國時期民間勸善方式之傳承關係：從宣講聖諭、宣講拾遺到說善書的重要演變。善書與聖諭、官箴、家訓、蒙學等勸誡教化文獻，在明清時代社會廣為流傳。清代善書的傳播方式、已呈現多元化的特色。不單是用文字，還有繪圖、採集果報案例與說唱。勸化不限於城鎮或宣講所等固定地點，還有流動的「講善書人」在民間寓教於樂。因此善書不僅有閱讀傳抄用的案頭本，清中葉以來還有供說唱用的宣講本。清末民初湖北、四川等地區的說善書，即由清代的宣講聖諭衍變而來。現今中國大多數地區的善書只限於文本流傳，難能可貴的是，由於地方藝人不斷地改良和創新的努力，此講唱結合的曲藝在湖北漢川，顯示了堅韌的生命力並得以傳承下來。而漢川善書，於二〇〇六年列入首批中國非物質文化遺產保護名錄。本文從善書宣講本等文獻入手，對近代民間勸善方式進行研究，使善書豐厚的內涵及其文化價值得到進一步認識、保存和發揚。

〔關鍵詞〕宣講聖諭　宣講拾遺　善書　湖北漢川　說唱曲藝

---

1　游子安（1962-　），廣東新會人，哲學博士，香港中文大學文化及宗教研究系助理教授，香港中文大學道教文化研究中心副主任。

# 一、善書概説

　　善書是勸誡人們行善止惡並確立道德規範的指導書，近四百年來對社會民眾產生了深刻影響。善書的思想兼容三教及民間信仰，包括儒家忠孝節義、道德內省與陰騭觀念，佛家的因果輪迴及道教積善銷惡的觀念。「因果報應」或「感應」的信仰是善書觀念的基礎，也是中國宗教一個深植的傳統。正如《易經》云：「積善之家，必有餘慶；積不善之家，必有餘殃。」《書經》云：「天道福善禍淫。」近世善書的濫觴首推《太上感應篇》託名太上老君所傳，著成於北宋末南宋初。《感應篇》提到欲求天仙或地仙者須立若干善，為惡則被奪算，這是道士修練的追求，但它的「善」、「惡」標準，卻是儒家的倫理道德。此書與明、清時寫成的《陰騭文》《覺世經》成為三部最受尊崇的善書，人們以「三聖經」之名結集刊行。現存較早的「三聖經」合刊本，是一八〇六年出版的《聖經彙纂》[1]。直至一九二四年鄂城陳廷英所著《勸善書目提要》將三部善書多種註解本編進「靈應類」[2]，可見長期以來三部善書在民間已有「經典」的地位。

# 二、善書流通方式多樣化　　及清代《聖諭廣訓》的推行

　　從一六〇七年《了凡四訓》刊行，到二〇〇六年中國內地寺觀、善信重印《感應篇》《陰騭文》《了凡四訓》等善書，至今剛好整整四百

---

1　《聖經彙纂》嘉慶十一年刊本，法國國家圖書館東方寫本部藏，中華書局2005年版，第二章第一節（有關「三聖經」詳見拙著《善與人同──明清以來的慈善與教化》）。

2　陳廷英編《勸善書目提要》，「靈應類」1924年自序，武昌精華印書館承印，湖北省立武昌圖書館藏，第1-11頁。此書承王家瑞先生提供，謹此致謝。

年。晚明袾宏的《戒殺放生文》、袁黃的《了凡四訓》、清初成書的《關聖帝君覺世真經》、朱柏廬的《治家格言》，民國年間豐子愷作畫、弘一法師撰文共同編寫的《護生畫集》，這幾部善書、格言和畫集，膾炙人口。《了凡四訓》是歷久常新的善書著述，蘊涵豐富的人生哲理，對淨化社會人心所起的作用跨越時間和地域。民國初年印光大師提倡誦讀《了凡四訓》，淨空法師的弟子組織了「了凡弘法學會」，專門弘揚此書，錄製成有聲書（普通話、閩南語、客語、粵語、英語版五種語言），此外還有製成廣播劇、電視劇、電影等。淨空法師認為《了凡四訓》「這篇文章從明末一直流傳到現在近四百年，其價值幾乎等於經典」。[1] 此說並非虛譽，若從印量和教化大眾這些標準來說，《了凡四訓》的地位可與經典媲美。《了凡四訓》在當代用不同方式弘揚，這種種勸化的嘗試與努力，可從清代善書的傳播方式說起。

清代善書的傳播方式已呈現多元化的特色。不單是用文字，還有繪圖與講說。清代善人余治（1809-1874）認為：「圖像掛幅，其感化比勸善諸書更捷更廣。宜倩好手，繪善惡報應各圖，刊刻傳布，裱作掛屏，懸諸茶坊酒肆，或寺院廟宇……茶坊酒肆一日中屬目者數十百人，較之以善書與人者，其廣狹已殊，即不識字者皆可會意也。」[2] 圖畫使民眾更易於通曉，貼在寺廟與人們湊集之地，傳布更廣。同治年間蘇州彭氏「嘗請馮景亭先生桂芬正書《文昌陰騭文》刊為屏幅，曾施送於鶴皋諸鄉鎮間，懸掛茶室，以寓醒世覺迷之意」。[3] 及至民國年間，城鎮「茶社」成了說善書較集中的場所。如二十世紀三〇年代中葉漢口「善書」最熱

---

1 淨空法師講述、劉承符記，《了凡四訓大意親聞記》，見《如何改造命運——〈了凡四訓〉》，第108頁。

2 余治輯：《日記故事續集》卷下「建祠感化」條，1844年跋，第17頁。

3 引自王衛平、王國平主編《蘇南社會結構變遷研究》，北京圖書館出版社2004年版，第333頁。

鬧、最集中的地段，要數皮子街至龍王廟沿襄河幾十家茶館，這些茶社是「善書」的演出活動基地，如「三署街有個贏臺茶社請來漢川『善書』藝人潘炳福、王海元座堂演出，從一九三五年開講，一直講到一九四三年，整整講了八年」。[1] 勸化不限於城鎮或宣講所等固定地點，還遍及鄉村、蒙館、鄉場郡試等處，不論是宣講聖諭，抑或是宣講善書，不可忽略的還有流動的「講善書人」。明代曾用木鐸老人宣講六諭，到清代，一些善人四處演說善書。如余治於同治十一年（1872年）「游茅山，攜所刻勸善書畫布」，趁「遊客麕集，予兄弟演說各種勸善書」，並以「苦口宣講木鐸老人」自居，遍遊江浙地方，以因果誡人[2]。為了勸誡溺女，余治創作俚語新歌，四處說唱：「將古今溺女、救溺彰彰報應，編成俚語，明白曉暢，或說因果，或唱道情，於鄉村市鎮各處宣揚。」[3] 善書以外，余治還有善戲相輔而行。直至二十世紀四〇年代，宣講善書的傳統仍然得以延續，據民俗研究者直江廣治在中國采風記述，他在山西太原就碰上兩個一起流動「講善書」的女人在鄉村巡迴宣講：「『善書』的唱道法叫做宣講，宣就是唱或配曲調，講就是講義，並常常為了適於演唱而改變句法……這種『善書』是這樣傳授的，村莊中有學問的人，在有機會時便把不通文字的村民集合起來，然後說唱給他們聽。」

　　在太原，我曾經看到兩個一起流動講「善書」的女人。當時，該地方正搭了一座臨時戲棚，在演出鄉下戲劇，她們便在廣場的一個角落集中了一些人宣講「善書」。她們都帶著警戒

---

1　王遠翔：《話說「善書」》，武漢市政協文史資料委員會編《漢口憶舊》（《武漢文史資料》第38輯），武漢市政協文史資料委員會1989年版，第233頁。

2　余治《尊小學齋文集》六《茅山記》，及吳師澄編《余孝惠先生年譜》同治十一年壬申條。

3　余治輯：《得一錄》卷2《保嬰會規條》，總第113頁。

的目光回答說，她們是河北省順德人，居住在太原，與演戲的
人一起到各村巡迴宣講，以此維持生計。

　　隨著學校教育的普及，宣講的勢力逐漸衰落下去是十分自
然的事。從前鄉村中大多數人不識字，但村落社會中仍維持著
正常的道德秩序和法理秩序。關於這一點，我們不能忽視宣講
的作用。凡是對從前的農村教育或習慣法予以認真地考慮的
人，都會自然而然地關注這種「善書」吧。而且「講善書」的
傳統一直綿延至今，並未絕跡。[1]

　　上述引文足以說明清代善書不單是文字上的傳播，對窮鄉僻壤及識
字不多的民眾來說，口頭說唱有更大的教化作用和娛樂功能。直江廣治
提到說善書對關帝信仰普及帶來深刻的影響：「關帝信仰的普及有種種
原因，許多人已經研究了這一問題。我認為，關帝信仰能夠到達偏僻的
村落，能夠普及到如此程度，以及直至今天村民們仍對關帝持有誠篤的
信仰，所有這些都不能忽視前述『說書人』和『講善書人』流動於鄉村
所產生的影響。」[2]

　　清朝建立伊始，因襲前朝故事，重視教化的推行，初期仿行明代的
鄉約和宣講制度。鄉約制度是一種以勸善懲惡為主要目的的鄉村教化組
織，據陳寶良界定：「舉凡民居互相告誡，以教化條例加以約束，均可
稱為約」[3]，是地方教化的基礎。鄉約的制度化，始於明中葉。講鄉約
的主要依據，是明太祖「六諭」即「孝順父母、尊敬長上、和睦鄉里、

---

1　〔日〕直江廣治著、王建朗等譯《中國民俗文化》，上海古籍出版社1991年版，第133-134頁。

2　〔日〕直江廣治著、王建朗等譯《中國民俗文化》，上海古籍出版社1991年版，第134頁。

3　參看陳寶良《中國的社與會》，浙江人民出版社1996年版，第156頁。

教訓子孫、各安生理、毋作非為」六條規定[1]，士大夫在宣講時可列舉報應諸事例加以發揮。順治九年（1652年）世祖頒布「聖諭六訓」，接著在順治十六年（1659年）正式成立鄉約，每月朔望兩次講解「六諭」。

康熙、雍正兩任皇帝在教化政策上的設計蔚成一代制度，宣講聖諭家喻戶曉，成了民眾基本的行為準則。康熙擒鰲拜後的第二年（康熙九年，1670年），頒布《聖諭十六條》，這十六條內容為：「敦孝弟以重人倫，篤宗族以昭雍睦，和鄉黨以息爭訟，重農桑以足食，尚節儉以惜財用，隆學校以端士習，黜異端以崇正學，講法律以儆愚頑，明禮讓以厚風俗，務本業以定民志，訓子弟以禁非為，息誣告以全良善，誡窩逃以免株連，完錢糧以省催科，聯保甲以弭盜賊，解仇忿以重身命。」[2]

每條雖然只有簡短七個字，內容自綱常名教、忠孝節義，到耕桑作息無不具備，以後又補充以史事和廣訓，再後又將它改編成白話形式。如安徽繁昌知縣梁延年（1673-1681年在任）編纂《聖諭像解》二十卷，康熙二十年（1681年）刊行。梁氏共收錄二六〇條事例，附有圖像[3]。地方官及紳士通過註解和演繹《聖諭》又輯入前人嘉言以作宣講時的輔助材料，致力於推廣庶民教化，「聖諭十六條」也成為此後二百多年民眾必讀之教化條目。

雍正時期所推行的庶民教化，無論在方式、內容或規模上都遠超清初。雍正二年（1724年）世宗頒布長達萬言的《聖諭廣訓》並取代明初以來的「六諭」。自清初以來，實行了每半月一次的「聖諭」宣講制度。在實施宣講制度時，有時推薦年長的生員去鄉村負責宣講聖諭，也要求紳士給予協助。雍正帝又規定儒童應縣、府複試，須背誦《廣訓》

---

1　「六諭」又稱「聖諭六言」，見《皇明制書》卷9《教民榜文》。

2　《聖諭十六條》載《聖祖仁皇帝實錄》第34卷。

3　梁延年編：《聖諭像解》，1902年江蘇撫署重校，江蘇巡撫恩壽重印。

一條，不能背錄者，不予錄取。學校內的灌輸，通過生員向民眾詳解聖諭[1]。然而，鄉約在一六五九年制度化，到十九世紀時成為一種徒具形式的儀式，作為一種制度，鄉約存在著不少困難。據李孝悌分析：它是一種過於直接的道德教訓，《聖諭廣訓》不過萬言，逐條宣講，有十六次也行了，每月兩次，歷時不過八個月；而雍正要成年累月地進行，照本宣科的方式，令人生厭。況且，縣官權小事繁，很少人認真執行此措施，加上在農村社會如何選擇稱職的講讀官，也是一個無法克服的難題[2]。上述官方教化措施，雖然在推行上存在著種種困難，但因官府召集、宣傳講解朝廷的諭俗文告，或地方鄉約這些方式，在庶民教化方面發揮怎樣的作用，還可作進一步的評價。當然，宣講教化較能貫徹執行的是雍正時期，後來道光朝賀長齡曾誇張地說，「清朝二百餘年化行俗美，海內乂安，間有邪說誣民旋即殲滅」，「誠宣講《聖諭廣訓》之明效也」。[3]其實，聖諭把儒家的禮教規範和道德觀念通俗化、大眾化，是一套清晰的教化的綱領。《聖諭十六條》貫穿著程朱理學家的社會政治觀點，康熙及雍正二帝的用意，是把理學家的社會政治學說普及於社會。明清兩代的聖諭，在近代官方教化中占著核心位置[4]。戴寶村認為清代聖諭教化的推行，「綿延有清一代，甚至民國之後仍保留講約的方式，其宣講對象涵蓋各階層各種族人民，用力不可謂不勤」。學者由清初至清末一直有闡揚聖諭之書籍問世，也可看出其在清代社會的地位。[5]陳兆南分析宣講這項勸善俗講活動，地方政府用以傳播政令，或宗教團

---

1　張仲禮編、李榮昌譯：《中國紳士》，上海社會科學院出版社1991年版，第62-63、202-203頁。

2　參看李孝悌《從中國傳統士庶文化的關係看二十世紀的新動向》，《「中央研究院」近代史研究所集刊》1990年第19期，第327頁。

3　《皇朝道咸同光奏議》卷41《禮政類‧學校》。

4　李孝悌前引文，第325頁。

5　戴寶村：《聖諭教條與清代社會》，《國立臺灣師範大學歷史學報》1985年第13期，第16-17頁。

體傳播教義，對近代中國的社會而言，宣講對庶民道德價值觀確立之作用不可忽略。陳兆南又認為「傳統中國的社會底層，多數民眾的教育水平低，如無傳播性活動轉述，明、清間數目龐大的善書將不具任何社會意義，勸善的功能更無從發揮」，即強調宣講在傳播上的功能，《聖諭》用俗語解說，識字者傳看誦習，並講與不識字人知道[1]。總之，《聖諭》講解充滿了通俗化的儒家思想，官紳士人在庶民教化上的努力實在不可低估。

## 三、善書宣講本
## 　　及《感應篇直講》《宣講拾遺》二書

　　說善書由清代的宣講聖諭衍變而來。從現存清後期宣講採用的本子來看，宣講書多援引善書或輯錄因果報應事例，以提供宣講人講解聖諭訓條時使用，這些講因果報應故事的集子，稱「案證」。如周漢為長沙寶善堂董事，為進行宣講活動，選印宣講書《善惡案證》，名曰「《最好聽》以備案證」。同治年間出現《宣講拾遺》（有關《宣講拾遺》詳見下文）一類書的編集，「拾遺」即有採補民間事例材料的涵義。湖北地區說善書，是講唱結合的曲藝：「凡敘事處用白話，謂之講；長短句用歌體，謂之宣。」[2]即「說至書中宣處即改為唱。」[3]誠如王家瑞所言，善書可分案頭本和宣講本兩類：「案頭本供閱讀、傳抄和收藏用，宣講本除具備案頭本的功能外，主要供演唱用。」善書的案傳（即書目）繁

---

1　陳兆南：《臺灣的善書宣講初探》，《本土歷史心理學研究》1992年版，第1頁。

2　陳廷英：《勸善書目提要》，「訓俗類宣講」第6頁。

3　《宣講大全》卷首「題識」1920年上海鑄記書局石印本，見王見川、車錫倫、李世偉等編《明清民間宗教經卷文獻續編》第4冊，新文豐2006年版，第463頁。

多，直至二十世紀八〇年代找到案傳約三二八案，實是「一筆很可觀的文化藝術遺產」[1]。

清代中葉以後，善書與宣講聖諭活動的結合，從《感應篇直講》這部《感應篇》白話講解本的出現，得到充分的說明。所謂直講，意即通俗的解說。《感應篇直講》（以下簡稱《直講》）一書，最遲在乾隆年間已在民間流布。這部《直講》的出現，首先我們需要了解，「聖諭十六條」只提示道德教化的基本原則，在地方社會進行宣講，還要在形式和內容上加以發揮，因此在教材中加入報應事例，以吸引聽眾。《直講》還列出完整而具體的流通方法，以教化民眾，《直講》列出「講法六條」、「順治十三年增訂講法七條」，已制訂了一套完整的講解方法，目的是使「四方善士見收是編講時只消照文口念，略加申說，人人都曉，甚覺便易」[2]，而《直講》這些善書流通的意義，是作為民間通行的庶民道德教育的教材。

《直講》是作為宣講時其中一種輔助材料。十九世紀中葉後，宣講題材愈加趨向通俗化和多樣化，最明顯的是《宣講拾遺》。講說善書者也注意更換說法，摻入地方上因果報應的近事，以引起共鳴，如廣東地區有《東莞善報錄》[3]《惠陽福報》等書。《惠陽福報》為鵝湖居士於一八八七年輯選，在例言中說明「是書專載本府獲報之事，或得之志書，或得之目擊，或得之耳聞」，如卷一《敬惜字紙》、卷三《贈送藥丸》、《造橋增紀》、卷四《倡設義渡》及卷五《倡字紙會》皆記述惠州地區

---

1  王家瑞：《漢川善書》湖北省漢川市政協學習文史資料委員會編，《漢川善書》收進《漢川文史資料叢書》第21輯，2005年版，第16-17頁。

2  《感應篇直講》卷首《講法》同治十二年重刊本。

3  《東莞善報錄》選印邵紀棠所輯《吉祥花》，載粵東數百年各縣人士行善獲福事蹟，莞城鑑文樓印，北京中國道教協會圖書館藏。

行善獲報之事[1]。《宣講拾遺》源自宣講聖諭，據王爾敏論述：「《宣講拾遺》源自承襲宣講聖諭，其內容擴大至地方善書」，徵引民間因果報應故事。「由於清廷提倡推行，宣講聖諭日久成為民間習慣名詞，家喻戶曉」，為免解說乏味，加入故事性之著述以吸引聽眾。「因是『宣講聖諭』通行民間，在內容上就知書之士，多予附加民間流行善書，尤其故事性之短篇說唱，成為《聖諭》之外之附加品，並在民間興盛流傳」。更要一提的是，《宣講拾遺》「在晚清中西人士開始接觸，竟然迅速為西洋教士吸收，引用為傳教之便利方式」。王爾敏指出西洋教士採用露天宣講的方式，「這一方式正是中國土著宣教師所慣用的寶貴經驗，從《宣講拾遺》順便引用過來」，使鄉民習見，同是宣講，不予拒斥[2]。此外，《直講》此書，在民國年間更成了監獄宣講的教材。一九二二年印光法師（1861-1940）應定海縣陶知事請，物色講師到監獄宣講，印光遂推舉智德到監獄宣講《安士全書》等關於因果報應要旨，獄囚聽後多受感化，當時獄官和囚犯因之改過遷善大有其人，收效甚巨。於是鄧朴君、戚則周（後來出家，法名明道）等印光皈依弟子，共組「江蘇監獄感化會」，輪流前往宣講。《直講》是印光大師、王一亭居士等人，到監獄宣講善書的材料[3]。明白此歷史背景，才能了解《感應篇直講》這版本的由來，是一九二九年由上海江蘇第二監獄承印，藏版處也很值得注意，包括江蘇第二監獄第三科、哈爾濱宣講堂、南洋新加坡華僑商會等，其中哈爾濱宣講堂助印一千本[4]。

---

1 《惠陽福報》，1887年鵝湖居士輯，香港沙田圖書館藏。

2 詳見王爾敏《清廷「聖諭廣訓」之頒行及民間之宣講拾遺》，收進氏著《近代文化生態及其變遷》，百花洲文藝出版社2002年版，第19-22頁。

3 陳劍鍠：《圓通證道：印光的淨土啟化》，東大圖書公司2002年版，第31頁。真達等編：《中興淨宗印光大師行業記》，《印光大師全集》第5冊《印光大師永思集》，第125頁。

4 《感應篇直講》，1929年江蘇第二監獄承印，香港中文大學圖書館藏。

明清時代鄉約趨向制度化，康雍二帝提倡宣講聖諭，再發展及清中葉至民國初年的《宣講拾遺》、「說善書」期間宣講活動的內容與形式，並非一成不變，它是隨時代推移而不斷演變和擴大。如濟寧知縣吳檉早在一六九〇年代中期將《聖諭十六條》編為彈詞，並讓十多名盲人在城市集鎮，從早到晚誦讀[1]。善書涵蓋的範圍也愈加廣闊，至清中葉也不限於《感應篇》《陰騭文》等勸善文字，在長江流域的地區，說善書成為講唱文學的一種。「隨著善書演唱活動的日益繁榮，善書的編、講逐漸由官辦走向民辦，且內容由單一的正史故事發展到大量的民間故事，各地書局、作坊也相繼編印了大批善書的單行本和合訂本。」[2]可見說善書跟《宣講拾遺》都是源自宣講聖諭，但清末宣講不以聖諭為限。王家瑞認為，善書脫離聖諭，「自成一體，彙集於民間文學的長河，那是清代末期的事。」[3]

　　宣講本的祖本是王文選採集的《宣講集要》，流通較廣是《宣講拾遺》《宣講大全》幾種。湖北潛江文人王文選「就十六條（即《聖諭廣訓》十六條──引者）之題目，各舉案證以實之，善足勸而惡足懲」[4]，編成《宣講集要》一書。書中於每篇之首冠之以「聖諭」，並加以解釋，接著就是根據「聖諭」編寫的故事。《宣講拾遺》以順治六諭為基礎，結合康熙《聖諭十六條》，用實際例子講演，此書仿《宣講集要》體例而成：「近世所宣講者，有《集要》一書，就十六條之題目，各舉

1　咸豐《濟寧直隸州志》卷6之6「職官」、「吳檉」條，臺灣學生書局1968年版，第73頁，總第1796頁。

2　漢川縣文化館：《漢川善書》，《曲藝藝術論叢》1984年版第4輯，第85頁。

3　王家瑞：《善書和民間文學》，湖北省漢川市政協學習文史數據委員會編《漢川善書》，《漢川文史資料叢書》第21輯，2005年版，第33頁。

4　莊跛仙：《宣講拾遺序》，《宣講拾遺》，王見川、林萬傳編《明清民間宗教經卷文獻》第12冊，新文豐1999年版，書名稱《改良繪圖宣講集要》據上海錦章書局版，總第545頁。

案證以實之，善足勸而惡足懲，行之數年，人心大有轉移之機。考其書乃潛江王文選先生所採集也，余心焉慕之，茲又於古今所傳有關教化之事擇取若干條，仿《集要》之體而暢達其義旨，顏之曰《拾遺》，亦恐鄉黨鄰里間有厭《集要》之古者，為之一新其聽聞焉。鄙意之所存僅此，夫何敢同《集要》之書遍傳宇內哉？」[1]

　　善書研究的開拓者酒井忠夫認為，《宣講集要》與《宣講拾遺》二書，是太平天國期間編集並具代表性的宣講本子[2]。論者認為，至同治、光緒年間，「善書曲藝已臻大成」。[3]婁子匡、朱介凡於一九二七年蒐集所得，談到民國年間凡講善書，仍採用《宣講集要》《宣講金針》與《宣講回天》這幾種本子[4]。《勸善書目提要》所介紹《宣講大全》一書，為民國九年上海重刻本：原名《瑤函弌集》（很多引用此資料者誤作《瑤函戈集》——引者按），光緒戊申西湖俠漢重印，民九用石印，遂改今名。凡為八卷，有圖，首為苦心行孝，而以忠孝節義殿八卷之末，宗旨可知。是書明白淺顯，凡敘事處用白話，謂之講；長短句用歌體，謂之宣。吾初以宣講俚俗，每購善書，坊肆出此則卻之。嗣王青垞先生謂宜廣此一門，遂以此列首。現今浴堂、茶肆、車轎伕及閨秀等，每喜購小本書卷，為閒時消遣品。此書系袖珍式，有圈點，如多多印送，可以轉易上列諸色人視聽，亦訓俗要義也。印行者為上海鑄記書局，漢口有分售處[5]。

　　宣講本較著者簡述如下：

---

1　莊跛仙：《宣講拾遺序》，《宣講拾遺》，王見川、林萬傳編《明清民間宗教經卷文獻》第12冊，總第545頁。

2　酒井忠夫：《增補中國善書之研究》國書刊行會2000年版，第53頁。

3　漢川縣文化館《漢川善書》，第85頁。

4　婁子匡、朱介凡編著：《五十年來的中國俗文學》，正中書局1963年版，第254-255頁。

5　陳廷英編：《勸善書目提要》，第6頁。

（1）《宣講集要》十五卷，王文選採集，咸豐二年福建吳玉田刻本[1]，吳玉田刻坊，設在福州南後街宮巷口，是清末最著名的刻書坊[2]。

（2）《宣講拾遺》六卷，同治十一年（1872年）宣講生莊跛仙編，民國三年上海錦章書局石印[3]。

（3）《宣講引證》十五卷，光緒元年宣講生戴奎編[4]。

（4）《宣講博聞錄》西樵雲泉仙館刻本，光緒十四年調元善社刊[5]。

（5）《宣講回天》四卷，又稱《宣講回天案證》光緒三十三年益元堂刊本。[6]

（6）《宣講金針》四卷，光緒三十四年（1908年）巴蜀善成堂刊本。[7]

（7）《宣講大全》八卷，書前有光緒三十四年「西湖俠漢」序於「漢皋廧次」，「漢皋」是漢口的別稱。原名《瑤函弌集》一九一〇年石印改名《宣講大全》[8]，書名又題《最新宣講大全最好聽》[9]，值得注意者，周漢重印《善惡案證》十二卷，封面也題《最好聽》[10]。可見這類宣講

1　《宣講集要》咸豐二年福建吳玉田刻本，臺灣中央圖書館臺灣分館藏。

2　吳玉田刻坊述略，詳見謝水順、李珽著《福建古代刻書》，福建人民出版社1997年版，第493-496頁。但此書云「現存的吳玉田刻本中，刊刻時間最早的是譚獻的《復堂詩詞》刻於咸豐九年」，其實刊刻時間更早的吳玉田刻本，是臺灣「中央圖書館臺灣分館」所藏《宣講集要》刻於咸豐二年。

3　《宣講拾遺》民國三年上海錦章書局石印本，臺灣中央圖書館臺灣分館藏。

4　酒井忠夫：《增補中國善書之研究》，國書刊行會2000年版，第55-58頁。

5　《宣講博聞錄》廣州孫中山文獻館藏。

6　《宣講回天》臺灣「中央研究院」傅斯年圖書館藏。

7　《宣講金針》臺灣「中央研究院」傅斯年圖書館藏。

8　陳廷英：《勸善書目提要》，訓俗類「宣講」，第6頁。

9　《宣講大全》，瑞成書局1961年重印。此書亦收進王見川、車錫倫、李世偉等編《明清民間宗教經卷文獻續編》第4冊，新文豐2006年版。

10　《善惡案證》（封面題《最好聽》），光緒三十年長沙重刊本，北京圖書館藏。有關周漢推動宣講的努力，詳參拙著《勸化金箴——清代勸善書研究》，天津人民出版社1999年版，第115-116頁。

本強調說唱生動，使民眾喜聞樂聽。

（8）《（聖諭六訓）宣講醒世篇》宣統元年（1909年）營口成文堂藏板[1]。

（9）《宣講至理》民國五年華福記書局石印[2]。

（10）《宣講福報》四卷，民國十年漢口崇文堂刊印[3]

其中《宣講拾遺》《宣講引證》諸書，由宣講生編集。莊跛仙更明白的指出，《宣講拾遺》因受「宣講諸先生」賞鑑，並「慈惠付梓」。[4]上述宣講本刊行地區，與說善書流行的地域是相一致的，如《宣講大全》《宣講福報》皆在漢口印行；《宣講集要》《勸善書目提要》諸書編者是湖北人。又如《宣講醒世篇》現存版本是遼寧營口成文堂藏版：「是書原刻板存奉天省錦州城西虹螺縣鎮堅善講堂，乃該堂主管楊子僑先生編集。先生精歧黃術，嘗以濟人利物為念，因思行醫僅濟一方，莫若善書兼濟天下，故手著是編，亦云盡善盡美矣。」[5]除上述清末善書《保富確言》書後「善書目錄」，《宣講拾遺》之外，還有《宣講余言》《宣講芻言》《宣講集編》《宣講集粹》等多種[6]以及《宣講珠璣》等宣講本。

《宣講拾遺》此書的宣講，與近代一位善人——王鳳儀密切相關。王鳳儀是清末民初熱河省人，在東北辦義學（特別是女義學）、戒煙所

---

1　周振鶴撰集、顧美華點校：《聖諭廣訓：集解與研究》，上海書店出版社2006年版，第625頁。

2　婁子匡、朱介凡編著：《五十年來的中國俗文學》，正中書局1963年版，第255頁。

3　劉守華：《「善書」——中國農村故事文學的一個重要品種》，《民間文藝集刊》1983年第4輯，第118頁。

4　莊跛仙：《宣講拾遺序》，《宣講拾遺》，王見川、林萬傳編《明清民間宗教經卷文獻》第12冊，新文豐1999年版，總第545頁。

5　周振鶴撰集、顧美華點校《聖諭廣訓：集解與研究》，上海書店出版社2006年版，第625-626頁。

6　《保富確言》書後「善書目錄」見《勸化金箴——清代勸善書研究》，第234-236頁。

等，及後加入萬國道德會，任宣道工作，度人化世垂四十年，世人稱他為王善人。王鳳儀（1864-1937）於光緒二十四年，在他內弟家聽一位楊柏先生講善書，講的是《宣講拾遺》。那是一本專講「忠孝節義，善惡報應」故事的書，他常隨楊柏聽講。有一天聽講「三娘教子」的故事，先是母子爭執，後來兒子聽了老家人薛保之勸，跪下認錯，母親承認自己也有不是，母子言歸於好。王鳳儀聽了感觸頗深，經過幾個月的思索，似有所悟，決定以覺民化俗為己任，乃獻身入宣講善書的宣講堂。他開始學識字，學善書格言，到各地為人講病，勸人為善，度人化世。後來他想欲救人心，必先教育。而教育須由家庭開始，於是他有了倡辦女學的志願。到他六十歲以後，熱河及東北數十縣，辦學講道的風氣大開，世人稱他為王善人。當代高僧如倓虛法師、定西法師、樂果法師等，都是王鳳儀在宣講堂講善書時代的朋友[1]。諸位法師在宣講堂也擔任宣講員，講述因果。如倓虛法師，一九〇五年往營口的宣講堂聽講，宣講堂專門講述《聖諭十六條》，及後更擔任宣講員[2]。正如周振鶴所言：「清末民初大到一省有宣講總局，而小到一縣有宣講所，善書與宣講活動的無孔不入由此可見一斑了。」[3]

## 四、清末民初湖北、四川地區的「說善書」

清末民初宣講善書這種民間文藝，較常見是湖北、湖南、四川地區，是講唱文學的一種；其實它是講故事，以勸人為善為主題，而對聽

---

1　見於凌波《介紹袁了凡、王鳳儀兩位大善人》，引自雪廬講堂印經會編輯《了凡四訓語譯、王鳳儀嘉言錄合刊》，新加坡淨宗學會同修印行，出版年分不詳。

2　倓虛大師說、大光記述：《影塵回憶錄》第五章（一）「進了宣講堂」，香港華南學佛院1954年版，第34頁。

3　周振鶴撰集、顧美華點校《聖諭廣訓：集解與研究》，第625-626頁。

眾照著本子，登臺宣講[1]。湖北宣講善書也起源於順治年間的宣講聖諭，至光緒年間宣講聖諭被「十全大善」所代替，具體提出「孝敬父母、和睦家庭、友善鄰里、救難濟急、恤老憐貧、設立義學、設立義渡、修橋補路、施茶施藥、施捨棺木」十大善行，以提倡正直善良、勤勞儉樸，反對姦盜邪惡、傷天害理為說唱內容。又稱為「宣講善書」、「說善書」，後來簡稱「善書」[2]。劉守華認為「中國南方農村，過去廣泛流行『說善書』的習俗，所謂『說善書』，就是講述種種善惡報應故事」。而「說善書往往同宣講『聖諭』相結合，善書中又常常穿插大段的『經云』，講說佛家或道家的經文」。[3]

有關湖北地區的「說善書」，以下從宣講者，宣講時節與地域、形式，「說善書」與善堂關係，及漢川善書的傳承五方面簡述。

莊跛仙在《宣講拾遺》序中說：「司鐸率各處紳耆於城鎮誦解，此古讀法之遺意，即今宣講之由來。」[4]從宣講聖諭到說善書，大致可分為四個階段，即頂帶耆老誦解→一般平民宣講→半職業藝人宣講→職業藝人宣講。[5]據王遠翔記述，清末民初（1908-1920），武漢地區主講善書的人多為年高德重之士，講善書不收報酬[6]。從二十世紀初起，一些

1 劉守華：《「善書」——中國農村故事文學的一個重要品種》，《民間文藝集刊》1983年第4輯，第117、129頁。

2 《中國大百科全書（戲曲曲藝）》「善書」條（何遠志撰寫），中國大百科全書出版社1983年版，第340頁。

3 參見劉守華《談民間文學中的「大團圓」》，《華中師院學報》1983年第4期，第130頁；《「善書」——中國農村故事文學的一個重要品種》，《民間文藝集刊》1983年第4集，第122頁。

4 莊跛仙：《宣講拾遺序》，《宣講拾遺》，王見川、林萬傳編《明清民間宗教經卷文獻》第12冊，總第545頁。

5 李德復、陳金安主編《湖北民俗志》，湖北人民出版社2002年版，第1217頁。

6 王遠翔：《話說「善書」》，武漢市政協文史資料委員會編，《漢口憶舊》（《武漢文史資料》第38輯），武漢市政協文史資料委員會1989年版，第232頁。

為了養家餬口的藝人、災民，也組成講善書的班子講善書，就要由組織者（茶館、善堂、會館公所或大戶人家）付給酬金了，聽眾則不付錢。到了二十世紀二〇年代中期，宜昌講善書的活動早已停止，而武漢則一直盛行到四〇年代末[1]。

宣講時節方面，一九四九年之前，江漢平原除漢川以外，漢陽、孝感、雲夢、天門、沔陽（今仙桃市）、潛江、應城、安陸等地都有善書藝人活動。開始只在元宵節、中元節前後，由善堂請藝人或當地文人老先生宣講，名曰「勸善行好，祈福消災」。之後，有人用講善書來還願、祭祖、祝壽，尤以中元節前後特別風行[2]。曾任漢川市文化館長王遠翔在《話說「善書」》一文說：「武漢人時興過『中元節』……戲園子上演應節戲《董永賣身》。寺觀廟宇，做盂蘭會道場。一到夜晚，各善堂鑼鼓喧天送河燈，街頭巷尾講『善書』。」[3]

從最初只在中元節等節日前後宣講，後逐漸發展成經常活動，並可在街前巷尾、茶樓酒肆宣講，二十世紀三〇年代由鄉間進入武漢等城鎮：「一九三一年大水淹了武漢，大批災民湧進武漢，漢川、漢陽等縣的半職業藝人，逃荒來武漢乞食，他們三五搭班講『善書』賺錢餬口。」

形式方面，講善書分為春秋兩季。據尹明階記述：春季多半在農曆正月尾二月初，秋季在農曆七月半這一段時期。主持講善書的人，分為兩種形式，一種是因事向神許願，由一家專講；另一種是由幾人為首全村合講。全村合講的形式，由幾個人領頭，挨戶收錢，出多少錢不一，出錢的人名張榜公布。講時，要搭一個高臺，一般要講三天。在臺的正中，立一黃紙裱糊的神位，神位上寫著「聖諭謹遵」或「謹遵聖諭」，

1　章開沅、張正明、羅福惠主編《湖北通史‧晚清卷》，華中師範大學出版社1999年版，第613頁。
2　王家瑞：《漢川善書》，湖北省漢川市政協學習文史資料委員會編《漢川善書》，第15頁。
3　王遠翔：《話說「善書」》，《漢口憶舊》，第232頁。

或者是「宣講聖諭」。神位兩旁則用紅紙寫一副勸人行善的對聯。在臺的對面設立「五音女孤魂野鬼香案」。意思是讓他們都來聽書，得到超度。講善書的先生，首先對神位叩頭作揖，然後對臺前的聽眾講起來。講書時，根據書上的情節，有哭有言，有問有答。當情節需得什麼角色出場時，後面就走出人來，或裝做婆婆，或裝做媳婦，或裝做官老爺，或裝做犯人。這樣一問一答，一言一哭，講得繪聲繪色。下面有些老婆婆們，端著紡棉紗的凳子，邊聽邊挽棉紗，聽到傷心處，也同聲一哭[1]。

因藝人常用「未開言來，淚流滿面」開場，故民間戲稱講善書為「未開言」。武漢善堂倡導講善書，這要從清代「設善堂，廣勸化」去說明。宣講聖諭是善堂建立的主要活動，如廣州愛育善堂：「鍾運司撰《愛育堂碑記》云，同治辛未之春，搢紳鍾覲平、陳次壬等縣稟以興建善堂為請，蓋仿照上海普育堂而設也。詳閱所擬條規，如宣講聖諭、開設義學、施棺贈藥、贍老恤嫠，以及棲養廢疾，諸大端，縷晰條分，法良意美，誠勸善之先聲、濟人之首務也。」[2]又如澳門同善堂，其善業至今不輟，也是從宣講聖諭發端。光緒十八年（1892年），香港、澳門紳商以及海外華僑，發起倡建同善堂，向政府申請開辦「宣教會」，在堂址宣講「聖諭」，及後倡辦同善堂貧民義學[3]。善堂組織「說善書」活動及其善書段子介紹，萬澄中有生動的描述：

> 1949年之前，每逢陰曆七月的初一到十五的這半個月中，
> 武昌、漢口、漢陽三鎮的大街小巷內的善堂，在太陽西下之際

1　引自尹明階《談談漢陽的舊風俗》，1986年漢陽縣政協供稿，《武漢文史資料文庫》第六卷《社會民俗卷》，武漢出版社1999年版，第438-439頁。

2　宣統《南海縣志》卷六《建置略》「愛育善堂」，成文出版社1974年版，第684頁。

3　詳見《同善堂一百一十週年紀念集》，同善堂值理會1992年版，第79頁。

都要臨時用桌子搭一小臺，臺前擺一長方桌，左右各放一「風燈（不怕風吹之燈）」，桌子的左右方各站一身著白色夏布長衫的先生，一宣一講地在那裡說「善書」，聽眾則是自帶板凳前去聽書的市民。當時最有名的「善書」段子為《打蘆花》，內容是說後娘替前妻之子所做的寒衣，鋪的不是棉花而是蘆花，因而孩子凍得發抖。其父用棍子去打小孩，結果寒衣被棍子打破後，發現衣內不是棉花，而是蘆花，因而父子抱頭痛哭，恨那婦人心太毒。其他的「善書」段子有《四下河南》《磨坊產子》等[1]。

漢川善書得以繼踵至今，於二十世紀三〇年代更臻於大盛，王家瑞追述其由來：「民國年間講善書藝人大批湧向武漢市，在鸚鵡洲、羅家墩至江岸一帶搭班演唱，招牌上正式掛上了『漢川善書』的名號，名噪武漢，盛極一時，使漢川善書同黃陂的花鼓、陽邏的高蹺被人們譽為『湖北三盛』。一九三六年，由黃陂、漢川兩地的民間藝人在漢口觀音閣（今武漢市礄口區文化館）成立了『評書』、『宣講』聯合公會。……這樣，就為培養藝人，發展壯大隊伍，改革提高善書藝術創造了良好的條件。……一九五〇年，湖北省成立『戲曲改進協會曲藝分會』，漢川善書為下設的一個組。……現在，善書這一曲種在其他地方幾乎無存，但漢川的善書演唱活動卻愈來愈興旺。……漢川善書藝人至今能道出師承姓名的，至少有六代人，善書這一曲藝曲種至今流行也有二四〇多年了。」[2]抗戰時期，漢川藝人說善書的足跡還遍及四川重慶、萬縣等地。

清末以來宣講善書，除兩湖以外，風氣最盛的地區要算是四川了。

1 萬澄中：《漢川善書與武漢》，《漢川文史資料叢書》第21輯《漢川善書》2005年版，第41頁。
2 詳見王家瑞：《漢川善書》，湖北省漢川市政協學習文史資料委員會編《漢川善書》第13-15頁。

其中一本流行於湖北、四川等地的宣講本子，是《宣講金針》。劉守華蒐集鄂西山區的善書，「在鄂西山區竟然弄到了三部木版印刷的善書，共有二十個本子」，其中九種來自《宣講金針》此書，即《思親感神》《苦節受封》《爭死救兄》《息訟獲福》《以德報怨》《謀產絕後》《五世輪迴》《欺兄逼寡》《安常是福》。[1]《宣講金針》現存有光緒三十四年（1908年）巴蜀善成堂刊本，善成堂是晚清規模大、刻書多的一個書肆，總號設在重慶，四川成都、湖北漢口、北京、山東濟南等地都設有分號，其書遂得以行銷川鄂各地。[2]又如湖南士紳周漢為長沙寶善堂董事，為推廣宣講活動，從四川購入一批宣講書，選刊以作教材。他為《善惡案證》（封面題《最好聽》）此宣講書撰序提道「宣講之風，蜀中最盛；宣講之書，蜀中最繁」。[3]

郭沫若（1892-1978）曾回憶童年在家鄉四川樂山縣沙灣鎮聽講善書的情形，既有教化作用，也有娛樂功能：我們鄉下每每有講「聖諭」的先生來講些忠孝節義的善書。這些善書大抵都是我們民間的傳說……講「聖諭」的先生到了宣講的時候了，又朝衣朝冠地向著「聖諭」牌磕四個響頭，再立著拖長聲音念出十條「聖諭」，然後再登上座位說起書來……這種很單純的說書在鄉下人是很喜歡的一種娛樂。[4]

民國年間曾擔任教育總長的傅增湘，也提到四川家鄉說善書風氣的盛行，但他批評宣講善書雖然勸人為善，但內容卻多「虛誕」：「中國演說的事，也時常有之，即如我家四川地方，此風尤盛。但所說者，如

---

1 劉守華：《「善書」——中國農村故事文學的一個重要品種》，《民間文藝集刊》1983年第4集，第118頁。

2 有關善成堂，參看魏隱儒《中國古籍印刷史》，印刷工業出版社1984年版，第172-173頁。

3 《最好聽》，周漢序，光緒三十年長沙重刊本。

4 郭沫若：《沫若自傳》第1卷《少年時代》「我的童年」（1892-1909），三聯書店1978年版，第29-30頁。

《感應篇》《陰騭文》《帝君寶訓》《玉歷鈔傳》之類，雖是勸人為善，然虛誕的話太多，或反轉添出許多迷惑狂謬的思想。[1]」又如劉省三編《躋春臺》（卷首有1899年新鐫序）此書，是供宣講聖諭時用來勸善懲惡的案證，書中四十篇故事有七篇出現宣講的場面[2]。

　　清朝中葉以後，宣講題材與說善書的演變，愈加趨向多樣化和通俗化，也因地制宜以寓教於樂。正如張岸登為《宣講拾遺》撰序說：「曷若茲之採摭前事，演作俚言。一宣而人皆樂聞，不講而人亦必曉。不拘乎地，不擇乎人，不限以時，不滯以禮，宣之而如歌詞曲，講之而如道家常，固較之設學謹教，尤便於家喻戶曉也。」[3]

# 五、結語

　　清末江蘇一份雜誌描述當時善堂、善書之普遍：「感應陰騭之文，惜字放生之局，遍於州縣，充於街衢。」[4]光緒二十六年（1900年）澳門氹仔嘉善堂創設主要是贈醫宣講，據《澳門憲報》登載其條款曰：「氹仔創設行善公會，名曰嘉善堂」，「本堂原合善士捐資，為送藥劑丸散，贈醫宣講、送善書、執字紙等事起見」。[5]咸豐年間編成的《宣講集要》用「汗牛充棟」形容善書之多：「善書之流傳夥矣。入則充棟，出

---

1　李孝悌：《清末的下層社會啟蒙運動（1901—1911）》，《大公報》1904年5月25日，臺北：中央研究院近代史研究所1992年版，第61頁。

2　阿部泰記：《〈躋春臺〉——宣講之公案小說集》，笠征教授華甲紀念論文集編輯委員會編《笠征教授華甲紀念論文集》，臺灣學生書局2001年版，第484-485頁。

3　同治十一年張岸登《宣講拾遺序》，《宣講拾遺》，收進王見川、林萬傳編《明清民間宗教經卷文獻》第12冊，新文豐1999年版，總第545頁。

4　光緒二十九年江蘇同鄉會創辦發行《江蘇雜誌》第9-10期合本《社說·江蘇人之信鬼》。

5　湯開建、吳志良主編《澳門憲報中文數據輯錄，1850—1911》，澳門基金會2002年版，第302-304頁。

則汗牛，殆不啻恆河沙數也。」[1]清代善書雖然廣泛流傳，但有一段長時間幾乎為人遺忘。善書與聖諭、官箴、家訓、蒙學、格言等勸誡教化文獻[2]，曾經是宋明以來中國文化的重要載體，近年得到重新肯定、認識和重視[3]。如二十世紀九〇年代《太上感應篇》列入「中國傳統文化讀本」，認為書中傳統美德，有助規範世人的行為。[4]

　　善書在明清時期發展，不僅有閱讀、傳抄用的案頭本，清中葉以來還有供說唱用的宣講本。說善書此勸善懲惡的曲種，在民間寓教於樂，步進民國時代仍顯示其堅韌的生命力。漢川善書列入首批中國非物質文化遺產保護名錄，對善書研究者、藝人來說，不啻是莫大佳音，而漢川善書如何傳承、創新與發展，也成了大家關注的課題。

---

1　《宣講集要》，咸豐二年福建吳玉田刻本。

2　如多種官箴、格言，分別見陳廷英《勸善書目提要》「居官類」、「治家類」介紹。

3　近年勸誡文獻的整理已漸多見，如周振鶴撰集、顧美華點校《聖諭廣訓：集解與研究》，上海書店出版社，2006年版；及劉俊文主編《官箴書集成》，黃山書社1997年版。善書與聖諭、官箴等勸誡教化文獻的關係，可參拙著《勸化金箴——清代勸善書研究》，天津人民出版社1999年版，第19-21頁。

4　張兆裕編《太上感應篇》，北京燕山出版社1995年版。

# 民間傳統文化與和諧社會建設

劉守華

〔摘要〕保護非物質文化遺產，搶救和傳承民族民間傳統文化，有助於社會主義和諧社會的構建。在民間傳統文化寶庫中，不僅積澱著各族人民對美好社會的憧憬與追求，而且有著關於人際和諧、人與自然和諧的寶貴探索，提供了可資借鑑的文化生態模式。

〔關鍵詞〕民間傳統文化　董永傳說　漢川善書　民間文化生態

我國社會主義現代化建設正邁向一個新的歷史階段，這就是建設一個民主法治、公平正義、誠信友愛、充滿活力、安定有序、人與自然和諧相處的和諧社會。這樣的社會形態既是中國特色社會主義奮鬥目標的具體化，也融匯了中國人民對理想社會的歷史企求。這種歷史企求深深地滲透在中國傳統文化特別是民間傳統文化中。我國正在全面實施由「政府主導，社會參與」的非物質文化遺產保護工程，所謂「非物質文化遺產」，其主體就是我們平常所講的民族民間傳統文化。連繫建設社會主義和諧社會這一偉大歷史任務，我們對保護這部分文化遺產的重要性與迫切性會有更清楚的認識。本文即就我自己近幾年參與這項文化工程所得，略述管見。

二○○四年六月，國務院公布了列入我國非物質文化遺產代表作的首批保護名錄的五一八個項目，湖北省占有二十項。現以其中的二項——孝感市的董永傳說和漢川市的善書為例來看，它們可以說就是有助於建設和諧社會的「和諧文化」。

董永因賣身葬父孝感動天而娶七仙女的優美傳說是人們所熟知的，這個故事在孝感地區紮根已有千年以上歷史，它的深遠影響使孝道這一

傳統美德世代浸潤人心。中國有二十四孝之說，其中有三孝出自湖北：除董永賣身葬父之外，還有夏季扇枕溫衾的黃香，以及冬季哭竹生筍的孟宗，他們也都是孝感地區人。在中國傳統倫理道德中，「百行孝為先」，不論是儒家，還是佛道二教，均大力提倡孝道。現今世界各國正加速邁入「老齡社會」；孝養老人，在人類文化思潮中的地位顯得越來越重要，在我們建設社會主義和諧社會這一宏偉工程中所占地位也變得越來越突出。我國各族民間文藝和民俗事相中有關孝道和敬老的大量內容，其重要價值也就不言而喻了。

和諧社會建設中，人與人之間關係的和諧，首先是父母子女間的和諧無疑居於首位。董永傳說之類的民間文藝在延續中華民族的孝道傳統上將永葆活力。

再如漢川善書。善書這種說唱藝術本來流行全國，更是遍及湖北江漢平原的各個角落；因它在漢川扎根很深，擁有一大批藝人和廣大聽眾，加上當地文化部門從二十世紀五〇年代以來就抓住它不放，作為地方曲藝品種不斷推陳出新，使它在當今城鄉文化娛樂市場仍占有一席之地，保持著鮮活姿態，於是構成「漢川善書」聞名於世了。善書即說故事，就是我們所熟悉的說書藝術的一種。它源於「寶卷」，最初講述的是與佛教、道教有關的故事，具有較明顯的宗教性；後向著世俗化、文學化方向演進，加之以生動活潑的說說唱唱的方式來演出，因而成為深受民眾喜愛的民間藝術。其突出特點是演說的故事以善惡報應不爽為主題，勸人積德行善，具有強烈的道德教化意義。因而在清代曾受到皇家重視，康熙帝曾親頒「聖諭十六條」，將這些「聖諭」輔之以善書在全國各地宣講，以推行「十全十善」，實現太平盛世。後來便演進成為一種鄉風民俗，可惜在許多地方早已消失殆盡，漢川善書[1]便是其寶貴遺

---

1　劉守華：《在漢川聽善書》，湖北日報2004年9月30日。

存。這類以勸善祛惡為特質的傳統民間文藝，有助於強化傳統道德倫理，我們自應努力加以保護，使之為建設和諧社會服務。這裡要說明的是，具有宗教意味的勸善說教是有明顯的侷限性與消極性的，企圖藉助神佛的力量來懲惡揚善更遠離現代文明潮流。而在許多優秀的善書文本中，主人公並非消極地忍受苦難，而是勇敢堅毅地抗爭邪惡、捍衛自己的人生權利，人所熟知的《四下河南》就是一個例子。地方豪強陷害無辜，家破人亡的母女倆，從四川巴縣四次赴開封尋求包公洗雪冤案終獲成功；它是一個具有浪漫傳奇色彩的善書案傳，又被人改編為楚劇[1]劇目唱遍長江沿岸。其文化內涵和我們今天所倡導的民主法治精神是完全吻合的，可見民間傳統文化寶庫中蘊含著許多富有生命力的東西有待我們去發掘利用。

再說一下仙桃市文化部門準備向省裡申報的非物質文化遺產項目——仙桃雕花剪紙。中國遍及城鄉的剪紙藝術，不但是底層民眾藝術智慧的突出表現，而且是中華文化最具標誌性的象徵符號。北方民間剪紙常用剪刀製作，多出自女性之手，以中原文化為其內涵；南方剪紙則常用小刀雕刻，男性雕匠更為擅長，依託荊楚文化綻放光彩。仙桃雕花剪紙就是其中的佼佼者。這裡的雕花藝人在過去水患頻繁、十年九不收的日子裡，曾靠著一把雕刀、一本花樣走遍四方，以此維持生計。鄉民在婚喪嫁娶、逢年過節的場合，均喜愛以千姿百態的花卉和蟲魚鳥獸圖案來做裝飾點綴，如以金魚戲蓮來寄寓「年年有餘」，以喜鵲登梅來象徵「喜上眉梢」，將蝙蝠和桃子放在一塊來祝賀老人「福壽雙全」，以龍鳳呈祥的圖案來祝願婚姻美滿等，舊時代鄉民的困苦生活處境並未熄滅人們心中企求美好生活的強烈意願，於是他們以雕花剪紙這種民間藝術

---

1　張同城主編《漢川善書》，湖北漢川市政協學習文史資料委員會編印，2005年。

樣式來表達自己的豐富情懷。中國民間文藝家協會於二〇〇三年曾在河北蔚縣舉行中國民間剪紙學術研討會，發表《蔚縣宣言》，認為「剪紙藝術濃縮著中國人民的智慧和深厚的民族精神，是人民的藝術，母親的藝術」。「這種母親藝術現應得到崇高的禮遇和百般的愛惜」。但有關學人更多關注北方民間剪紙，對南方民間的雕花剪紙較為冷漠。富有荊楚文化特徵的湖北雕花剪紙，理應作為中國剪紙的代表作之一列入國家保護名錄之中。

以上是隨手拈來的三個事例，它們均屬於民間文學和民間藝術的代表作。包含在非物質文化遺產這個名目中還有多種民俗事相和民間技藝等等，它們在世代傳承中對於構建歷史上相對和諧的社會環境都發揮過重要作用，今天仍有其值得保護和繼承的積極價值。為什麼這些屬於文化遺產的民間傳統文化在現代條件下仍有其值得珍惜的價值呢？

（1）社會主義和諧社會，不僅是共產黨人的奮鬥目標，也是歷史上廣大人民的美好憧憬。我們現今肩負的歷史任務是把這一美好社會理想變成生活現實，而在我國各族民間傳統文化中所表達的對未來美好生活的憧憬，和我們今天規劃的和諧社會藍圖，其實有許多方面是一致的，只不過它們是以理想和期待的方式來表達的。就以包公形象為例，不論在口頭傳說、長詩短歌、還是戲曲曲藝中，他都以明斷冤案、剛直不阿的形象深得民眾的愛戴。這些作品大都有一定的歷史原型作依託，其主導方面卻是由人們對清官的期待虛構而成。這些作品不正是對民主法治社會的呼喚，對我們今天執法者的警示嗎？民間傳統文化不可能給我們提供建設未來新生活的科學預見，而凝聚其中的世代民眾的心聲卻能給我們今天的建設者以多方面有益的啟示。

（2）中國各族民間傳統文化以豐富多彩的內容與形式著稱於世，而著力展現的卻是我們民族的核心價值觀念和根本道德準則。正是在其滋養下才培育出支撐民族大廈的脊梁骨。胡錦濤主席提倡的「八榮八

恥」，其中大都以千百年來中國人民的傳統品格為依託。以中國四大傳說為例，從牛郎織女天河配，孟姜女萬里尋夫哭倒長城到白娘子和許仙、梁山伯和祝英臺的風雨愛情，其傳奇故事均已遠去，可是在這些人物身上所凝聚的對愛情的忠貞不渝，對邪惡勢力的奮勇抗爭，以及對美好人生的執著追求等等，卻直至今天依然有著激動人心的感召力，起著滌盪今人心靈的積極作用。難怪文化部原副部長周和平在一篇文章中說，保護民族民間傳統文化就是「保護我們民族的精神植被與靈魂根脈」了。[1]

（3）中國民間傳統文化中還有許多尚未被我們所認識和開發的寶藏。以處置人與自然的關係為例，「自從盤古開天地，三皇五帝到如今」，中華先民留給後代的這個花花世界，我們享用幾千年依然那麼美好，其間所隱含的文化之謎，我們在許多方面並未解開，以致在我們這一代手中，只搞了幾十年的工業化、城市化，就弄得許多地方居民沒有清水喝，鳥獸沒有棲身之所，自然生態遭到嚴重破壞。而在民間傳統文化寶庫中，卻有許多值得借鑑吸取的經驗。例如宋代頒布的一部道教經典《太上感應篇》，勸世人行善澤及鳥獸，將「射飛逐走，發蟄驚棲，填穴覆巢，傷胎破卵」均作為傷天害理之事而予以勸止。宗教信徒不但不嗜野味，還以將野物、魚類放生視為積德行善。[2]人們將住地周圍的竹、樹作為「靈竹」、「神樹」來崇拜，因而使許多千年古樹依然滿身青枝綠葉。以上這些在我們的意識形態中卻長時期作為封建迷信來踐踏。其實在民間關於草木蟲魚繁盛，就預兆人丁興旺、天下有道的傳統觀念裡，既有某些原始信仰成分，又包含著人們尚未闡明的科學道理。在近年關

---

1　周和平：《中國民族民間文化保護工程宣言》，中國民族民間文化保護工程國家中心編制，2004年。

2　袁嘯波：《民間勸善書》，上海古籍出版社1995年版。

於非物質文化遺產保護問題的理論研討中，已有一些學者對科學分析、正確對待民間信仰問題提出了合理意見，這值得引起我們的充分注意。

（4）中國豐富多彩的民間傳統文化，是依託相應的文化生態而生存發展的。我曾在一篇文章裡論及中國的民間文化生態，它們具有如下兩項基本特徵：第一，它是圍繞某項民間文化活動，由相互關聯的各個方面構成的互動體系；第二，它以活態呈現，楔入民眾日常生產生活中間，發揮著自己的特殊功能。其運動變化既是自發的，又有著一種內在動力使它世代傳承不息。[1] 這種文化生態，常常圍繞民間傳統節日構成。如年頭年尾的春節，三月清明節，五月端午節，七月半中元節，八月十五中秋節，這是大節日；此外在其間還穿插著一些小節日，如二月二「龍抬頭」，三月三「遊春」，四月初八土家族「牛王節」，六月六「龍曬衣」，七月七牛郎織女相會，九月九重陽節等。每個節日都有自己特定的內涵與民俗文化活動，如清明節掃墓祭祖，中元節祭奠亡靈，從心理上溝通生者與死者的親密關係；牛王節，對耕牛的神聖化實際上是對農業生產的敬重；端午節划龍船、掛艾蒿、吃粽子，不僅是對偉大愛國詩人屈原的追懷，也是群體性的體育與衛生防疫活動；中秋節吃月餅家人團聚，到過春節不僅全家歡聚，辭舊迎新，還集中開展各項文化娛樂活動，求得全家人和社區群體的「普天同慶」。節日期間，口頭文學、藝術表演和娛樂活動穿插進行，給人提供充分的狂歡空間；在此期間，人們的服飾、飲食等也花樣翻新，與其他民俗活動相映成趣。我們現今稱作非物質文化遺產的多種表現形式滲透其間，在給這些傳統節日增光添彩的同時，也豐富了百姓生活的意趣，達到了人們物質生活與精神文化享受的和諧一致。在舊時代人民大眾生活處境十分困苦的情況下，他

---

1　劉守華：《論文化生態與非物質文化遺產保護》，華中師範大學學報2006年第5期。

們仍能以樂觀開朗的情懷面對生活，同這一文化生態所發揮的積極功能是分不開的。

　　和過去相比，我們現在的生活處境已有了翻天覆地的巨大變化，但豐裕的物質生活享受和精神文化生活的貧弱卻呈現極不相稱的情況，以致眾多居民只好以搓麻將來打發時光，成為我們建設和諧社會的一大困窘。保護非物質文化遺產的積極社會意義，從這方面也可以得到說明。在中國和人類文明飛速進展的情況下，舊的社會文化生態自然也會新陳代謝，我們不應該為中國舊時代民間文化生態的殘破而惋惜傷痛，但在保護非物質文化遺產的浩大工程中，我們不應滿足於就事論事地只注意保護那些單個對象，還應注意合理地修復或重建相關的文化生態。這樣，為構造社會主義和諧社會服務的「和諧文化」才能真正發展起來。

# 「漢川善書」及漢川地方方言特色淺析

顧戰軍[1]

「漢川善書」作為一種說唱結合的語言藝術，它使用的語言是地道的漢川方言，因此漢川地方方言不僅是「漢川善書」的語言根基，也是「漢川善書」區域文化的表現元素，更是「漢川善書」在社會、生活、文化中不可缺少的交流手段。了解漢川地方方言的特點和特色，對全面了解「漢川善書」的語言表達方式有著重要的意義和作用。由於筆者只是漢語言文學的愛好者，在語言研究方面尚難達到一定的高度和全面剖析的深度，所以本文只試圖通過對漢川地方方言語音特點的淺析，並收集匯聚一些漢川地方方言中帶有明顯性或使用頻率較高的地域性習慣字詞、熟語以及表達方式和修辭格式，有助愛好、關注「漢川善書」的各界朋友方便了解、交流和鑑賞，不足之處請觀者予以批評斧正。

## 一、「漢川善書」及漢川地方方言的語音特點

漢川地處江漢平原腹地，語言特徵和天（天門）、沔（仙桃）為天漢沔一體，但也各有特點。漢川人民以水為生，漢江貫穿全境，汈汊湖曾經占全境六分之一的面積，因此水元素深深影響著漢川包括語言文

---

1 顧戰軍：湖北省曲藝家協會會員、孝感市民間文藝家和曲藝家協會副主席、漢川市文化體育新聞出版局幹部。

化、人們個性等地域文化的發展歷史，所以，漢川地方方言也就深深打上了水文化的烙印。

漢川地方方言以城關及馬口鎮所在的襄南片為中心，延伸出劉家隔麻河、分水、脈旺、二河和新堰垌塚幾個片區，在某些明顯性或使用頻率較高的地域性習慣用詞和熟語上存在著一定區域性的大同小異。由於目前漢川善書傳承藝人和活動場所，主要分布在城關及馬口鎮所在的襄南片，所以本文所析的「漢川善書」及漢川地方方言則以此中心區域為主取音、取材。

## （一）聲母的變化特點

「漢川善書」及漢川地方方言在聲母上與普通話區別的最顯著的特點之一，就是沒有翹舌音和後鼻音，也就是說除了極少數音節外基本沒有捲舌音和後鼻音，因此，比普通話二十三個標準聲母少了五個。

1. 沒有翹舌音和後鼻音

在「漢川善書」及漢川地方方言中，基本看不到zh、ch、sh、r四個翹舌音和n一個後鼻音，也就造成了z/zh、c/ch、s/sh發音不分，l/n發音不分，r音除保留兩個音節外也幾乎消失，在「漢川善書」及漢川地方方言中基本不存在。

2. 將普通話標準音整個音節改變聲母

| 普通話標準音 | 漢川方言音 | 常用字 |
|---|---|---|
| e | wo | 餓、鵝、訛、峨、惡、厄、鄂等全部 |
| er | e | 而、二、耳、兒、貳、珥、爾等全部 |
| nin | lin | 您、凝、寧、擰、獰等全部 |
| ran | lan | 染、燃、然、冉、苒等全部 |
| rao | lao | 饒、繞、擾、蕘、嬈、橈等全部 |

| ren　reng | len | 人、任、忍、認、刃、韌等全部 |
|---|---|---|
| rong | yong | 容、絨、融、熔、榮、蓉等全部 |
| rou | lou | 肉、揉、柔、蹂等全部 |
| ru | yu | 如、入、汝、乳、褥、辱等全部 |
| ruan | yuan | 軟、阮、朊等全部 |
| ruo | you | 若、弱、偌、箬等全部 |
| shu | xu | 書、樹、輸、術、殊、抒、暑等 |
| shou | sou | 手、首、守、授、售、瘦、壽等全部 |

3. 將普通話標準音部分音節改變聲母

| 普通話標準音 | 漢川方言音 | 常用字 |
|---|---|---|
| ba | pa | 拔、扒、跋、耙 |
| chang | sang | 常、嘗、償、嫦、裳 |
| chi | qi | 吃、遲、斥、 |
| chi | zi | 翅、嗤 |
| chu | qu | 出、除、處、儲、廚 |
| jie | gai | 街、皆、解、界、屆、戒、階、介等 |
| ning | li | 擬、倪、霓 |
| ni | li | 泥、尼 |
| weng | ong | 翁、嗡、甕等 |
| xiang | hang | 項、巷 |
| xiang | qang | 鑲、祥、詳 |
| zhu | ju | 主、住、豬、株、著、珠、朱、柱等 |

4. 將普通話標準音典型字改變聲母

| 普通話標準音 | 漢川方言音 | 常用字 |
|---|---|---|
| bu | pu | 捕 |
| chan | qian | 懺 |
| di | ti | 堤 |
| ning | mi | 匿 |
| pou | kuo | 剖 |
| qiao | kao | 敲 |
| qu | k（r）e | 去 |
| rang | lang | 讓 |
| rui | lei | 蕊 |
| re | yua | 熱 |
| ri | e | 日 |
| xie | hai | 鞋 |
| zhe | je | 這 |

## （二）韻母的變化特點

　　「漢川善書」及漢川地方方言在韻母的使用中，尾音不喜歡e音和er音，幾乎沒有使用單e音和er音；不喜歡鼻韻母，在實際應用中，十六個鼻韻母有十四個被簡化，此外同聲異韻的多音字，在「漢川善書」及漢川方言中變為只有一種音節，突出了一種簡單、簡捷的發音表達；在改變使用的韻母中以大而圓的ou、a、ao等韻母為多。因此，與普通話標準拼音三十九個韻母而言，漢川地方方言的韻母要少了很多。

1. 在韻母上與普通話區別的最大的特點是幾乎沒有e音和er音

   e音作為單韻母尾音時，均由uo、a、ao以及少數i、ai等替代，所以在「漢川善書」及漢川地方方言中除lie、tie、xie、ye有所保留外，還有四個自創音中的尾音存在e音。

| 普通話標準音 | 漢川方言音 | 常用字 |
|---|---|---|
| ce | cæ | 冊、側、策、測、廁、惻 |
| che | cæ | 撤、徹、澈、掣、坼、扯 |
| de | dæ | 得、德 |
| de | di | 地、的、底 |
| ge | guo | 個、各、歌、割、哥、閣、葛等全部 |
| ge | gæ | 革、疙、隔 |
| he | huo | 和、喝、河、合、荷、賀、盒等全部 |
| jie | gai | 街、皆、解、界、屆、戒、階、介等 |
| ke | kuo | 可、棵、科、顆、課、殼、渴等大部分 |
| ke | kæ | 克、刻、客、咳、氪、恪等 |
| le | luo | 樂 |
| le lei | læ | 勒 |
| lue | luo | 略、掠、鋝等全部 |
| que | qæ | 缺、確 |
| re | yæ | 若、熱 |
| se | sæ | 色、澀、瑟、嗇等全部 |
| te | tæ | 特 |
| xie | hai | 鞋 |
| yue | yæ | 月、越、閱、悅、粵等 |

| 普通話標準音 | 漢川方言音 | 常用字 |
|---|---|---|
| yue | you | 約、躍、岳、鑰、樂等 |
| ze  zhe | zæ | 則、責、澤、者、折、浙等大部分 |

五個尾音帶e音的自創音：

| 普通話標準音 | 漢川方言音 | 常用字 |
|---|---|---|
| jiao | jue | 嚼、腳、角 |
| qu | k（r）e | 去 |
| xue | xie | 雪、血 |
| zhe | je | 這 |
| zei | zæ | 賊 |

2. 在韻母上與普通話區別的第二個顯著的特點是當u、i出現在複
韻母的首韻時，很多都被省略掉

| 普通話標準音 | 漢川方言音 | 常用字 |
|---|---|---|
| cuan | can | 竄、躥、篡等 |
| cui | cei | 催、脆、摧、翠、崔、淬等全部 |
| cun | cen | 村、寸、存、忖等全部 |
| du | dou | 讀、度、毒、堵、肚、賭、杜等全部 |
| duan | dan | 段、短、斷、端、鍛、緞、鍛等全部 |
| dui | dei | 對、隊、堆、兌等全部 |
| dun | den | 噸、頓、蹲、鈍、盾、燉、敦等全部 |
| luan | lan | 亂、卵、孿、孿、欒、鸞、灤等全部 |
| lun | len | 論、輪、掄 |
| quan | qian | 全、泉、荃 |
| suan | san | 酸、算、蒜、狻等全部 |

| 普通話標準音 | 漢川方言音 | 常用字 |
|---|---|---|
| sui | sei | 歲、碎、雖、遂、隨、綏等全部 |
| shui | sei | 誰 |
| sun | sen | 孫、損、筍、蓀等全部 |
| tuan | tan | 團、湍等全部 |
| tui | tei | 腿、推、退、蛻等全部 |
| tun | ten | 吞、屯、褪、臀、囤等全部 |
| xing | xin | 星、刑、興、幸、杏、形等 |
| xuan | xan | 選、旋、宣、軒、懸、絢等 |
| zuan | zan | 鑽等全部 |
| zui | zei | 最、嘴、醉、罪等全部 |
| zun | zen | 尊、遵、撙、樽、鱒等全部 |

3. 在韻母上與普通話區別的第三個顯著的特點是當ing、eng作為韻母出現時，大多只作in、en使用

| 普通話標準音 | 漢川方言音 | 常用字 |
|---|---|---|
| bing | bin | 並、病、病、冰、餅、秉等全部此音字 |
| ceng | cen | 曾、層、蹭、噌 |
| heng | hen | 恆、衡 |
| jing | jin | 京、鏡、經、淨、敬、精、警等全部 |
| leng | len | 冷、愣、楞、棱、塄全部 |
| ming | min | 名、命、鳴、銘、冥、茗等全部 |
| peng | pen | 彭、烹、澎、抨 |
| ping | pin | 平、瓶、評、屏、坪、憑基本全部 |

| qing | qin | 請、輕、清、親、慶、卿、傾等全部 |
| teng | ten | 疼、騰、藤、滕等全部 |
| ting | tin | 聽、停、挺、庭等全部 |

4. 在韻母上與普通話區別的典型發音字

| 普通話標準音 | 漢川方言音 | 常用字 |
| --- | --- | --- |
| bai | bæ | 百、白、柏、掰 |
| bei | bæ | 北 |
| beng | bang | 泵 |
| bi | bei | 閉、避、臂、弊、蔽、斃、痺 |
| bo | bæ | 伯 |
| chu | cou | 初、鋤、楚、礎、觸、畜、雛、搐等 |
| cu | cou | 粗、醋、簇、促、猝等全部 |
| du | dou | 讀、毒、渡、獨、肚、賭、杜等全部 |
| ge | guo | 個 |
| guo | gæ | 國 |
| hei | hæ | 黑 |
| heng | hun | 橫 |
| lu | lou | 路、錄、魯、爐、鹵、陸、綠等全部 |
| lü | li | 驢、率、旅、呂、律、慮等全部 |
| mai | mæ | 麥、脈 |
| mo | mæ | 墨、默、陌、脈 |
| mu | men | 目、木、母、墓、幕、牧、拇、睦 |
| | mou | 畝、牟、牡、募 |

| 普通話標準音 | 漢川方言音 | 常用字 |
|---|---|---|
| pai | pæ | 拍 |
| pi | pei | 批、披、坯 |
| pou | kuo　pao | 剖 |
| rui | rei | 瑞、銳、芮、睿等全部 |
| shu | sou | 數、熟、梳、屬、蔬、叔、漱等 |
| su | sou | 蘇、俗、塑、宿、蕭、速、酥等全部 |
| shuo | sæ | 說 |
| suo | sou | 縮 |
| tu | tou | 土、圖、涂、吐、突、途等全部 |
| xun | xin | 尋、旬、循、迅、汛等基本全部 |
| yin | yun | 尹 |
| ying | yin | 應、硬、影、迎、鷹、英等全部 |
| yu | you | 欲、獄、育 |
| yong | yun | 永、詠、泳 |
| zhai | zæ | 摘、窄、側 |
| zhu | zou | 竹、築、祝、囑、助 |
| zu | zou | 組、足、族、租、卒等全部 |

## （三）聲韻母同時改變的音節

「漢川善書」及漢川地方方言整個音節上同時改變聲韻母的不是很多，純粹為典型字語，而且大部分為異音，凸顯地方方言發音習慣。

| 普通話標準音 | 漢川方言音 | 常用字 |
|---|---|---|
| jie | gai | 街、皆、解、界、居、戒、階、介等 |
| nen | len | 嫩 |
| qing | qin | 請、輕、清、親、慶、卿、傾等全部 |
| qu | k (r)e | 去 |
| ran | yuan | 染、燃、然、冉、苒等全部 |
| re | yuo | 若 |
| | yu æ | 熱 |
| rui | lei | 蕊 |
| ruo | yuo | 若、弱、偌、箬等全部 |

## （四）音節數的變化

綜合「漢川善書」及漢川地方方言在聲韻母使用上的變化，「漢川善書」及漢川地方方言在音節上與普通話保持398個音節對比結果是：205個保持基本保持一致，其他193個音節發生了部分改變或個別完全改變，占398個音節的48.49%。193個音節改變後，由於上翹音的基本消失、鼻音韻母改變以及同音字的產生和多音節的出現，所以減少了105個音節，另外自創音節三十一個，因此「漢川善書」及漢川地方方言音節數為224個，為普通話標準音節的56.28%。

「漢川善書」及漢川地方方言音節與普通話標準音節對比：

【A】 原五個a（啊）、ai（哀）、an（安）、ang（骯）、ao（熬）均保持一致。

【B】 原十六個中有ban（班）、bang（幫）、bao（包）、ben（奔）、bian（邊）、biao（標）、bie（別）、bin（賓）八個保持一致。ba（八）、bai（百）、bei（悲）、beng（崩）、bi（比）、bo

（波）、bu（不）七個基本一致，有部分典型音，bing（兵）1個韻母完全改變。

【C】原三十三個中有ca（擦）、cai（才）、can（參）、cang（倉）、cao（操）、cen（參）、ci（詞）、cong（聰）、cou（湊）、cuo（錯）十個保持一致。

cha（查）、chai（柴）、chan（產）、chang（長）、chao（抄）、che（車）、chen（晨）、cheng（成）、chi（吃）、chong（充）、chou（抽）、chu（出）、chuan（川）、chuang（創）、chui（吹）、chun（春）、chuo（綽）十七個聲母發生改變ch改為c，另外還有一個cu改變為cou，所以共減少了十一個音節。

ce（冊）、ceng（層）、cuan（竄）、cui（崔）、cun（村）五個在聲韻母上不同程度發生改變。

【D】原二十一個中的da（大）、dai（呆）、dan（單）、dang（當）、dao（刀）、dei（得）、deng（燈）、dian（點）、diao（刁）、die（跌）、ding（丁）、diu（丟）、dong（冬）、dou（斗）、duo（多）十五個保持一致。

de（德）、di（地）二個基本一致，有典型字音。

du（讀）、duan（端）、dui（對）、dun（噸）四個韻母完全改變，減少了四個音節。

【E】原五個中的ei（欸）、en（恩）二個保持一致，其他三個產生變化，其中er（兒）全部為e音，eng為en音減少了二個音節。

【F】原九個中的fa（發）、fan（反）、fang（方）、fei（飛）、fen（分）、feng（風）、fo（佛）、fou（否）、fu（夫）基本保持一致。

【G】原十九個中的ga（伽）、gai（該）、gan（干）、gang（剛）、gao（高）、gei（給）、gen（根）、geng（耕）、gong（工）、

gou（溝）、gu（姑）、gua（瓜）、guai（怪）、guan（關）、
guang（光）、gui（規）、gun（棍）十七個基本保持一致。
ge（哥）、guo（國）二個發生改變，其中ge（哥）改變為guo
和ga，因此減少了一個音節。

【H】原十九個中的ha（哈）、hai（還）、han（含）、hang（航）、
hao（好）、hen（很）、hong（轟）、hou（猴）、hu（乎）、
hua（花）、huai（懷）、huan（歡）、huang（荒）、hui（灰）、
hun（昏）、huo（火）十六個基本保持一致。
he（喝）、hei（黑）、heng（橫）三個有改變，其中he（喝）
全部改為huo，因此減少了一個音節。

【J】原十四個中的ji（機）、jia（家）、jian（堅）、jiang（江）、jin
（斤）、jiong（炯）、jiu（究）、ju（居）、juan（卷）、jue
（決）、jun（軍）十一個基本保持一致。
jiao（交）、jie（階）、jing（京）三個發生變化，其中jie
（階）、jing（京）全部為gai和jin，因此減少了二個音節。

【K】原十八個中的ka（卡）、kai（開）、kan（刊）、kang（康）、
kao（考）、ken（肯）、keng（坑）、kong（空）、kou（口）、
ku（苦）、kua（誇）、kuai（快）、kuan（寬）、kuang（狂）、
kui（虧）、kun（困）、kuo（闊）十七個基本保持一致。
唯ke（科）全部改變為kuo或ka（卡），因此減少了一個音節。

【L】原二十五個中的la（拉）、lai（來）、lan（蘭）、lang（狼）、
lao（勞）、li（離）、lia（倆）、lian（連）、liang（良）、liao
（遼）、lie（列）、lin（林）、liu（劉）、long（龍）、lou（樓）、
lü（驢）、luo（羅）十七個基本保持一致。
le（樂）、lei（雷）、leng（冷）、ling（靈）、lu（路）、luan
（亂）、lüe（略）、lun（掄）八個發生變化，其中le——luo、

leng——len、ling——lin、li——lou、luan——lan、lüe——luo、lun——len，因此減少了七個音節。

【M】原十九個中的ma（媽）、man（滿）、mang（忙）、mao（毛）、me（麼）、mei（眉）、men（門）、meng（蒙）、mi（迷）、mian（棉）、miao（苗）、mie（滅）、min（民）、miu（謬）、mou（某）十五個基本保持一致。

mai（麥）、mo（模）、ming（明）、mu（目）四個有改變，其中ming——min、mu——men或mou，因此減少了二個音節。

【N】原二十四個中的na（那）、nai（奶）、nan（南）、nang（囊）、nao（腦）、ne（呢）、nei（內）、nen（嫩）、neng（能）、ni（你）、nian（年）、niang（娘）、niao（鳥）、nie（捏）、nin（您）、ning（寧）、niu（牛）、nong（農）、nou（弄）、nu（奴）、nü（女）、nuan（暖）、nuü（虐）、nuo（挪）等聲母全部改變為l。

其中ning——nin，因此減少了一個音節。

【O】原二個o（哦）、ou（歐）基本保持一致。

【P】原十七個中的pa（趴）、pan（盤）、pang（旁）、pao（跑）、pei（培）、pen（盆）、pian（偏）、piao（飄）、pie（撇）、pin（拼）、po（坡）、pu（撲）、十二個基本保持一致。

pai（拍）、peng（朋）、pi（批）、ping（平）、pou（剖）五個有改變，其中ping——pin，因此減少了一個音節。

【Q】原十四個中的qi（七）、qia（恰）、qian（千）、qiang（槍）、qiao（悄）、qie（切）、qin（親）、qiong（窮）、qiu（秋）、qun（群）十個基本保持一致。

qing（青）、qu（區）、quan（全）、que（缺）四個有改變，其中qing——qin，因此減少了一個音節。

【R】原十四個中的ran（然）、ren（人）、rang（讓）、rao（饒）、re（熱）、ren（人）、reng（扔）、ri（日）、rong（榮）、rou（肉）、ru（如）、ruan（軟）、rui（銳）、run（潤）、ruo（弱）全部有改變，其中除ren、rui外其他十二個聲母發生改變，因此減少了十二個音節。

【S】原三十三個中的sa（灑）、sai（賽）、san（三）、sang（桑）、sao（掃）、si（思）、sen（森）、song（松）八個基本保持一致。sha（殺）、shai（曬）、shan（山）、shang（傷）、shao（燒）、she（舌）、shen（深）、sheng（生）、shi（師）、shou（手）、shu（書）、shua（刷）、shuai（摔）、shuan（拴）、shui（水）、shun（順）、shuo（說）、se（色）、seng（僧）、sou（搜）、su（蘇）、suan（算）、sui（歲）、sun（孫）、suo（所）二十五個發生改變，其中sh為聲母的十六個以及seng——sen，因此減少了十七個音節。

【T】原十九個中的ta（它）、tai（臺）、tan（貪）、tang（糖）、tao（桃）、ti（題）、tian（天）、tiao（條）、tie（鐵）、tong（通）、tou（頭）、tuo（脫）十二個基本保持一致。te（特）、teng（疼）、ting（聽）、tu（土）、tuan（團）、tui（推）、tun（吞）七個發生變化，因此減少了五個音節。

【W】原九個中的wa（挖）、wai（外）、wan（完）、wang（王）、wei（威）、wen（溫）、wo（我）、wu（無）八個基本保持一致，唯weng（翁）有改變。

【X】原十四個中xi（西）、xia（下）、xian（先）、xiang（香）、xiao（小）、xie（寫）、xiong（胸）、xiu（休）、xu（須）只有九個基本保持一致。xin（心）、xing（星）、xuan（宣）、xue（學）、xun（尋）五

個發生變化，但沒有音節減少。

【Y】原十四個中的ya（壓）、yan（煙）、yang（央）、yao（要）、
ye（業）、yi（一）、you（優）、yu（雨）、yuan（元）、yun（云）
十個基本保持一致。

yin（音）、ying（英）、yong（用）、yue（月）四個發生變化，
其中ying——yin因此減少了一個音節。

【Z】原三十五個中的za（雜）、zai（載）、zan（咱）、zang（髒）、
zao（早）、zen（怎）、zi（資）、zong（宗）、zou（走）九個
基本保持一致。

zha（扎）、zhai（摘）、zhan（占）、zhang（張）、zhao（照）、
zhe（這）、zhen（針）、zheng（正）、zhi（支）、zhong（中）、
zhou（周）、zhu（朱）、zhua（抓）、zhuan（專）、zhuang
（莊）、zhui（追）、zhun（准）、zhuo（捉）、ze（責）、zei
（賊）、zeng（增）、zu（足）、zuan（鑽）、zui（最）、zun
（尊）、zuo（作）二十六個發生改變，其中凡聲母為zh的為
z，保留了十個音節，因此減少了三十六個音節。

## （五）聲調的特點

上面我們已經基本了解了「漢川善書」及漢川地方方言音節的變
化，可僅僅了解了方言音節，也不能完全聽懂「漢川善書」及漢川地方
方言，必須要結合「漢川善書」及漢川地方方言的聲調來綜合辨識，因
為聲調才能夠突出地方語言情感色彩，把握聲調對於全面知解「漢川善
書」及漢川地方方言至關重要。

普通話標準聲調有四個，分別是第一聲陰平（平調），第二聲陽平
（升調），第三聲上聲（上音），第四聲去聲（去音），這四個聲調在「漢
川善書」及漢川地方方言是基本存在的。但實際口語中，第一、四聲極

其不明顯，而是以第三聲為「漢川善書」及漢川地方方言中的中心語調，其次是以二聲為輔助音，不論是單字、還是詞，絕大多數學發音都是開口沉、尾聲揚，或者開口沉、尾聲平，其次是開口平、尾聲揚，強調以語氣的輕重賦予語言豐富的感情色彩。比如一至九這九個數字，不管普通話裡四個聲調是否皆表現在其中，但「漢川善書」及漢川地方方言就一個調——上音，至此觀者可自行嘗試一下，也許對「漢川善書」及漢川地方方言的聲調會有更深切的體悟。

綜上所述，從「漢川善書」及漢川地方方言音節和聲調來看，「漢川善書」及漢川地方方言講究了簡單、簡捷、簡化的原則，語音以比較平直的舌音和圓潤的唇音為主，盡量簡化上翹音、鼻音帶來的聲母和復合韻母的複雜性，固定了一些多音字的發音，比如zh、ch、sh、n以z、c、s、l替代。r分別被y、l替代，沒有leng、neng、nen之分，都是len，沒有huo、he之分，只有huo，沒有ke、kuo之分，只有kuo，沒有lu、lou之分，只有lou，沒有luan、lan之分，只有lan，沒有lue、luo之分，只有luo，凡qi、qia、qian、qiang、qiao、qie、qiu中i音就省略，再如「角」沒有jiao、jue之分，只有jue；「了」沒有le、liao之分，都念liao；「樂」沒有le、yue之分，都念luo，加上語調以普通話的上音和陽平為主，凸顯了湖鄉水文化底蘊和特色，也符合湖鄉人直白、直爽且溫和的人文理念。


## 二、「漢川善書」及漢川地方方言詞彙、俗語

「漢川善書」及漢川地方方言有著豐富的詞彙、俗語，比如語氣多用「鳥」音（同「了」），行為動詞多用「搞、弄、掰」（同「做、干」），形容多用「蠻、好」等字，疑問皆用「麼」為主，這些字詞在「漢川善書」講唱中都得到了充分的體現。下面將在「漢川善書」善本中收集的

具有漢川地方方言明顯性或使用頻率較高的地域性習慣用字詞和熟語進行分類彙總，雖然所舉字詞句不能充分代表「漢川善書」及漢川地方方言的豐富性，但至少也可以讓觀者以此了解個大概。為了方便書面觀者的感應，筆者盡量在普通話同音字中用相應的字代音，因此下面文中標註順序為：漢川地方方言發音，括號內為普通話本意文字，破折號後為釋意或例句。

## （一）人物稱呼和形象

漢川地方方言在許多人物的稱號中與北方有很大的區別。稱呼發音習慣首字用三聲，所以產生尾字一般是二聲或一聲。

婆婆（奶奶）

咖咖（外婆）

爹爹（爺爺、外公統稱），需區分時：婆婆爹爹（爺爺），家家爹爹（外公）

舅爹（舅爺爺）

老頭（爸爸），這是特指，而非普通話中所指的群體

姆媽（媽媽）

老親爺（岳父）

老親娘（岳母）

百業（伯伯）

百白（伯母）

撒搜（叔叔）

糧亮（阿姨）——娘娘

姨夫（姑爺間的稱呼），北方姨父的叫法聽音容易混解

姨百、姨搜（姨父），北方不分大小，這裡大小有別

舅哥、舅弟（小舅子）

外外（外甥）以區別「外孫」

嫡親弟兄、姊妹（堂兄弟）——親姊妹前面不加嫡親修辭

枴子（哥哥）：對自己年長同輩男性的統稱

罈子（女兒、丫頭）

毛毛（嬰兒）

吖——三聲（童年的小孩子）

芍吖（笨小孩）

寇吖（聰明孩子）

小拋子（調皮的孩子）

男睪（男人）：我的或你的男睪——特指丈夫

媳婦吖（女朋友）：對年長的人說「你的媳婦」——這裡特指兒媳

情況、皮判（情人）

老子（我）：不禮貌的自稱，一般是自稱長一輩——我是你爸爸

茗、哈、哈巴、強娃、茗貨（笨蛋、傻子）

槐貨（不怎麼樣的人）

茗氣、哈氣（神經）：發茗氣——發神經（病）

吖長得好茗哦（孩子長得健康）——這為褒意，誇小孩子長得好看

透子（「兔子」——搬運工）

拋皮（吹牛的人）

白撮子（死皮賴臉的人）

鬼打架（不正經的人）

強頭（小偷、賊）

告花子（乞丐）

掰子（胳膊或手殘疾的人）

跛子（腿或腳有殘疾的人）

條子、磨子、麥子（身材）

腦闊（腦袋、頭）

景黃（脖子）

倒柺子（胳膊肘）

指噶闊（指甲）

支嘎窩、歇歇窩（腋窩）

胸脯頭（前胸）

媽媽（乳房）

斗洗（肚臍）

胯子（大腿）

客膝頭（膝蓋）

連把陡子（小腿）

螺絲骨（腳踝）

赤包、赤拋（上身裸）：打瓷赤

挑胯（全身裸）：打挑胯

撇撇、黃皮寡瘦（很瘦）：你這腔個撇撇──你太瘦了

肥昵了（胖）

油嘴（會說的嘴巴）：一張油嘴──貶義

## （二）生活相關的時間、事務、物品

昨咖、真招、門朝（昨天、今天、明天）

幾展、怎展（什麼時間）

這展、這麼展（現在）

樣是、樣深（馬上）：樣是來──馬上來

才嘎（剛剛）

區黑qu hæ、漆黑qi hæ（很黑）

黑了（到晚上了）

燒火（做飯）

乘飯（盛飯）

過早（早餐）

過中（中飯）

夜飯（晚飯）

洗口（刷牙）

抹汗（洗澡）

豁信（瞌睡）

闊水（睡覺）

睡眯了（睡得香）

敖敖（睡覺）：去敖敖的──去睡覺的

堂屋（客廳）

愁屋（廚房）

茅廁（廁所）

粑粑（大便）

蕩子（水塘）

滾子（輪子）

拘駝駝（玻璃球）

搖窩（搖籃）

香進（香案或敬神櫃）

秋信（櫃子）

孩子（鞋子）

麻分雨（毛毛雨）

馬腦骨（鵝卵石）

電筆（鋼筆）

電水（墨水）

歲（被縟）

跳走（掃帚）

福子（毛巾、抹布）

瓢根、搖子（湯勺）

喝茶（喝水），漢川喝什麼都說的很具體，按北方說法必須是茶葉茶

包子（饅頭），按北方說包子在漢川必須特指肉包子、糖包子

寒（鹹）：菜好寒誒──菜很鹹

包麵（餛飩）

麻油（香油）

鍋虧（燒餅類）

蝌馬、蹦蹦（青蛙）

賴蝌馬（蟾蜍）

壁設子（壁虎）

嚴老鼠（蝙蝠）

雞娃（小雞），也用於小男孩的生殖器

飯蚊子（蒼蠅）

盤（疙瘩）蚊子咬低起烏過盤──蚊子咬地起了個盤

麼事、麼吵（什麼事）

麼樣、麼回事？腔麼樣？（怎麼樣、怎麼回事）

搞麼家、做麼家？（幹什麼）

可得kuo da（行、好、可以）

冇得（沒有）

曉得（知道了）

找不到（不知道）

走開陷、死開邊、旁邊灣到（離開）

走壟來、走近咖（走近點）

底哈、高頭（下面、上面）：放高頭──放上面

豆璃（裡面）：他在豆璃──他在裡面

一哈哈（一會）

前一哈子（前一會兒）

過哈子（過一會兒）

等哈子（等一會）

感情（送紅包）

## （三）動詞類

搞、掰、弄（做、乾等通用）：麼樣弄、麼樣搞、麼樣掰──怎麼
做；搞麼事、弄麼事，掰麼事──做什麼；搞坼、掰坼、弄坼（整人、
打人──往死人整）；搞葉了、掰扯了（搞壞了）

盤（管──指人和人的關係）：盤人──管人，盤翻了──把人惹
生氣

呼（騙、打）：莫呼我──別騙我；呼你兩巴掌──打你兩嘴巴

捶、錠、挎（打）：捶人──打人；捶死你、錠死你──打死你

銬（同敲）銬死你──敲死你

打股球（游泳）：打股球去──去游泳

浩水（趟水）

達（跌、摔）：達到了──跌倒了，東西達壞了──東西摔壞了

豁（吸）：豁稀飯，機器把東西豁進去了

捅倒（放入口袋）：把錢捅倒──把錢放到兜裡

沉倒（按住）：把他沉倒──把他按住

安倒（放下）：把東西安倒──把東西放下

拾倒（藏起來）

跍到（蹲下來）

板沙（鬧騰、不停地動）

鬼扯、扯白、扯謊、鬼款（說瞎話、說謊、瞎說）

勞味（感謝）：勞味您吖了──感謝您了

得括（幸虧）

慣絲（寵過了）：把吖慣絲了──把孩子寵壞了

務燥（煩）

冇得（沒有）

炕不過（曬不過）

嘎是（開始）

扯皮（吵架）

左（借）：左錢──借錢

裏筋（說埋怨話），可指一人自語，也指兩人互相埋怨，只沒到吵
架地步

炸嘚（說吵聲音大）：說話這炸嘚──說話這麼大聲

## （四）形容詞類

「漢川善書」及漢川地方方言在褒、貶時，一般都喜歡用「好」、
「蠻」，類似「很」意。

拐（壞）：好拐──很壞；她蠻拐──她很壞；搞拐了──不好了；
拐話──壞話

瀨逮、瀨呱、拉掛（髒）：好瀨逮啊──好髒啊

腔（像、好像、好似的通稱）：蠻像──真像

者（得意）：好者啊──太得意了；莫者不過──別太得意

靈醒（整潔、舒服好看）：穿得好靈醒啊──穿得好整潔

撐頭（整潔，好看之意）搞得蠻撐頭──穿得很整潔靚賞（非常漂
亮）：穿得好靚賞──穿得好漂亮、時尚

樣絲（馬上、立即）：我樣絲去、我樣絲來

燎絳（非常能幹，不是一般的能幹）

了撇（簡單）：做得好了撇啊——做得不費勁

了將（乾淨、利索）

溜唰、唰辣（做事快而好）：做得好溜刷啊

扎石、握造、嘚石（厲害、很棒）：做事握造——做得快又好；身
體扎實——冬天穿得少、身體棒

板眼（能力）

蠻珊（得意、驕傲）

蠻槐（太差勁）

日馬（非常、特別）：身體日馬敦石——身體特別壯

窩絲地、日絲地、鉚起地（使勁、努力、認真）：窩絲地搞——使
勁地幹

日馬談開（吹牛、說大話不靠譜，像傳說）

心裡冒得數（心裡沒有秤）

造業（可憐、辛苦）：做得蠻造業——做得很辛苦；看上去好造業
詼——看上去好可憐

嘎是（開始）：現在嘎是——現在開始

鬧眼子（作秀）

掉的大、背石（吃虧、不如意）：生意背石——生意虧了

發拋（說大話）

掉底子（丟人、沒有面子）

栽麥子（倒楣，一般形容倒楣後的情緒）

八碼、啪碼（罵人口頭語）

是哪鍋事（是那麼回事）

信了你的邪、服了你的周（服氣）

見了鬼、闖到個鬼（倒楣）

一炯炯、一咖咖、眯嘎、低咔（一點點）

信了邪、服了周、服了水（無可奈何——感嘆）

誇白（聊天、勞磕）

日哄（騙人）：玩你的日哄——把你騙了

日白（說瞎話）

越是、只巴、左是（乾脆）：越是不做——乾脆不做

暈性子（慢性子）

貼為、貼呼（故意）

翻翹、翻洋（不服氣的樣子）

奸（吝嗇）：他蠻奸——他很吝嗇

踏（燙）：水好踏——水好燙

涼淨（涼快）

裹結（囉嗦）

撈摸（動靜）：冒得撈摸——沒有感覺、沒有動靜

# （五）例句

了解了「漢川善書」及漢川地方方言某些明顯性或使用頻率較高的地域性習慣用字詞，但是由於語音和語調的變化，實際中聽音還是存在著困難。此處收集整理只是為了解和保護而用，其實純粹的「漢川善書」及漢川地方方言在當代實際生活中的使用已經越來越少。下面是在「漢川善書」善本中分解出來的少數例句。

直巴走鳥吧——可能走了吧

腔麼樣雜——怎麼樣撒

遮碗真藕真好七——這碗蒸藕真好吃

莫套撒——別客氣

你說總搞——你說怎麼辦

酣（茗）頭日腦——傻不啦嘰

稀油屎爛哦——太糟糕了哦

門招跟他開刀——明天給他做手術

你莫圍倒瞎動——你不要到處亂動

**翻起翹來玩**——**翻花樣玩**

跟老子死起走——給我滾遠些

真招討不涵——今天沒有時間

閒死人哪，討死人閒——討厭

真招真背石，碰到你借過茗氣鳥——今天真倒楣，碰到你這個神經病了

**哭得鵝鵝聲**——**哭得好傷心**

**黃裡黃混**——**糊裡糊塗，稀里糊塗**

你槍過死臉坯子——你的臉皮真厚

等一哈，我自己揍——等一下，我自己做

你找不倒，真招把人都嘔死鳥——你不知道，今天氣死我了

你搞麼家鳥滴達發這大個脾氣——你幹什麼發這大的火呀

你吖說麼家啊？——您在說些什麼？

七冇吃飯滴啊——吃飯了沒有

找不倒幾造業——不知道多可憐

摸呼我哦——別騙我哦

槍個茗啊——像個笨蛋

真招搞麼家鳥滴——今天幹了什麼的啊

穿得那體面搞麼家克滴啊——穿得整整齊齊去幹什麼的啊

真招好涼請啦——今天真清涼啊

幫我扇哈子風，好不好噠？闊儀啥——給我扇一下風，好不好？可

以嗎

吖有冇得媽七？──小孩有沒有奶吃？

雨下得大，水都捂到客膝頭鳥──雨下得大，水都淹到膝蓋了

害底我跟倒受罪──連累我跟著吃苦

「漢川善書」及漢川地方方言還有豐富的民間俗語和歇後語，如「花子的姆媽淘藕湯──有一板手」、「楊林溝的規矩──自己人先喝醉」等等，將另文再敘。

# 為「漢川善書」在中國俗文學史中找一個位置

倪厚莉

　　當「漢川善書」被確定為第一批國家級非物質文化遺產保護名錄的時候，我們並沒有如釋重負的感覺，有的只是保護好它的更加重大的責任，因為我們知道，被確定為中央「非遺」保護名錄並不是善書傳承的，而是給了我們一個新的起點。

　　「漢川善書」是通俗的文學、民間的文學、大眾的文學，因為它來自於民間，靠口頭傳承，且「採前事，演作俚語，一宣而人皆樂聞，不講而人亦必曉，不拘乎地，不擇乎人，不限以時，不滯以禮，宣之如歌詞曲，講之而如道家常，故較之設學謹教，尤便於家喻戶曉也」。（《宣講拾遺序》）使之成為大眾所嗜好、所喜悅的東西。

　　縱觀鄭振鐸先生所著的《中國俗文學史》，在談到講唱文學的時候，提到了「變文」、「諸宮調」、「寶卷」、「彈詞」、「鼓詞」等形式，卻看不到善書的蹤影，只是在談到「寶卷」的時候，發了一些感慨。

　　「注意『寶卷』的文人極少，他們都把寶卷歸到勸善書的一堆去了，沒有人將他們看做文學作品，且印售寶卷的，也都是善書鋪。」（《中國俗文學史》）在這裡，鄭先生提及到了「勸善書」和「善書鋪」，卻沒有對善書另立章節加以闡述，使我們覺得有一些遺憾，不過，他在他的著作中也談道：「在這裡，如果要把俗文學的一切部門都加以講述，是很困難的，恐怕三四倍於現在的篇幅，也不會說得完。」「但這部俗文學史還只是一個發端，且只是很簡略的講述，跟有成效的收穫還

有待於將來的續作和有同心者的接著努力下去。」（《重活俗文學史》第一章）這就給我們這些後來者「接著努力下去」留下了很大的空間，我們不敢說續作，只是根據鄭振鐸先生所提供的脈絡和研究成果做一點補充，為「漢川善書」在中國俗文學史中找一個位置而已。

「漢川善書」由案頭文學演變成講唱文學，從目前所掌握的資料看，大都在清乾隆年間，發端應是河南的開封，當初稱作「宣講聖論」，講唱一些根據世祖康熙帝所頒「聖諭廣順」十六條而編寫的一些勸人向善的民間故事，為構建當時滿、漢和諧的社會而鼓吹，但是感動廣大民眾的卻是「善有善報」、「惡有惡報」、「善惡之報，如影隨到」（《太上感應篇》）之類的潛移默化故事的教化。後來這種講唱形式向南方擴散，在湖北、四川等省相繼盛行，紅火了好長一段時間，但大多沒有給這種講唱形式注入新的活力而漸趨消亡，唯湖北漢川市的藝人們與時俱進，對善書的表現形式、內容及講唱進行了大膽的革新，使之傳承至今，仍然作為群眾文化的一部分在漢川全市及周邊縣市廣為流傳，因此，我們才能自豪地稱之為「漢川善書」了。

「漢川善書」與「寶卷」、「彈詞」、「鼓詞」等一樣，都是講唱的文學，同樣發端於「變文」走出廟宇而進入「瓦子」後的「俗講」，講的部分用散文，唱的部分用韻文，而韻文所唱的故事又是散文所講故事的重複，正因為大眾所喜愛的是韻文的唱故事，而講唱者恐怕聽眾不明白所唱的故事內容，故而在唱故事之前先來一段講故事作為鋪墊，加深聽眾對故事情節的明了。就講唱形式和韻文部分句式的結構而言，「善書」與「寶卷」更加近似，但是「善書」卻沒有「寶卷」中關於佛教菩薩的渲染，而只有關於道教神仙指點迷津的故事，至於佛、道故事之外的民間故事，兩者都一致地極力勸人向善，宣傳善惡報應，因此，我們可以說善書與寶卷是一個家族的兄弟，在中國俗文學史浩瀚的大海中，有寶卷的帆影就應該有善書的桅杆。

關於「漢川善書」的藝術特點，演唱風格、書目、音樂等，我市文化館王家瑞先生和魏文明先生在天門的《漢川善書》《漢川善書音樂淺談》《善書與民間文學》《孝在善書中的表現形式》等文章中做了詳盡的論述，這些既為「漢川善書」的申遺工作奠定了堅實的基礎，也為我們為「漢川善書」在中國俗文學史中找一個位置提供了有力的依據。

　　以上的文字，只是想為善書傳承鏈中的各代老善書藝人們說幾句話而已，以期上對得起祖宗，下對得起子孫後代，讓「漢川善書」的傳承不至於斷鏈，讓這朵說唱藝術的奇葩開放得更加鮮豔。

# 孝廉文化在善書中的教化與傳播

王家瑞　熊豔洲　陳春環

我們研究孝廉文化在善書中的教化與傳播，必須首先要弄清楚什麼是善書。

善書有廣義與狹義之分。廣義的善書是指規勸人們「諸惡莫作，眾善奉行」的通俗讀物和勸誡民眾行善止惡的講唱文字的通稱。我們在這裡研究的善書，是指狹義的有講有唱的「宣講善書」，它是一種講唱文字，講故事與唱故事的結合，更能受到人們特別是文化程度不高的底層民眾的歡迎。

勸善與行善，是中國社會最基本的道德律。自宋朝以來，善書在民間廣為流傳，明清時代是善書的鼎盛時期，講唱的善書興起於清代，清中葉民初形成高潮。至今，這種形式，仍在湖北省漢川市（全國亦僅此一處）傳承與發展，講唱的善書已在中國大地傳承了近三百年的歷史。

## 一、清代，中國社會結構的新變化

清朝統治者入主中原後，中國的社會結構發生了全新的變化，即由原來的漢人治而演變成了滿人治漢。在政治上、經濟上、文化上、法治上等諸多方面，漢人有一個逐步適應的過程，而統治者由有一個急迫的操作與實施的進程，這兩者之間不可避免地會產生激烈的民族矛盾，反清復明的民族思想與社會安定、長治久安的統治方略之間發生了相當長時間的較量，用康熙自己的話來說，當時是「人心不古，世風日下」。為了穩定人心，不激起更大的民憤，他們一方面安撫和籠絡漢人的民

心，一方面加強自己的統治，康熙九年（1670年），帝諭禮部「朕惟至治之世，不專以法令為務，而以教化為先」、「若徒恃法令，而教化不先，是捨本而務末也」。因此，他們最終選擇了在漢人群中長期流傳且根深柢固的宣講善書的形式，來作為他們的宣傳工具，以達到緩和激烈的民族矛盾，使社會穩定，民心向滿，加固清王朝統治的帝業根基的目的。

## 二、清代善書中孝廉文化的基本內容

清初諸帝繼承明朝的教化內容。順治九年（1652年）世祖照搬明太祖「六諭」頒布「聖諭六訓」，即「孝順父母、尊敬長上、和睦鄉里、教訓子孫、各安生理、毋作非為」六條規定。康熙擒鰲拜後的第二年（康熙九年，1670年）頒布《聖諭十六條》，這十六條的內容為：「敦孝弟以重人論、篤宗族以昭雍睦、和鄉黨以息爭訟、重農桑以足衣食、尚節儉以惜財用、隆學校以端士習、黜異端發崇正學、講法律以儆愚頑、明禮讓以厚風俗、務本業以定民志、訓子弟以禁非為、息誣告以全良善、誡匿逃以免株連、完錢糧以省催科、聯保甲以弭盜賊、解仇忿以重身命。」每條雖然只有簡短七個字，內容自綱常名教、忠孝節義，到遵紀守法、務本耕桑無不具備，這十六條，折射出維持社會穩定，加強精神層面的建設，達到社會文明程度提高的理念。地方官紳通過註解和演繹，文人學士通過編寫相關民間故事，使《聖諭十六條》成為此後二百多年民眾必讀和喜聽之教化條目。

## 三、善書中孝廉文化的教化與傳播

清朝建立後，仿行明代的鄉約和宣講制度。鄉約制是一種以勸善懲

惡為主要目的的地方教化組織，是以教化條例加以約束的地方教化的基礎。清順治十六年（1659年）義准設立鄉約，這一時期的教化政策仍處於草創階段，經過康熙、雍正兩任皇帝的匠心獨具，在教化政策上的設計遂成一代制度，所頒布的《聖諭廣訓》在地方上普遍推行，宣傳聖諭已是家喻戶曉，成了民眾基本的行為準則。

自明末清初鄉約趨向制度化，到康雍二帝提出宣講聖諭，再發展至清中葉以後的「宣講善書」，其間宣講活動的內容與形式隨著時代的推移而不斷演變和擴大，「善書」涵蓋的範圍也愈加廣闊，以長江流域地區為例，湖北、湖南、四川等地，說善書已成為講唱民間故事的一種形式。郭沫若曾回憶童年在家鄉——四川樂山縣沙灣鎮聽講善書的情形：「我們鄉下每每有講『聖諭』的先生來講此忠孝節七的善書。這些善書大抵是我們民間的傳說……講『聖諭』的先生到了宣講的時候，朝衣朝冠地向著『聖諭』牌磕四個響頭，再立著拖長聲音念出十條聖諭。然後再登上座位說起書來……這種很單純的說書在鄉下是很喜歡聽的一種娛樂。」不難看出，清末的善書已經形成了講唱民間故事的說唱形式，比如目連救母的故事、孟姜女哭長城的故事、趙五娘的故事、竇娥冤的故事、白蛇傳的故事、包公斷獄案的故事等等，都成為民眾喜聞樂傳的內容。善書由朝廷進行民眾教育的工具變成了表現善良願望、宣揚社會美德的群眾文化活動。

不論是宣講聖諭，還是宣講善書，除了制度化的鄉約與善會、善堂等固定場所推行外（武昌有「務本宣講社」，專出勸善規過一類書籍艾蕪《文學手冊》），不可忽視的還有流動的「講善書人」，直至二十世紀四〇年代，宣講善書的傳統仍得以延續。據民俗研究者、日本學者直江廣治在中國采風記述，他在太原就碰上兩個一起流動「講善書」的女人在鄉村宣講：「（善書）的唱通法叫做宣傳……這種『善書』是這樣傳授的，村莊中有學問的人，在有機會時便把不通文字的村民集合起來，

然後說唱給他們聽……」其實，清同治年以後，漢川的善書藝人便在湖北各地民間進行善書的宣講活動，一九四五年以後，漢川善書藝人的足跡已踏遍湖南的常德、津市、石門等地。清代善書不單是文字上的傳播，對窮鄉僻壤識字不多的民眾來說，口頭說唱有更大的教化功能和娛樂作用。而善書的傳播，不限於一時一地，也不是以一個朝代的某個時期的教化政策為轉移，只要善書在維護地方的風教與安定上發揮它的作用，這些宣講仍會傳播下去。

## 四、現代孝廉文化在漢川善書中的傳承

清末民初，善書的教化與傳播逐漸形成北衰南盛之勢，善書傳播的烈火在長江流域燃燒，至一九四五年後，唯有漢川的善書藝人們繼承並發展了這一教化形式，將講唱的善書一直延續至今，並正式冠以「漢川善書」的名頭。究其原因，無非有下列幾種：一是發展和壯大藝人隊伍。民國初年，漢川的善書藝人大開師門，廣招徒弟，使藝人隊伍迅速發展壯大，至一九八一年，經文化部門批准組織的善書宣講小組就有十三個，從事職業和半職業宣講的藝人不下百餘人。目前，由於老一輩藝人相繼去世，加上市場經濟的影響，學藝人的人不像以前那樣踴躍，但在漢川仍有近二十人從事職業或半職業的宣講活動，顯示出這一教化仍有前進的動力；二是立志改革，開拓創新。首先，藝人們大膽地吸收其他曲種和地方戲曲的長處，改革了原來的講唱形式，由「一人班」發展至「兩人班」，進而發展多人同臺、分工角色，為群眾喜聞樂見。其次，不斷地吸收地方民歌，對同於本地音色區域中的其他曲種音樂加以改造，創立、豐富了善書的唱腔。其三，對傳統書目進行整理和精加工，並移植改編了一批孝廉文化的書目，如反映海瑞、包公等廉潔、剛正的《海瑞罷官》《狸貓換太子》，反映董永孝感天地的《天仙配》等，

還創作了取材本地的《三槐冤》《活鯽魚》《浪子回頭》《一口血》《賭回頭》等一大批反映封建婚姻和社會惡習，反映計劃生育、新型婆媳關係《梅花記》《湖鄉情》等新書目，作者（包括藝人）用善書向人民大眾宣傳新思想、新道德、新風尚，使善書順應了歷史發展的新潮流，觀眾倍感耳目一新，並將這些故事廣為流傳，大大增強了善書的教化功能和深遠的影響力；三是各級政府和文化主管部門的大力支持與扶持。一九三六年，由當時的湖北文化主管部門組織，黃陂、漢川兩地的民間藝人在漢口觀音閣（今武漢市礄口區文化館）成立了「評書」、「宣講」聯合公會。一九五〇年湖北省成立「戲曲改進協會曲藝分會」，漢川善書為下設的一個組。這樣，就為培養藝人、發展壯大隊伍，提高善書藝術水平創造了良好的條件。一九八一年，漢川成立了「民間藝人協會」，組織藝人學習，加強藝人隊伍的管理，指導和協調善書宣講組的演出和交流，為善書的傳承與發展注入了新的活力與動力。後來，從中央到地方，各級都成立了非物質文化遺產保護組織，為善書孝廉文化的傳承與發展，提供了可靠的組織保障。二〇〇六年，漢川善書被國家正式確定為第一批國家級非物質文化遺產，為善書孝廉文化的教化與傳播、傳承與發展奠定了更加堅實的基礎。

我們相信，在中國建設小康社會的進程中，在黨的促進文化大繁榮、大發展的偉大旗幟指引下、善書孝廉文化的傳播與傳承必將迎來一個嶄新的天地。

# 從國家級非物質文化遺產善書案傳《白公雞》看漢川善書的創新

吳莉芬

　　《白公雞》是一部傳統的善書案傳，說的是秀才黃玉堂因家境貧寒，外出設館教書度日，一年下來，除去費用，只落得十二串銅錢歸家，途中遇楊二喜（傳統書目中為王二喜）夫妻因無錢葬父，借附近張霸王高利貸無力償還，張霸王逼秀才嫁妻還債，正要來抬人，夫妻抱頭痛哭，黃玉堂從所剩的銀錢中拿出九串六百交與楊二喜，解了楊二喜的急難。秀才回家後，為了過年，又出街去書寫對聯賣錢，年三十，忽一人提白公雞一隻來換對聯，秀才買下，送回家中，囑妻子宰殺夜下敬神，囑畢返回街上去賣對聯。黃秀才家對門住著當鋪老闆王老陝，臘月三十發現自家的白公雞不見了，即命櫃上先生去找，這先生見黃秀才屋前陰溝內有白色雞毛，又聞見黃秀才家飄出來的雞湯香味，於是進到秀才屋內，見鍋內煮著一隻雞，這先生二話沒說，提起鍋內正煮著的雞就跑，邊跑邊吵，說秀才妻子偷了他家的白公雞，並要去見街鄰。秀才妻子想到，此時正值臘月三十，不與計較，只好忍氣吞聲，不一會兒，秀才回家，命妻捧雞敬神，其妻謊稱雞被狗拖跑了，秀才認為這是小事，也沒責怪妻子，正好他割得肉回，於是夫妻敬神過年不表。再說王老陝算賬到五更，忽聽雞叫，急命先生執燭去看，原來自家的白公雞因踏翻米籮，被倒扣在籮內，先生忙告知主人，王老陝嚇得目瞪口呆，生怕黃秀才告他誣陷之罪，於是百般討好黃秀才，還出資讓黃秀才趕考，由第二名舉人到進京高中第二十二名進士，即放山東曲阜縣知縣，黃秀才雖

做了官，但他對王老闆幾次三番出資讓自己趕考心存疑慮，懷疑妻子與王老闆有染，其妻說出了白公雞的緣由，黃秀才才知自己做官得虧妻子賢淑，對妻子感激不盡。任上黃妻生下一子，後與王老陝結成親家。

《白公雞》一書有兩個版本，一是刊載於清代木刻本《怵目驚心》上的《白公雞》，另一個是由漢川市善書老藝人現為國家級傳承人徐忠德整理的《白公雞》（載於漢川市政協學習文史資料委員會編印的《漢川善書》），兩個版本一對照，發現徐忠德先生整理的本子較清代的本子更完善、藝術效果更佳。

1. 原書交代：黃玉堂「隨帶火夫運錢歸家，行至中途，偶遇一家人戶哭泣不止，玉堂遂叫火夫歇息一時，在此竊聽」。以下用散文交代這戶人家為何哭泣的情節，而徐忠德先生整理的新書中，說到黃玉堂天晚歇店，無事出來散步，「行至一家門前，聽見裡面有男女二人哭泣之聲，黃玉堂就停下腳步，細細聽來」。

   在此，徐先生加了一段唱詞：

   痛傷情不由我珠淚落下，止不住傷心淚濕透衣裳。
   尊夫君你叫妻細把話講，肺腑言務必要緊記莫忘。
   婆婆年老衰邁竭力奉養，飢進食寒加衣孝敬高堂。
   自古道行孝人皇天必相，雖受苦子兒孫時代榮昌。
   小姣兒到今年三歲已上，每日間跟著我何曾離娘。
   妻去後要耐煩把他撫養，切不可由你性打罵非常。
   須念他年紀輕夢蟲一樣，稍長大教訓他要務正行。
   這都是天降下無情棍棒，拆散我好夫妻不能成雙。
   多只為爹爹死欠下債項，因逼討沒奈何兩下分張。
   此時節為妻的別的不望，望夫君勤發憤苦守田莊。
   能勤儉慢慢地積聚銀兩，時運轉家屋順穀米盈倉。

到那時有銀錢諸事不愁，再取個賢淑女另圓鸞房。
捨不得夫妻情難以盡講，轉面來把姣兒教訓一場。
在家中放乖些切莫性犟，跟著爹莫好哭娘去買糖。
望菩薩保佑兒順順噹噹，不生災不害病氣象昂昂。
你爭氣為娘的才把心放，也免得終日裡掛肚牽腸。
忽有人喊開門連聲叫嚷，為妻的抱姣兒暫且進房。

　　原書中交代，「玉堂聽得十分傷慘，隨叫火夫同進，將問來由，忽討親人至」。以下是玉堂兩下相勸，願貼錢息事，結果雙方歡喜的情節，而徐先生在此交代「他聽到此，不免有些心傷，就想進去打聽端詳。黃玉堂進門後就問：『你們為何這麼傷心？有什麼難處說得我聽吧。』」接下來徐先生又加了一段唱詞：

先生要問聽我講，且聽小人說端詳。
我名二喜知禮讓，問我姓來本姓楊。
妻子賢淑道德廣，如同膠漆世無雙。
只因父死無錢葬，無法才找張霸王。
一石五斗穀子賬，折成錢文加利洋。
來到我家討債項，九串六百要還光。
無錢相還惡言吐，要我妻子結鴛鴦。
約定今夜我家往，要搶我妻結成雙，
夫妻離別苦難講，看我慘傷不慘傷。
不但姣兒無人養，婆婆誰來奉高堂？
這是實言來稟上，望祈先生施恩光。

　　這兩段唱詞的加進，即突出了漢川善書用散文講故事，再用韻文重

複地唱故事，以事明人，以情動人，加深聽眾的印象的特點，又為故事的發展作了充分的鋪墊，使聽眾在悲憤的情緒中急欲知道黃秀才做了什麼好事，這夫妻二人到底分沒分離，從而達到了這部書非繼續講下去不可的藝術效果和書場效果。另外，當鋪王老闆於五月端午宴請黃秀才一段書，整理者也加進了一段唱詞，這裡就不贅述了。

2. 在原書所有唱詞的最後，整理都另外加上兩句，如黃秀才的妻子唱鍋裡的白公雞被狗子拖跑的這段情節，原唱段最後兩句是：「這一陣為妻的正在生氣，望先生放寬懷切莫性急。」而整理者在後面加上兩句：「從今後常撿點下次過細，再不放任忽略粗心大意。」目的是為場上的扶案（即主唱）下場搭一個臺階。

唱完了最後兩句後，主案（即主講）隨口說道：「這點小事嘛，搶走了就算了，看屋裡還有些麼菜，端上來敬個祖宗，我看祖宗也不會怪我們的。」扶案（即主唱）馬上接著說道：「夫君說的也是，我已準備了幾樣小菜，那我就端出來敬祖宗咧！」說完即下場，然後主案又開始講下面的故事。這就是最後兩句唱詞所引出來的一段對白，當然，這樣的對白一般在書本中是不會寫出來的，由藝人即景生情，隨口道來，使扶案下場合情合理，更增添了場上的活躍氣氛，這在清代講書中所沒有的，而是漢川善書藝人的獨創。

3. 加花。什麼叫「花」？「花」即是噱頭，加花就是加進些噱頭，這是漢川善書藝人對噱頭的別稱，也可以說是特稱。如《白公雞》一書的整理本中，黃玉堂在上任的前一天晚上洗腳時與妻子的一段對白就是加進去的「花」：

李氏聽見老爺的喊聲，就問：

「老爺，你喊哪個？」

「我喊你啊！」

「喊我做甚？」

「喊你來替我脫靴。」

「喲，脫靴咧！你現在做了官擺起架子來了？你能做官得虧誰？」

「我做官一則是神祖的保佑，二則是父母的教訓，三則是老師的栽培，四則是自己的苦功，未必還得虧你不成？」

……

這段對話在原書中是沒有的，整理本中加進這朵花，目的一是活躍書場上的氣氛，二是引出黃老爺懷疑其妻與當鋪王老闆有染的話題，由聽眾來解開這個明「釦子」，這與清代講書時的嚴肅呆板是前進了一大步的。

還有，在黃玉堂賣對聯一節書中，整理者寫道：「黃玉堂字寫得好，又耐煩，遇著有不識字的來買對聯，還耐心地講解。」此時，主講就加了一段未寫進書中的文字：「我跟您講唦，這一副是貼在大門口的，這一副是貼在房門口的，這一副是貼在禽舍門口的，您千萬莫貼錯了哦，去年我們隔壁灣子的某某，由於不認得字，結果把『六畜興旺』的對子貼到了房門口，鬧了多大一個笑話的唦！」聽眾聽到這裡，必然會大笑不止，笑聲中透出了窮人讀不起書，沒有文化的辛酸和對黃玉堂人品的讚美與敬仰，這朵「花」加得是妙趣橫生，更加出了漢川善書藝人的精明與創新才華。

4. 開場詩的運用與與時俱進的結尾。

清代所印售的善書書目中，開場要麼用詳解《聖諭廣訓》或《聖諭十六條》相關的內容作引子引出正講的書案，要麼什麼也不加，開場即講正書，到了漢川善書藝人的手裡，他們往往在開書之前先來一段定場詩，一是使書場得以安靜，二是告訴聽眾今天所講書目的中心意題。比如《白公雞》一書，傳統書目的開場即是交代情節：「本朝道光年間，安化縣內有一庠生黃玉堂……」而現在的漢川善書藝人在開書前一定會

加上一首定場詩（或格言）：

> 國正天心順
> 官清民自安
> 妻賢夫禍少
> 子孝父心寬

這定場詩雖然往往都不直接寫在書本上，但一定是必不可少的，上述定場詩的詩眼在「妻賢夫禍少」一句，這在藝人唸完定場詩後的講解中自然地會點出來，使聽眾心裡馬上明白了今天的書講的是妻子的賢淑給丈夫帶來的好處，至於妻子如何賢淑，丈夫又得到哪些好處，便急於要聽下去了。

至於整理本《白公雞》的結尾，更不難看出漢川善書藝人與時俱進的創新精神。

原書的結尾是這樣寫的：「人可不吞聲忍氣為法哉？！」這是藝人對整篇書的總結評語，這裡的「吞聲忍氣」是李氏的被動行為，作者給她打上了深深的封建思想的烙印，充分展示了封建社會婦女卑微的社會地位。而整理本的結尾是這樣寫的：「照此案看來，為婦人者當學李氏寬宏大量，方能得貴。」這裡的「寬宏大量」是李氏的主動行為，是一種高貴品質的顯示，使聽眾受到的啟示是為人要寬宏大量，不要為一些小事去計較，鄰里要講究和睦，社會才能更加安定。

總之，非物質文化遺產善書得以很好的傳承，做到長盛不衰，這是與漢川善書藝人們的創新精神分不開的，衷心地祝願這種創新精神繼續發揚光大，永葆青春！

# 臺書綜述

劉超

〔摘要〕本文論述了國家級非物質文化遺產——漢川善書的重要形式——臺書的源流程序、分布地區、講唱特色、宗教色彩，以及臺書與漢川歲時節日、獨特民俗的連繫及具體表現、內涵講究，並對臺書在新時期的發展等進行了回顧與思考，對臺書這一獨特的地域文化事象進行了整體的考辨、梳理和分析。

〔關鍵詞〕非物質文化遺產　漢川善書　臺書　宗教　表演　民俗

## 一、緒論

漢川善書作為一個講唱並美、韻散相間的曲藝曲種，因其正派、雅緻、動聽、感人、完整的藝術特點及主流思想健康積極、故事性強、情節生動而在當地擁有廣泛深厚的群眾基礎。漢川善書有館書和臺書兩種表演形式：館書即說書藝人在固定地點常年設館宣講善書。這一形式體現的是善書的職業化特點和文化娛樂功能；臺書即在特定的節令和事情的背景下，由東家將說書藝人請到自己的居住地，搭臺宣講善書，同時伴以一套特定的儀式程序。臺書因表現了善書的宗教色彩，反映了漢川當地濃郁的民俗風情而具有獨特的魅力。

## 二、臺書的源流與分布

現在的臺書起源於清代「宣講聖諭」的教化活動。

清朝統治者入關後，為統治漢人，鞏固清室而採取「德治」的國策，貫穿「德主刑輔」、「明刑弼教」的精神。「以德為主、德刑並用」是清朝統治者借鑑儒家倫理學說所倡導的統治方法。在「德禮為政教之本，刑罰為政教之用」[1]的治民思想指導下，清帝屢頒「聖諭」。計有順治九年（1652年）頒《六諭文》、康熙九年（1671年）頒《聖諭十六條》、雍正二年（1724年）頒《聖諭廣訓》十六條[2]。其內容不外乎「五倫十教」、「三綱五常」等封建倫理道德。意圖從百姓個人、家庭的德治擴展到社會的德治。以達到「經夫婦、序人倫；厚風俗、美教化」，降低自己的統治成本，維護自己的統治地位的目的。為了使「聖諭」便於普及推廣，易於為人接受，迅速深入人心，清朝統治階級借用了清代以前就有的佛道等宗教「宣揚聖教，講解經文」的「說善書」這一形式宣講自己的各類「詔令聖諭」。即仿明代「寶卷」[3]的講唱體例，在京都五城各公所於每月初一、十五由御史、司坊官等督率鄉約人員宣講這些詔令。內容則由御用文人將「俗講」、「寶卷」等冠之篇首的佛經教義變成了「聖諭」；把講解佛經教義的宗教故事和後來的民間故事換成了根據「聖諭」選編的符合其統治思想的正史故事。這種在固定的時間，由官方聚眾宣講詔令的活動名為「條教」、「高臺教化」或「替天行道」。這樣的通過「善書」宣講「詔令」的活動當時遍及八旗直隸各省，是現在臺書的雛形。這在清朝是統治者奴化、麻醉、馴服人民的一種精神工具。特別是乾隆、嘉慶以後，世道澆漓，朝廷日趨腐敗，統治

---

1　《唐律疏議》。

2　《光緒會典事例》卷一零三二。

3　寶卷是一種韻文和散文相間雜的說唱文學，由唐代的變文俗講和宋代的和尚說經發展而成。早期作品的題材多為宣揚因果報應的佛教道教故事，明代以後多用民間故事和現實生活故事做題材。明代的「寶卷」中把講唱融為一體的表演形式定名為「善書」。清代中葉以後，漢川一代稱善書為「講善書」。

地位逐漸搖墜。他們把這歸結為「世道日衰，人心不古」。為了「力行善政，敦本訓俗。除患安良，教養兼施。屏虛文以求實政，其在小民亦當敦禮讓。務農桑、從簡去奢、力田孝悌，以期共享昇平之福」[1]，採取「不專以法令為務，而以教化為先」的臺書形式不遺餘力地在城鄉各地強迫地向人民群眾進行灌輸、宣講皇帝的「聖諭」。人民群眾對這樣的「臺書」強烈不滿，進行了千方百計的抵制，這種情形從《誹謗遭遣》這一善書案傳中可窺其一斑，但是對於這一產生了較大影響的說唱形式是歡迎的。至清代末葉，隨著清政府日益衰微腐朽，善書的編、講逐漸由官辦走向民辦。群眾從官家手中接過這一形式後，首先是民間藝人用民間傳說編成故事來進行講唱、娛樂和自我教育；後來藝人新編了反映當時現實生活的案傳。因其「講、唱、演」俱佳，貼近百姓生活而廣受歡迎。隨著善書演出活動的日益繁榮，以往宣講「聖諭」的臺書由藝人將「詔令」摒棄，改之為老百姓愛聽的故事，由於其演出方式靈活，群眾喜聞樂見而風靡南北城鄉各地，成了表現人民的善良願望、宣揚社會美德的群眾文化活動各地的臺書因其方言不同，所結合、體現的習俗各異而各具特點、異彩紛呈。

臺書從清朝統治者借用宗教「說善書」的形式而成為「高臺教化」這一統治階級的治民工具，到走向民間成為人民群眾喜愛的文化娛樂活動；從最初的宗教教義故事到之後的官方正史故事再到後來的題材廣泛的民間傳說和生活故事。通過這一文化事象的變異、發展說明了它的功能是具有時代性的。「隨著歷史的發展，它的某些功能可能萎縮、變弱；人們還可能從新的角度，發掘它的功能[2]」。

辛亥革命後，善書呈北衰南盛之勢。至新中國成立前後在南方地區

---

1 出自《清朝通典》卷五十六。
2 劉魁立：《民間傳統文化和民間敘事文學》，《民俗學發凡》，上海文藝出版社1998年版，第121頁。

各地善書也漸趨消亡，唯有漢川的善書藝人堅持、發展了這一曲種，並進行了大膽的改革和創新。同時將臺書這一表演形式與當地的歲時節日、民風民俗、宗教信仰結合起來，形成了獨具地方特色的民俗文化事象，深深紮根於群眾之中，有著廣闊的演出市場。

臺書宣講、演出活動主要分布於漢川市襄南片[1]的廟頭、馬口、楊林、西江、丁集、灣潭、里潭、南河以及市郊的城隍、蚌湖、分水等鄉鎮。有著名善書藝人徐忠德、熊乃國、袁大昌、羅年苟等的十多支臺書演出隊活躍在上述各地，深受群眾歡迎。

# 三、臺書的形式與程序

臺書與館書相比有著一定的宗教色彩，並與漢川當地的風俗習慣有密切連繫，因而形製程序都較為講究。漢川善書是從宗教的「說善書」脫胎而來；臺書源於清帝以「說善書」的形式在民間推行「詔令」、「聖諭」的「高臺教化」。宣講時書檯上供奉著「宣講聖諭」或「聖諭廣訓」的牌位。宣講者至臺上施畢八大禮，然後吹打、接駕[2]、讀文[3]。目不斜視，照本宣科，氣氛肅靜。後來臺書歸於民間後，形式程序在「高臺教化」的基礎上又有發展變化，一般分為四個程序：請臺、搭臺、開臺、收臺。每一程序又有若干步驟。下面分而述之。

## 1. 請臺

請臺即以村社、家族或家庭為單位請善書藝人到自己的居住地宣講

---

1　襄南即穿越漢川全境的漢江以南。

2　接駕即迎接裝有詔令、聖諭的紫檀木盒。

3　讀文即宣讀詔令、勸善經文及講正史故事。

善書。前者稱為公書，後者稱為私書。

請公書的目的一般為祈求本村、本族風調雨順、五穀豐登、人丁興旺、六畜平安；私書則多為表達家庭、個人來酬神謝仙、敬祖收宗、驅鬼送儺、祈福消災、求子延壽、旺財去病等願望。尤其私書發展到現在，好多農村家庭在老人祝壽、小孩滿月、喬遷新居、紅白喜事甚至家中有學生考上大學時都請先生講臺書，圖個吉祥喜慶紅火熱鬧。

舊日請臺東家[1]要在家中焚香沐浴、戒除葷腥三天，以示虔敬，並在自家所信奉的神位和祖先靈位前禱告許願。還要打掃家中及院場衛生，準備迎接善書先生。然後東家到善書先生處「下帖」[2]，與善書先生議定後即回家著手準備開臺的前期工作——搭臺。

## 2. 搭臺

搭臺即選擇合適的場所，搭建講臺書所用的高臺。

搭臺在舊日極為講究。東家與善書先生議定開臺日期後，便要在自己的居住地周圍選址搭臺。選址一般要請風水先生用羅盤測地脈、觀天象及評價周邊環境。通常選擇地脈旺、天象及周邊風物祥瑞又便於觀眾聚集的開闊場地，同時要考慮地勢平坦、交通便利等因素，也有由臺書的主講先生親自選址的。

選址後即開始搭臺。搭臺的方向講究坐北朝南。具體步驟是首先用粗圓木紮成桌子狀的框架，四隻臺腳約三尺高，取「離地三尺有神靈」之說。然後鋪檯面，檯面約為三米或五米見方的正方形，用木板或竹板鋪就，講究的人家還在檯面上鋪以紅氈。檯面兩側設有木質階梯，供燒香、施錢的人上下之用。再用一幅屏風把檯面隔成前後臺。前臺是藝人

---

1 「公書」為村、族長，「私書」為家長。

2 「下帖」就是用紅紙書寫的請臺的事由和具體時間，現在一般用請柬。

演出的地方，占整個檯面約三分之二的面積。前臺前方設有講案，藝人說書時站在講案後面；前臺後方即屏風前設有香爐和神案，供奉神祇與先祖。後臺是供暫不上場的善書先生休息、對臺詞的地方。前後通過屏風左右的小門連通。先生一般是從左門下場，右門上場。檯面四周有四根立柱，立柱上以四根長而粗的竹竿紮成「口」字形方框，與檯面四邊長度相等。方框上用較細的竹竿紮成骨架，上面覆以彩條布或帆布，這就是臺頂，有穹狀頂和坡屋面頂兩種結構，用以遮風蔽日。臺前方的兩根立柱上懸有高音喇叭或擴音器，並貼有對聯，內容多為「善本教幼敬父母，書意勸老愛子孫」之類勸世之語。立柱上方的橫向粗竹竿上懸掛燈籠綵帶，並掛有類似舞臺上用的幕簾。

搭臺完畢後要放下幕簾，打掃講書檯周邊的環境衛生，還要在臺下放置香案供獻三牲福禮，然後還要敲鑼打鼓、鳴放鞭炮，意為向神靈、先祖、鬼魂通報自己的開臺日期，訴說自己的願望。這一儀式稱為「敬臺」，是搭臺這一程序中的重要一環，通常按公、私書之分由村、族長或家長主持。搭臺隨著敬臺儀式的完成而結束。臺書也隨著約定日期的到來而進入其核心程序——開臺。

### 3. 開臺

開臺即善書藝人如期來到東家的居住地在講書檯上宣講善書，觀眾聚集觀看的過程。這一過程分為接神、喊禮、讀文、講書四步。

（1）接神：漢川民間請臺書，無論公書還是私書，都包含著凡人對神靈的訴求，即「願」。不管是許願還是還願都需要讓諸神知道，於是「請神」就成了開臺時首當其衝的重要步驟。接神儀式通常由村、族、家庭中年高德昭、輩尊位顯之人主持。

接神前主持者要先查好諸神的方位，然後舉香到臺下場院中央，向各個方位依次叩首，表示恭請諸神。禮畢，開始接駕，即將所信奉迎請

的諸神的畫像牌位迎上講書檯，供於神案之上。講私書還要將自家先祖的靈位一併迎上。迎畢，主持者燃香插入香爐，對神案上供奉的神祇、先祖三叩首。然後，如是公書，即請村族中有名望的數人；如是私書，則全家按尊卑長幼次序上臺三叩首、作揖。而後由主持者和臺書主講先生將黃紙、紙製元寶等拿到臺下焚化。最後燃放鞭炮表示接神儀式完畢。

（2）喊禮：喊禮由臺書的主講先生在書檯上主持。喊禮時主講先生面向神案跪拜，喊禮的內容是向天神、地祇、先祖及臺下的觀眾說明請臺書的村族、家庭；呈明所許及所了的願望。然後主講先生要說：「講善弟子某某某率眾善信弟子致禮各位神仙、列祖列宗。」隨後向八方作揖，最後起身走到講案前拿起講案上的「醒木」一拍，對臺下的觀眾長宣一聲：「諸位善信弟子肅靜就位、作揖。」臺下的觀眾這時向講臺作揖後隨之就位。喊禮至此結束，並進入下一步：讀文。

（3）讀文：讀文即由臺書主講先生在正式開講前要讀一篇短篇勸善經文。讀文的目的是向神靈、先祖表白東家、主講先生及觀眾的善心、善言、善行，以期得到護佑。在國人的傳統觀念中，只有善良的人才會得到神靈和先祖的關照。在這裡，讀文實際上是一個含有凡人向神靈、先祖「示善」與「求佑」兩種心理狀態的雙向心理過程與宗教程式。

清代以前善堂講書前一般讀自己所信奉的道教經籍，如《太上感應篇》《文昌帝君陰騭文》《太平經》中的宣傳善惡報應的句段。自清朝順治年間開始以臺書形式宣講「六諭文」起，就把假托關帝[1]之名的通俗勸善文《關帝明聖經》[2]奉為講書時讀文的唯一經典，摘取其中的勸善文字組成短文，專供讀文之用。現在的臺書還在讀文時沿用此文[3]。

---

1　關帝即三國時蜀國名將關羽。

2　又名《桃園明聖經》。

3　之所以將《關帝明聖經》奉為臺書讀文的經典是因為清代統治者認為自己能夠入主中原是得到

讀文的另一層重要意義在於經過接神、喊禮到讀文之後，講這臺書的所有先生在人們及他們自己的觀念中已不僅僅是普通的藝人了，他們具有了某種類似道士、巫祝的宗教身分色彩。他們通過前述步驟已將神靈先祖請來附在自己的身上，使自己成為溝通神靈先祖與凡人世界的神介物。由此，這些善書先生們可以向神靈先祖轉達凡人的善良與各種願望；也可以向凡人施以神靈先祖的諸般影響。

讀文完畢後，主講先生會畢恭畢敬地拿出一塊事先準備好的紅色幔布，上用黃線在幔布四角繡有「神聖在上」四個大字。先生把有字的一面朝向觀眾，蒙在講案上，然後開始第四步——正式講書。

（4）講書：舊日講臺書的書目是有著相對比較嚴格的規定的，不像館書那樣題材涉獵廣泛，更體現了最初的精神本源——勸善。勸善的意圖通過一個個充滿因果報應的案傳故事來體現，如《換解元》《雙尋妻》《包公巧設奇龜宴》《船舟產子》《繡花女》《賣子奉親》《母女血淚》《獄卒平冤》《寒暑劍》等書目。

講臺書與講館書在路數上是一致的，即「韻散相間，講唱結合」。

「講」即敘述，是臺書案傳故事中的散文部分，又稱為「梗子」。「講」由主講先生擔綱，就是主講先生以第三人稱的敘述視角向觀眾敘述故事的來龍去脈，事件與情節的進度和變化，書中人物的身分及相互關係，進行典型環境的設置等等。由於主講先生在敘事時不作為人物角色進入故事情節，而相當於一個對故事的前因後果、發展過程等了然於胸的「旁觀者」，故有許多靈活性可圖。整部書主線的貫穿，副線的交叉，層次的安排，矛盾的編織，懸念的設置等等，實際上只有依仗

---

了關公的保佑。順治皇帝特別冊封關公「忠義神武靈佑仁勇威猛顯護國保民精誠綏靖佑贊宣德關聖大帝」。加之歷代帝王的推崇，其地位顯赫，自明朝以來就列入國家祭祀。其形象既是武神又是財神，具有司命祿、佑科舉、治病避災、驅邪避惡等法力。關公與「文聖」孔子平起平坐，被尊為「武聖」。因其忠信仁義、神勇無比，在民間也享有崇高威望，也是道教的重要神祇。

「講」來完成。此外，主講先生往往根據自己的閱歷和知識，在書中緊張、熱鬧處，充分運用自己的虛構才能和想像力，添枝加葉，把這些精彩的部分充分渲染，以達到精細刻畫人物，渲染情境氛圍，突出故事重點的目的。並往往通過巧妙的故事收尾時的匠心演繹，使整部書渾然一體，令觀眾得到心理上的極大滿足，或振奮，或感嘆，餘味無窮。

「唱」即宣詞，是臺書案傳故事中的韻文部分。「唱」由宣詞先生擔綱，就是宣詞先生以第一人稱的敘述視角直接扮演故事中的主要角色，宣詞先生宣詞時，用特定的善書曲牌唱腔通常以「三三四」的句式來演唱書中人物的語言，即每一句唱詞都由兩個三字音尺和一個四字音尺組成，唱詞上下兩句為一行唱腔反覆，如「未開言不由得珠淚滾滾，請大人聽民女似海苦情」[1]。宣詞先生從「我」的角度，以富有表現力的宣詞唱腔塑造書中人物形象，展示人物豐富、細膩的內心世界，直接表現人物之間充滿戲劇張力的矛盾衝突，推動故事情節的層層發展。藝術功力深厚的宣詞先生往往採用「設身處地，換位思考」的藝術思維方式對書中人物的心理、表情、動作等各方面進行細緻入微的體味與把握，以情帶聲而聲情並茂，能將書中人物塑造得鬚眉宛然、鱗爪畢現，從而能生動傳神的抒發書中人物的思想感情，使觀眾感到親切、真實、自然，對書中人物的遭際、命運感同身受，唱者與聽者皆入書中。宣詞是臺書表演中最出彩的部分，一部書中最感人的情節和矛盾衝突的高潮部分通常由大段的宣詞來完成。

宣詞分為獨宣[2]、對宣[3]、答宣[4]三種形式，三種形式中答宣這種形式

---

1 摘自漢川善書案傳《秦香蓮》。

2 「獨宣」相當於人物的獨白。

3 「對宣」即由兩至三名宣詞先生同時上場宣詞時分別扮演不同角色時各自的獨白。

4 「答宣」即扶案先生根據書中情節以口語插白的形式配合宣詞先生的宣詞，二者也是分別扮演

用得最多。所謂「答」就是在宣詞的過程中扶案先生針對宣詞內容的插白。扶案先生既無講的任務也無唱的任務，純以生動的方言口語與宣詞先生的唱詞一唱一答。這看似比主講、宣詞要簡單得多，實則不然。善書藝人們有個說法曰：「內行聽說詞，外行聽宣詞，同行聽答詞。」可見講難於宣，答詞則更難，最考先生的藝術功力。臺書演出中，宣詞先生的大段悲腔往往使觀眾的精神負擔沉重，而扶案先生的答詞卻可以用「包袱」來調節現場的氣氛和觀眾的情緒。答詞一般不寫在案傳中，全靠扶案先生平時的生活和藝術積累與臨場發揮。好的答詞能令書中的善者愈善而令人敬，惡者愈惡而令人恨。甚至還能左右宣詞先生的情感張力。同一個宣詞先生和不同的扶案先生配合演出其藝術表現力是不盡相同的，有時甚至有天壤之別，出色的扶案先生就像一個優秀的指揮家一樣，根據書中情境和人物心理，起伏有致的調動宣詞先生的聲與情；張弛有度的調節觀眾的情緒和現場的氣氛。扶案先生的答詞既是「包袱」的製造者，又是「包袱」的揭示者，他一會兒讓人心酸流淚，一會兒卻使人捧腹大笑，故事急緩相間、有起有落，扶案與宣詞答對自然，生活氣息極濃。

　　一部書通常根據故事情節發展的自然段落形成「場」這一組織單元。每臺書的故事都由若干場組成，場與場的變換由上、下場是先生的對白榫接。每一場都是由主講先生講一段，宣詞、扶案先生唱、答一段加上換場時角色間的對白完成[1]。由此開啟推動故事的起因、發展、高潮、結果，前後照應，首尾圓楔。

　　臺書的這種第三人稱的「講」和第一人稱的「宣」、「答」、「對」相結合的互補結構與評書等單人表演的曲藝形式相比較，進一步擴大了

---

　　不同的角色。

1　也有僅獨宣、對宣或答宣便可形成一場的情況。

案傳故事的時空領域，增強了表現情節時的真實感和親切感。臺書採取這樣的人稱交叉敘述的敘事方法，使被敘述的情節和人物得到全方位、立體化的表現。

「講」、「宣」、「答」、「對」四項都要求做到「舌生花」、「口生香」、「臉生色」、「目生光」，以表喜怒哀樂之感，調動觀眾內心之情。

在講滿約定的天數之後，臺書進入最後的程序——收臺。

### 4. 收臺

善書先生將每年與東家約定的講臺書天數[1]講完後，東家要「小收臺」；將約定的講臺書的總年數[2]講完後，東家要「大收臺」。

「小收臺」和「大收臺」的程序基本相同。首先在講書檯上舉行謝神、送神的儀式，即在神案前供獻三牲福禮，焚香化紙，作揖叩首，感謝神靈先祖的庇佑；最後鳴竹送神。送神完畢後，東家要備辦宴席酬謝先生。送走先生後，如是小收臺，東家要製作炸麵窩、米粑、菜粉團之類的圓形食品闔村發放，以示善行圓滿；如是大收臺，則除此之外還要「施善惠」。這也是體現臺書勸善、行善的重要一環。所謂「善惠」，就是觀眾在觀看臺書時被書中的情節感動或情緒被說書先生感染[3]，上講書檯往設在臺左角的「善惠箱」中投錢，這叫「打彩」；也有觀眾中有人自己心中有某種願望時，上講書檯向神祇敬香、叩頭，許願後往「善惠箱」中投錢，這叫「存善」。通常後者的金額大大高於前者。每年小收臺時，無論是公書還是私書，當年所得的「善惠」都由村、族集體保管。到大收臺時則將幾年的「善惠」悉數拿出，分配給經集體公議後認

---

1　一般為每年三天。

2　一般為連續三年。

3　通常是宣詞先生宣大段悲腔時。

定的本村、族、社區中最為孤苦無告的老弱病殘之人。「善惠」對於弱勢群體的關愛，體現了臺書的現實公益性，體現了漢川鄉間淳樸的民風，飽含著濃濃的扶危濟困的人情味。

　　至「善惠」施畢後，一次臺書的宣講便經過請臺、搭臺、開臺、收臺而告圓滿結束。

# 四、臺書的宗教色彩

　　因為「善書是源於宗教的，初時的演唱近似於吟誦，和道士讀文一樣」[1]；「舊日善書曲藝的思想體系屬道教一脈而兼采儒、佛」[2]。所以善書在成為一種獨立的曲藝品種之初就具有一定的宗教色彩。

　　善書藝人的藝術活動是以道教的經典《文昌帝君陰騭文》《太上感應篇》《太平經》等道教勸善書的思想精義為圭臬的。《文昌帝君陰騭文》的因果報應論，《太平經》的「天道無親，常與善人」[3]的子孫善惡承負說，《太上感應篇》的天人感應、善惡相報等道教理論主張是善書藝人們選擇、組織素材創作案傳故事的指導思想。

　　尤其是講臺書的時候像《太上感應篇》的「禍福無門，惟人自召。善惡之報，如影隨形」的十六字綱常被善書藝人加工潤色後成為開講時某些書目開頭的「定場詩」。《文昌帝君陰騭文》中的「諸惡莫作，諸善奉行。永無惡曜加臨，常有吉神擁護。近報則在自己，遠報則在兒孫。百福駢臻，千祥雲集，豈不從陰騭中得來哉」等語句常被用於一場

---

1　魏文明：《漢川善書第一輯·理論研究》，《漢川善書音樂淺談》，第25-26頁。

2　王家瑞：《漢川善書第一輯·理論研究》，《漢川善書》，第9頁。

3　老子：《道德經·德經》，第七十九章。

臺書的結尾議論[1]。上述可以見出臺書的宗教色彩。舊日講臺書時藝人所選擇的案傳故事的倫理內容不但包括道教本身「天道承負、善惡報應」的生命倫理觀[2]，還吸收了儒家的倫理標準，如「忠孝友悌、正己化人、矜孤恤寡、敬老懷幼」等作為善行的準則。並融合了佛教「積德累功、慈心與物、多建善行、慈悲為懷」的精神。實際上講臺書時選擇的案傳故事所建立和宣揚的是以道、釋宗教規誡，以儒家道德規範為標準的立身處世原則；臺書的宣講活動實踐著儒、釋、道三家宗教共有的勸善濟世的道德理想，其道德倫理所產生的社會影響也更為廣泛而深入民心。從這些也可以看出臺書的宗教色彩。

清朝的幾位皇帝藉助善書以「臺書」的方式推廣宣揚自己的統治思想的《聖諭廣訓》，宣稱自己是天子，意為上天之子，自己統治百姓是「替天行道，躬行天職，代盡天責」。意圖強化現實的封建倫理準則，規範人們的言行。認為通過臺書推行「教化」特別有助於保證國家、社會、家庭的嚴謹秩序。這實際上也是統治者利用臺書的本體即善書的宗教色彩，加以主觀而廣泛的附會穿鑿從而有利於鞏固自己的統治地位的一種愚民政策。清代的這種「高臺教化」從源於民間宗教的「說善書」，又在清末經過民間藝人的改造後以人民群眾自己喜聞樂見的「臺書」的形式復歸與民間之後，善書藝術就正式分為館書與臺書兩種表現形式。善書藝術的宗教色彩主要由臺書來承載與體現。

---

1 「陰騭」一詞語出《尚書·洪範》：「惟天陰騭下民。」意謂冥冥之天在暗中保佑人們。在《陰騭文》中「陰騭」具有天人感應的含義。要人多積陰德，為善不揚名，獨處不作惡。這樣就能得到文昌帝君的暗中護佑，賜予福祿壽。這就是「文昌帝君陰騭」的含義。

2 即認為先人犯有過失，積累日多，由後輩子孫負其過，前人為「承」，後人為「負」。如果為善，則前人集福，後人受蔭；前人作惡，除自己要遭現世現報，還會禍及後人，這是對祖先、父母、子孫一家三代宗族血統的福禍根源而言。而且推而廣之，認為天地人三統共生，如果人類作惡太多，則天地必降災異，殃及後人。正是因為有這種天道所決定的承負，因此勸人為子孫後代著想，而行善積德，並方信修正道，可以斷除承負而度成仙。

富含宗教色彩的臺書經過多年的發展變化，已經成為漢川及其周邊地區的一種具有濃郁的地方風情的獨特文化事象。這種文化事象的宗教色彩是它的思想觀念及其物化形式的綜合反映。臺書的宗教色彩不但通過前述臺書的外在形式、程序特色及充滿善惡報應的案傳故事表現出來，也通過這一文化事象的內在宗教觀念的思想特色表現出來。「是群眾在共同需要、共同心理的基礎上所形成的和不斷給予陶冶的結果」[1]。

從講臺書時漢川當地人們所信奉的一系列神祇即講臺書的天數和年數的講究這兩個方面，臺書的宗教色彩得到感性的、集中的體現。

## 1. 講臺書時當地人們所信奉的神祇

道教這一源自於中國本土的原始宗教在漢川及周邊地區擁有廣泛的信仰，道教諸神的影響力遠遠超過了其他宗教的神祇。清末民初的漢川文人王焯庭在他的《樂野堂集》序中云：「鄉民愚厚，多信神道鬼巫，上起玉皇關聖，下至城隍土地等道教諸神故里民間多有供奉，鄉野村舍尤甚。神案香火常續，實趨福遠禍之舉也。」臺書是善書的一種表現形式，善書的思想體系源於道教，所信奉的也是道教諸神。因而臺書與漢川及其周邊地區大部分人的神祇信仰具有很好的一致性，這也是臺書在當地廣受歡迎的重要因素之一。俗話說：「離地三尺有神靈。」在中國人的傳統觀念裡，神靈在日常生活中是無處不在的。如看門的有門神、看灶的有灶神，此外，還有床神、井神等等。在臺書中，神靈文化更是一個極其重要的組成部分。

舊日臺書的神祇供奉相當講究，並形成了完整的體系：即講書檯上供奉的神位按其地位高低並結合公、私書的特點及東家的願望分為主祭、左右副祭、陪祭、常祭幾類。

---

1 鍾敬文：《民俗學發凡》，《中國民間文學講演集》，第7頁。

（1）主祭：在臺書中享受主祭地位的是道教的最高天主——玉皇大帝。天上的「帝」是天上諸神中的至尊，而玉皇大帝正是這位至尊的人格化，其全稱是「昊天金闕無上至尊自然妙有彌羅真玉皇大帝」。在世俗的心目中，玉皇大帝是中國最大的神祇，是眾神之王。除統領天、地、人三界神靈之外，還對於天地及宇宙萬物的興隆衰敗、吉凶禍福都得管。玉皇大帝統御所有神靈，支配日、月、風、雨等一切，並掌管人間禍福、生死、壽夭、吉凶，定奪人間善惡等。玉皇大帝也是漢川民間信仰中的最高神，人們的各種願望都要經過他的裁定，因而無論公、私臺書，玉皇大帝都為主祭神。

（2）左、右副祭：講臺書時的左、右副祭是緊接著主祭的下一級神。

左副祭是評判凡人的是非善惡的神祇。講公書時的左副祭一般為「糾察靈官」[1]。意為請他來鑑定村、族民風的好壞以告之玉帝。

講私書時的左副祭一般為「天地思過之神」、「三臺北斗神君」、「三屍神」三者[2]。私書恭請、敬奉此三神為左副祭，就是希求三神能對請

---

1  「糾察靈官」即「靈官王元帥」，道教最崇奉之護法尊神。玉皇大帝封之為「先天主將」，司天上、人間糾察之職，故又名「糾察靈官」。

2  私書奉此三神為左副祭大有講究。《太上感應篇》認為「天地有司過之神，依人所犯輕重以奪人算」，「又有三臺北斗神君，在人頭上，錄人罪惡，奪其紀算」，「又有三屍神，在人身中，每到庚申日，輒上詣天曹，言人罪過」。因人們的作為通過此三神來裁決，當人非義而動、背義而行時，就會「大則奪紀，小則奪算」，而「算減則貧耗，多逢憂患」，最終「算盡則死」，人就離開了人世；如果死有餘辜，還會殃及子孫。所謂「是道則進，非道則退」，則「天道佑之，福祿隨之，眾邪避之，神靈衛之，所作必成，神仙可冀。」「若改惡從善，則將轉禍為福。」另有《太平經》認為「謂天地及人身中皆有眾多之神，受天所使，鑑人善惡，掌人命籍。如天地司過之神、三臺北斗神君巡於人首之上，三屍之神藏於人身之中」。「善自命長，惡自命短」。對人之善惡，天皆遣神記錄在簿，過無大小，天皆知之。天賞罰分明，行善者可得天年，如有大功，可增命益年；若作惡不止，則減其壽算，不得天年；或使凶神鬼物入其身中，使其致病。善惡之標準，最要者為孝、忠。行者可被薦舉，現世榮貴，天祐神敬，乃至白日昇天；不忠不孝者，罪不容誅，天地鬼神皆惡之令其凶夭，魂神受考。

私書的家庭、個人的家風、德行等作出好的判斷和評價向主祭神玉帝報告，以期自己所許之願能順利實現。

右副祭為具有實現人們所許的具體願望的法力的神祇。在請臺書的人們的觀念中，通過對主祭、左副祭的祭祀，本村、族或家庭、個人的民風、家風或德行一般會受到諸神的肯定，自己希望得到滿足的願望也會得到諸神的認可。那麼願望的實現就要靠右副祭來施行。比如：講公書時祈求闔村、族風調雨順、人畜平安、無病無災的，一般以「玄壇趙元帥」[1]為右副祭；祈求村、族多福少禍的一般以「三官大帝」[2]為右副祭。又如：講私書時，有的家庭請臺書是為了求子，那麼右副祭一般為「碧霞元君」[3]；有的家庭請臺書是為了祈求全家人福壽綿長，子孫能出人頭地、高官厚祿，則右副祭為「福祿壽三星」[4]。公、私臺書的左副祭通常是固定的，右副祭則變化繁多，因為人們的願望是多種多樣的，右副祭在每臺書中結合村、族或家庭、個人的願望常有變化，根據各神所轄範圍及法力的不同和人們所許心願而隨時變更，以上所舉不過是冰山一角。

（3）陪祭：陪祭的神位供奉於左、右副祭的下方。公書的陪祭一般為本村、族歷史上的傑出人物，私書的陪祭則為家庭的祖先。

陪祭的傑出人物、先祖與本村、族、家庭的親族、血緣關係更為密

---

1 「玄壇趙元帥」為道教護法天神之一，與華光帝君、關聖帝君、溫瓊元帥並稱為「護法四元帥」。常奉玉帝之命策役三界、提點九州。相傳能驅雷役電、呼風喚雨、除瘟祛瘧、治病禳災。

2 「三官大帝」即天官、地官、水官。源於原始宗教對天、地、水的自然崇拜。東漢中後期，張道陵在蜀中創立的五斗米道吸收傳統的民間信仰，尊奉天、地、水三官為主宰人間福禍的大神。

3 「碧霞元君」是中國古代傳說中的泰山之女，是道教十分崇信的女神，能護國安民、普濟蒼生。其塑像中往往有一抱嬰侍者，所以也稱泰山娘娘為送子娘娘。

4 「福祿壽三星」為道教尊奉的天官、文昌、壽星三神。三神司職不同，天官賜福、文昌賜官、壽星賜壽。民間有祭此三神的習俗。

切，在人們的傳統觀念中，他們是會化為強有力的神的，人們對他們有很強的追念與依賴心理。臺書把這些傑出人物或先祖列為陪祭，也是創造一次與先祖神靈對話的機會，以期取得先祖神靈的佑護。從現實的角度說通過對臺書陪祭的祭祀，對共同的本地傑出人物或家庭先祖進行緬懷，也能喚起現實社會中的村、族、家庭的倫理情感，強化村人、族人、家庭成員返本歸宗的歷史意識，從而起到活躍村、族、家庭文化精神的作用。

（4）常祭：常祭是講臺書時位於與書檯右前側的三個牌位，分別供奉諸孤魂野鬼、城隍、土地。

所謂「常祭」意即「因為某些神鬼與人們的生活關係密切所以需要經常進行祭奠」。上述這三個牌位前各有一個小香爐，各爐中都插有粗香一支，將燃盡時有專人再續一支，中途不得熄滅，謂之「燒常香」。如某地或某家請三年臺書，那麼自每年開臺講書始至三天後的「小收臺」止，「常香」日夜不得熄滅。晚上休息時別的神位、靈位的香火可以熄滅，但這三者的牌位和香爐都要從書檯上請到家中，燒加長的香到翌日再送回書檯上，如中途熄滅，將會招致孤魂野鬼、城隍、土地的不滿，會引來無名禍端或疾病瘟疫等災異。

將孤魂野鬼、城隍、土地列為臺書中的常祭及為它們燒常香，體現了在人們的觀念中對離自己的現實最為接近，對自己的生活干預最為直接的基層神鬼的敬畏與訴求。從它們的牌位在書檯上的安放位置就可以看出這三者的牌位相對於如主、副祭的牌位來說，離臺上的善書先生和臺下的東家觀眾更為接近。

臺書中的主祭、副祭諸神雖然法力無邊、神通廣大，但總顯得那麼虛無縹緲、遙不可及。和人們的生活與命運經常發生某種連繫的卻總是那些到處都有可能存在的鬼魂、掌管自己所住城鎮的城隍爺和存在於自己賴以生存的土地中的土地神。

「鬼」的觀念伴隨了人們幾千年，自然科學不發達的時代人們總將一切不好的、可怕的事首選地歸結為鬼魅作祟；即使到了科學日益發達普及，人們對於迷信已不斷澄清的今天，無論人們已經怎樣的普遍不相信有「鬼」這種東西存在，可「鬼文化」還是多數人思想中的一種下意識的精神積澱，或多或少、若隱若現，甚至是牢牢的有時可以說是頑固地潛伏在不同的人的心靈中的不同角落與暗隅，在人們的有意無意之間偶露崢嶸。而孤魂野鬼又是眾多的魑魅魍魎中冤氣怨氣最重、力量最可怕、最無孔不入、為禍最烈者，所以臺書將孤魂野鬼列為常祭之一，供奉香火，求告它們各安天命，各守本分，不要禍亂人間，滋擾生靈。

城隍是中國民間和道教信奉的守護城池之神，其職責是代天理物、滅惡除凶、保護地方、主管當地水旱災異、賜人壽命、掌握陰司冥籍等。各地的原型不一，大多以對當地百姓有恩德的名臣賢相為祭奉對象。土地神是中國民間信奉的村社守護神。最初人們是為了酬謝土地能生長五穀、負載萬物、養育百姓等。後來，人們希望它能保佑五穀豐登、六畜興旺、家宅平安、添丁進口，凡是世間能得到滿足的願望都能從土地神那裡獲得。臺書將城隍、土地列為常祭之一。除了因為二神離人們現實生活最為接近，干預最為直接外，還因為人們認為講臺書時向主、副祭諸神所許心願如能得到神祇的首肯，那些高層神靈也不會直接降福於己身，而是通過向城隍、土地等基層神靈授意，由城隍、土地施展法力來滿足許願者的願望。城隍、土地作為道教底層神靈在漢川百姓中有著長久的信仰，這一類崇拜幾乎遍及各鄉鎮甚至每個家庭。臺書將它們列為常祭，是這一崇拜的突出表現形式。

臺書的「臺」字實際上是有著兩層含義的。第一層含義是從臺書的現實意義的角度而言，即「臺」就是供善書藝人以臺書方式宣講善書的講臺；第二層含義是從臺書的宗教色彩的角度而言的，即「臺」就是有某種生活願望的凡人通過講臺書時具有類似道士、巫祝的身分色彩的善

書藝人向各神鬼先祖溝通的一個「平臺」，或說是一種「渠道」。無論何種事由、節令的公書、私書，一定寓有一個村族家庭或個人的某種人生願望和生活理想，人們通過講臺書時的「臺」向神鬼先祖表達自己的所求，也期盼通過「臺」得到神鬼先祖的庇佑和祝福。「臺」在講臺書時既是物化形式的講臺，也是滿含人們美好理想的精神寓托物。

除上述臺書信奉、祭祀的神鬼先祖外，講臺書的天數、年數的講究也是體現臺書的宗教色彩的另一重要方面。

## 2. 講臺書天數、年數的講究及其內涵

無論公書、私書，開臺講書一般每年要講三天，並且起碼要連續請三年[1]。其中的講究何在？這有兩個根本的原因，並且和道教思想頗有淵源。

第一個原因是和被道教奉為教祖的老子總結的事物的發生學原理有關。

中國道家學派的創始人老子的哲學思想認為：「道生一，一生二，二生三，三生萬物[2]。」這本是老子對宇宙萬物發生原理的闡釋[3]。「一」是老子用以代替「道」這一概念的數字表示，即道是絕對無偶的。善書先生將其引申為善念是人與生俱來的原初精神意識，東家請臺書的第一天是表達自己的「善」，同時「許願」。「二」是陰氣、陽氣。「道」的本身包含著對立的兩方面。陰、陽二氣所含有的統一體即道。因此，對立著的雙方都包含在「一」中。善書先生將之引申為：人性雖先天本善，但在後天易為惡所染，善惡交鋒在所難免。欲求所許之願能夠實現，

---

1 少數節令如清明等請的臺書不一定受此講究的限制。

2 老子：《道德經》，《德經》，第四十二章。

3 即「道」是獨一無二的宇宙本體，道本身包含陰陽二氣，陰陽二氣相交而形成一種適勻的狀態，萬物在這種狀態中產生，萬物背陰而向陽，並且在陰陽二氣的相互激盪中形成新的和諧體。

許願者必須戰勝自己的「惡」，因為任何神靈都是不會庇佑惡人的，而與避惡相統一的是趨善。所以東家請臺書的第二天即像徵者請書者經過善惡爭鋒，最終善戰勝惡，自己的人性歸於善的本源，以往自己的「惡」得到神靈的寬宥。「三」是由陰、陽兩個對立的方面相互矛盾衝突所產生的第三方，即生成萬物。「中國古典哲學對事物的最高歸類一般只有三種，三代表著多，在先秦是多數的意思。也有圓滿、事物由量變到質變的含義」[1]。講臺書時人們將「三」理解為東家請臺書是一種善舉，藝人講臺書是一種善言，觀眾觀看臺書包括燒香、施善惠是一種善行。講滿三天，意味著善舉、善言、善行圓滿，東家所許之願有望實現；連請三年臺書，善舉、善言、善行則在圓滿的基礎上會發生質的飛躍，由此一善舉、善言、善行衍化為無數善功。如此一來，東家、善書藝人、觀眾必將都得福報。並認為三年臺書講完，實際天數累計已達九天，佛教有「九九歸一」的說法，也就是功行圓滿的意思，所以臺書每年最少連講三天，一般連請三年，符合佛、道二教的教旨經義，實為吉祥之舉而不可不為，有百利而無一弊。當然，天數、年數視各種情況而定，多多益善，大部分的情況不會低於三天、三年之限。

第二個原因是和道教經典《太上感應篇》中的行善得福的時限觀念有關。

《太上感應篇》認為：「夫心起於善，善雖未為，而吉神已隨之。或心起於惡，惡雖未為，而凶神已隨之。其有曾行惡事，後自改悔，諸惡莫作，眾善奉行，久久必獲吉慶，所謂轉禍為福也。故吉人語善、視善、行善。一日有三善，三年天必降之福；凶人語惡、視惡、行惡，一日有三惡，三年天必降之禍。胡不勉而行之。」[2]這段話中的福禍三年

---

1 參見郭沫若《青銅時代》一書。
2 參見《太上感應篇》原文。

轉換之說對講臺書「一年講三天，連續講三年」的講究的形成也有深遠的影響。在漢川尤其是鄉間，把請臺書、講臺書、看臺書都視為「做善事」。是公開的、最具誠意的向神鬼及先祖集中表明、體現自己的向善之心及祈求福報的最好形式之一。善書藝人一般都熟悉、理解《太上感應篇》等道教勸善文，他們在講臺書時根據自己對這些勸善文的理解，並結合講臺書的實際情況，把自己的講書活動視為「語善」，認為每講一次臺書對自己的靈魂都是一次淨化；把觀眾的觀看臺書演出視為「視善」，認為觀眾看臺書會從故事中受到教育，有助於樹立他們正確的善惡觀，能比照自己的實際情況對自己的某些行為作出合理的價值判斷，無論是自我反省或是自我肯定，都是一種善念，這種善念對提高自己的人格境界無疑是會有所助益的。而人心中一起善念，則「吉神已隨之」；東家請臺書則被視為「行善」。公書無疑是一種公益性活動，即使是私書，包含有東家的請書事由和個人願望，但從臺書故事對人的教益等客觀效果而言，私書與公書並無實質性的區別，因而從某種意義上也可以看成是一種公益性活動，是行善。最後無論是公書還是私書都會將所得的「善惠」救濟村、族中的弱勢群體，這更是一種現實意義上的行善。人們認為講一天臺書能實現「語善」、「視善」、「行善」這三善，連行三年必得福報。這也體現了漢川民間在理解、把握「善」的含義的精神實質時所表現出來的寬泛性與包容性。這種「語善」、「視善」、「行善」的觀念在臺書風行的地方是深入人心的，這是具有可貴的社會價值的。這實際上形成了一種善書藝人、臺書觀眾、請書東家三者各以自己的方式實踐與詮釋「語善」、「視善」、「行善」，每年三天，連續三年，以求功德圓滿，得當世福報的共識。這一共識，對臺書天數、年數的「約定俗成」有著直接的促進作用。

綜上所述，無論是臺書所信奉的宗教典籍，所崇拜的神祇及講書的天數、年數的講究都各自從不同的角度與側面，表現了臺書的宗教色

彩。臺書的宗教色彩也和講臺書的歲時節日及所結合的民俗有著千絲萬縷的連繫。

# 五、臺書與漢川的歲時節日和民俗的連繫

在漢川及其周邊地區，主要是農村，在歲時節日和家庭的重大事情，如紅白喜事等，都會請臺書，漢川的許多民俗講究都會通過臺書表現出來。

### 1. 臺書與歲時節日

請臺書的歲時節日最重要的有三個：春節、清明節、中元節。

（1）春節請臺書。

春節請臺書往往是以村或村民小組為單位的公書，也有少數富裕農戶請私書。春節講公書常常是幾個相鄰的村莊事先約好固定請一個臺書班子，這樣時間上便於安排。各村依照下帖請書的時間先後，依次在各村開臺講書。通常一個村一臺書，一個春節講三天，連續在每年相同的時間連講三個春節；也有經濟條件好的村莊以村民小組為單位請善書先生在本村各組輪流講臺書。

春節是中國傳統的民俗大節，在諸節日中地位最為重要。春節乃新歲之首，萬物發生、萬象更新。人們對已經到來的新的一年寄寓著美好的希望與祝福。春節的公書除了娛人之外的另一重要目的是娛神，即迎接、祭祀喜神與社神。「喜神」也叫吉祥神，是古人們為了趨吉避凶、追求吉慶而創設的神。開始其形象比較抽象，後來結合民間流行的「福神」的形象加工而成喜神的模樣。漢川民間把「和合二仙」敬奉為喜神，認為每逢新春時天上必降喜神，迎至可保全村全年萬事如意。「社神」是地方社會集體的主神，漢川民間認為社神具有主司農事、保護村

社成員的職能。因此，春節的公書，村社成員對社神表達的是一種集體的誠敬及公共的願望。請社神的主要目的是為村社祈福，不像私書那樣各懷私願。春節公書的公共性原則是漢川民間村社共同體風習的現實反映，而社神是公共意識的投射，是村社的精神中心。同時，社神祭祀的公共性活動，又為村社成員之間連繫的加強提供了維繫力量。

「喜神」與「社神」在春節時被共同列為右副祭。除開臺講書前，善書主講先生及村社重要人物要焚香表、鳴鞭炮恭迎，供三牲福禮祭祀外，講書時，觀看臺書的絕大部分村民都會在臺下燒香禱告，或上臺向「善惠」箱中投錢施「善惠」，以自己現實的善舉向所供諸神為自己的村社祈福。「唯為社事，單（殫）出里；唯為社田，國人畢作」[1]。村民對春節公書的熱情和投入，體現了村社成員的公共意識與集體精神。

在漢川民間，鄉村春節的公書，不僅是一項重要的娛人兼娛神的文化活動，同時從社會意義的角度說，也是鄉里市井社會關係的一種締結與再造。具有維護社會秩序、調理民事糾紛的功用。村社成員在統一地域環境下朝夕相處，有著大致相近的經濟利益與社會利益。在較早的時期應該還有部分村社公產，相互之間在生產、生活上彼此亦有著較多的互助需要，但也難免為一些諸如田地邊界、宅基地、引水灌田等事發生一些摩擦和齟齬。春節是人們一年中難得的閒暇時光。春節的村族公書更為日常忙於生計的人們提供了集體交往的時間與空間。人們在聚集觀看臺書時，在度過舊歲迎來新年之際，互相慶賀，共祝新生。村社成員之間的人情、鄉情在為共同的臺書出錢出力，共同為本村祝福，一起觀看臺書時相互交流自己對書中情節的看法和見解中得到了強化與更新。相互之間平日有矛盾的村民，如兩個不和的村民，在為本村的春節公書

---

1　《禮記·郊特牲》。

搭臺時遇到了，往往會在為共同的目的勞動合作的過程中，相逢一笑，握手言和。又如兩個家庭間為些小事關係緊張，在觀看春節公書時碰到一起了，這時也往往會有村中有威望的長輩拿來兩柱香，交給雙方的戶主，點燃後共同上講書檯向喜神與社神敬香。兩家一般都會在敬香後的互道「新年好」、「新春愉快」的祝福聲中消除隔閡，拉近彼此之間的距離，構成真誠相處的和諧氣氛。從春節公書的故事中受到教益化解矛盾的事例也很多。著名善書藝人徐忠德有一個通過春節臺書化解兩家矛盾的生動事例：徐忠德二〇〇〇年春節在漢川汪家河講臺書。村中有兩家打架扯皮。村支書問徐忠德有沒有勸人不扯皮的書。徐忠德說有，晚上講了《白公雞》一書。兩家被善書中與人為善的精神所感動，於是就和解了。徐忠德說：「不行孝的，聽了書以後變為行孝了；不講理的，聽了書以後變得講理了。這方面的例子多得很。」

漢川民間春節公書這一節日禮俗活動使人們由家裡到家外、由親友到鄉鄰、由近及遠、由裡及外，增進了情感連繫，整合村社關係的倫理意義明顯，這是春節公書的重要社會價值。

（2）清明節請臺書。

清明節在中國歲時體系中有著獨特地位，是中華民族的重大紀念日。中國境內民族大多有清明或類似清明的祭祖日。對祖先的追悼與祭祀是傳統社會民眾生活的重要內容。時至今日祭祖仍是民俗生活中的大事。每年清明時節，不僅環居祖墓的親人要上墳祭奠，大批旅居異鄉的親人同樣紛紛趕回原籍，祭奠祖靈。漢川民間在清明節請臺書是在上墳祭奠後又一重要的對先祖表達孝思，追憶懷念逝去的親人，祈求得到先祖蔭庇的重要活動。清明節的臺書多是以同姓的家族為單位請的公書，在漢川襄南片尤其盛行。以清明為中心，上下各推半個月的時間，無論哪一天開講都可以。有別於春節等的臺書的是，清明節的臺書一般每次講一天，但有早、中、晚三場，並且年年都講，並不限於三年。由家族

中各房按長幼之序每年輪流請臺書祭奠共同的祖先。所講書目一般多是勸孝類的，如《堂上活佛》《四子爭父》《買母盡孝》等。

　　書一般在上午掃完墓後開講。開講之前，族人要上講書檯對供奉的祖先牌位掛紙燒錢、跪拜禱告，然後要請臺書主講先生宣讀祭奠先祖的祭文。祭文是悼念性的文字，不受時間性的限制。它可以緬懷幾年前、幾十年前故去的親人；也可以憑弔千百年來的列祖列宗。祭文多由臺書主講先生起草，寫法很像書信，不過它的稱呼對象卻是逝者。其實，宣讀祭文的現實意義是給活著的人聽的。為的是讓生者繼承先輩的優良傳統，踏著逝者未走完的道路繼續前進。祭文宣讀完畢後，族人還要在長輩的率領下向先祖的牌位行「哀祭禮」。最長的一輩行三鞠躬之禮，其他人行三拜九叩之禮。從族人們虔誠拜叩共同的先祖的肢體語言中，我們能讀出「血濃於水」的親族情緣。

　　禮畢，開始講書，約中午講完第一場。講完後，族長要上講書檯站在祖先靈位下方，主持家族會議，和臺下的族人共商族內大事、申誡族法家規。然後邀請善書藝人們和族人一起匯聚飲食，以同食共飲的形式分享祖宗福分，族人之間的親情也在觥籌交錯之中愈顯濃厚。所謂「以飲食之禮親宗族兄弟」[1]。又如《詩經・公劉》所記：「執豕於牢，酌之用匏；飲之食之，君之宗之。」這些古籍的記載都說明了通過節日祭祖聚餐的方式強化親情的悠久歷史。至晚上的最後一場書結束後，請臺書家族的族長還會廣邀聽書時上臺燒過香、施過「善惠」的村民吃酒，來的人越多越好，稱作「散祭神」。

　　清明節臺書這一週期性的歲時禮俗也是對宗族倫理關係的反覆確認。族人們在對共同的祖先的頂禮膜拜中，家族親情也得到了強化。清

---

1　《周禮・大宗伯》。

明節祭祖因為請臺書而使這一歲時節日成為漢川鄉間家族力量的展示日，而清明節臺書這一歲時禮俗也成為連接家族血緣關係的紐帶。

（3）中元節請臺書。

每年農曆七月十五是中元節，俗稱「鬼節」，此節是華人祭拜先祖和孤魂野鬼的節日。清明節和中元節雖同為悼亡節，但後世一般不直稱清明為鬼節，而稱中元為鬼節。其中的細微區別在於，清明重在祭墓祭祖，而中元節重在祭亡，對孤魂野鬼也一併關照，希望通過祭祀安撫鬼靈，防止遊魂作祟。華人相信，人死後都會變成鬼。有些鬼有子孫按時祭拜；有些鬼沒有子孫按時祭拜，就成了孤魂野鬼。平時，所有的鬼都被關在陰曹地府，只有每年七月初一、十五陰間大開鬼門，所有的鬼才被放入陽世討吃討喝，一直到七月三十日關鬼門，所有的鬼魂才又被關回地獄去，因此農曆七月又被稱為「鬼月」。每逢鬼月，民間便會舉行各種祭拜活動。漢川鄉村常從七月初一開始，以村民小組為單位請臺書。以講臺書、念善經來超度亡靈，並在講書檯上化紙馬香燭、冥錢元寶、供三牲果品來普遍地布施給所有的孤魂野鬼。這樣的臺書又被稱為「普度」。除了有度鬼、慰鬼[1]的意思外，還以一個個奇異的充滿因果報應的善書故事教育村民凡事以善為先，多積陰德，以免遭鬼魂懲罰施報[2]。這種臺書每個村民小組請三天，循環往復，要到七月三十關鬼門為止。最後一場書講畢，還要舉行送鬼儀式，仍是燒紙、供福禮，鳴鑼、燃竹送鬼遠去。特別是舊社會，尤其是在農村，因戰爭或水旱災異等天災人禍而非正常死亡的人太多，加之科學知識不發達，面對著自然和人生的種種禍患，人們往往束手無策，把幾乎所有的災異都往鬼魂方面連繫，人們對鬼魂深為忌憚恐懼。百姓對鬼月的臺書更不敢馬虎，再

---

1　漢川民間稱之為「度陰」。
2　漢川民間稱之為「度陽」，即教育陽世的人。

窮的村子也得請善書先生講臺書，從七月初一開始起碼要講到七月十五為止。村裡的一些大戶人家如地主等為保命保財，常不惜錢財在湊錢請公書外自請私書「度鬼」，以求家宅平安、闔家無恙。這樣的臺書也是每年三天，連續三年。有的富戶年年都請，整個鬼月經月方休。就是到現在，漢川農村也還是有不少經濟條件好的家庭照此成例在村組公書之外自請私書，祈望能趨福遠禍，就吉避凶。

漢川民間中元節臺書中最為獨特的景觀是放河燈。即在七月初一開鬼門時，在夜間臺書開場祭鬼完畢後，由臺書主講先生在河裡放河燈，意為以河燈引導四處遊蕩的孤魂野鬼來享用書檯上的人間供奉。在七月三十關鬼門時，在最後一場臺書講畢時，舉行送鬼儀式後，仍由臺書主講先生在河裡放河燈，意為河燈會帶領享用了人間供奉的孤魂野鬼遠去，人們期望河燈能帶領著鬼魂順利地渡過無數的苦海冥河，早脫輪迴、往生極樂，勿到人間作亂。漢川民間中元節講臺書時放河燈，除了超度亡靈，招魂續魄外，還有追祭先祖，悼念逝去的親人的用意。並且，一盞盞的河燈，更承載著對活人的祝福。放河燈時，村族中還會有病癒的人及其親屬或是家中有病人的家庭會製作河燈交給臺書主講先生投放，表示送走疾病災禍。「紙船明燭照天燒」就是對這一習俗的生動描述。河燈的種類很多：有用較好的木材製作的，有直接用大朵荷花製作的，有用小碗小碟粘製而成的。這些都是小的河燈，一般是用蠟燭或用食用油作燃料，將棉花、棉線搓成燈芯放在油裡浸透後點燃。富裕的村組會製作大型河燈，用鋁製托盤和大玻璃罩製成，罩內裝有乾電池和燈用來發光。玻璃罩上黏貼用電光紙剪成的各類吉祥圖案，如「三陽開泰」、「四季安泰」、「天官賜福」等。大小河燈在河中順次而下，千姿百態、色彩繽紛、蔚為壯觀。河上如有航行的船隻，見到飄來的河燈會主動避讓，以示吉祥。當然，沒有河的村莊會在溝、渠中放河燈，甚至就在講書檯下面放置一口大水缸，就讓先生將燈放於缸中也可。重要的

在於表達放河燈的象徵意義。在河中放河燈時，因為在河流拐彎處由於回水之故河燈會暫停，村中有求子、求壽等願望的人，有燈停時下河搶頭燈的習俗。搶得頭燈的人將燈交給臺書主講先生，由先生在燈上貼一「倒福」後將燈拿回家中收藏，此為實現自己願望的吉祥之物。

漢川民間認為歲時節日有不同於常日的驅邪避害、佑護民生的神奇力量。除上述春節、清明、中元三個最重要的節日會普遍請臺書外，其他如端午的送瘟、歲末臘日的驅儺等，一些村、族、家庭也會根據實際情況請臺書，以強化這些節令行為的效力。

## 2. 臺書與漢川民俗

臺書作為漢川善書這種民間文學的重要表現形式，結合、體現了較多的漢川地方民俗。「民間文學中含有大量的非文學現象，它們本身就是民俗[1]。」臺書體現了這一民間文學、民俗學的原理。本文在前面「臺書的形式與程序」中的「請臺」一節中列舉了漢川民間許多請臺書的事由，這些事由中本身包含了大量的當地民俗講究，並在講臺書的過程中集中地體現出來。此外，在春節、清明、中元等歲時節日的臺書中，有許多程序、講究本身就是民俗活動。如春節臺書時的迎、祭喜神、社神，中元節講臺書時的放河燈等。除了具有宗教色彩外，同時也是比較典型的民俗活動。

善書藝人在漢川民間享有很高的地位，他們在人們的心目中除了是「善」的化身外，還是實現東家、觀眾的願望，與神靈先祖溝通的使者。尤其是主講先生，在講臺書時進行的許多民俗活動中扮演著除講書本職之外的重要角色。如有的人家婚禮時請臺書，男方將新娘子迎回之

---

1　鍾敬文主編：《民間文學概論》，上海文藝出版社1980年版，第265頁。鍾敬文主編：《民俗學概論》，上海文藝出版社1998年版，第56頁。

後，往往要在講書檯上舉行婚禮的儀式，臺書主講先生這時常被東家尊為主婚人，主持新人拜講書檯上供奉的天地、祖宗牌位；為新娘子斟敬給公公、婆婆的「敬茶」；宣讀結婚證書、祝福新人等儀式程序。上述都是臺書與漢川民俗有緊密連繫的表現。最突出地體現出這種緊密連繫的，是老百姓生活中的兩件大事時所請的臺書：一件事是小孩出生，另一件事是老人去世。

（1）小孩出生時請的臺書。

家庭中一個新的生命的誕生意味著上一代血統的傳承和生命的延續。尤其是農村因為受「不孝有三，無後為大」的傳統道德倫理的影響更深一些，子女的降生更是備受人們的關注。在漢川民間臺書盛行的村鎮，有小孩出生的家庭，大都會請三年的臺書，每年講三天，每天中午、晚上各一場。為新的生命祈福消災，這樣的臺書稱之為「善始」，即祝福小孩的人生旅程有一個良好的開端。

「善始」第一年的開書時間是在嬰兒滿月這一天。這天要做滿月禮，又叫彌月禮。是在嬰兒出生滿一個月時，家庭為嬰兒舉行的滿月儀式。孩子滿月值得慶賀；產婦出月，也該紀念。這樣一來，滿月禮也就頗為鄭重、熱鬧。親友們也紛紛前來祝賀、送禮，在漢川，這叫「彌月之敬」。滿月禮當天，中午開書前，嬰兒的父親、母親會抱著嬰兒上講書檯，向諸神、先祖的牌位叩拜，感謝他們保佑生產時母子平安，也祈求他們保佑嬰兒一生平安。這時的右副祭多為「福祿壽」三星。孩子的父母會對牌位多叩幾個頭，意為能使孩子多福多壽、一生衣食無憂。拜畢後，臺書主講先生要送給孩子三樣禮物：圓鏡、關刀和長命鎖。寓意是圓鏡照妖、關刀驅魔、長命鎖鎖命。贈禮物後，還有一個隆重、嚴肅的儀式：即臺書主講先生要為嬰兒剃胎髮。剃胎發在漢川又叫「鉸頭」、「落胎髮」，剃時有一定的規矩。嬰兒的胎髮又稱「血髮」，受之父母，除了要留一些表示對父母的尊敬、孝意外，剃下來的也需謹慎的

收藏起來。有的是將剃下來的胎髮交給講臺書的女先生用紅布包好，縫在小孩的枕頭上；有的女先生心靈手巧，將胎髮搓成圓團，用綵線纏好，或將胎髮與綵線一起編成「善結」掛在小孩床頭。無論哪種做法，都是為了闢邪。留在頭上不剃的胎髮，則根據家長的要求，有的留額頂的「聰明髮」，表示天資聰穎，將來學業有成；有的留腦後的撐根髮，表「支撐」之意，意思是祝小孩生命力旺盛，將來說話辦事有主見、有魄力；也有二者皆留的，眉毛則須全部剃光，寓意是孩子將來步步向上、前途光明。

滿月禮的三天臺書還有一個講究，即每天中午的書講畢後，主講先生會抱著孩子在村中行遊，名曰「認生人」，有的地方又叫「出窩」。第一天由父親家族的至親陪同，如祖父祖母、叔伯姑媽；第二天由母親家族的至親陪同，如外公外婆，舅父姨媽；第三天則由村族中德高望重的耆老陪同。這一活動的意思是讓小孩見世面，將來不怯生人。這種由臺書主講先生攜帶出行，父母雙方家族至親和村社耆老陪同的滿月儀式，表明了社會、家族力量對新生命健康成長衛護的意義。

「善始」的第二年的開書時間是小孩週歲生日這天，這天要做週歲禮。在漢川民間小孩週歲是要隆重慶祝的。週歲的到來意味著孩子初歷人間的春夏秋冬，經過了生命最脆弱的階段，平安渡過了人生的第一年。這天的臺書結合了週歲禮的許多儀式程序。首場書開講前，臺書主講先生會寫一篇短文，內容是感謝神靈先祖對小孩一年來的保佑，並祈求他們今後繼續保佑孩子茁壯成長。由小孩的父親上講書檯在牌位前宣讀。讀畢由主講先生將此文與香表一起在牌位下焚化。然後，孩子的父母要在牌位前奉壽桃、敬喜香。孩子的爺爺奶奶、外公外婆與叔伯姑舅等至親要上講書檯和孩子的父母一起對牌位叩頭，向神靈先祖為孩子祈福。同時，講書的女先生會拿出一個自己做的繡有大「福」字的紅色荷包在喜香上熏。在小孩父母等人祈福完畢起身後，由主講先生將荷包繫

於小孩身上。這個儀式叫「祈福得福」，意為祝福孩子將來福壽綿長。

週歲臺書中最熱鬧、最具觀賞性和象徵性的禮儀活動是「抓週」。週歲當天晚上講書前，主講先生會拿出一個圓形竹器，裡面四周排著許多東西，如文房四寶、秤尺剪刀、錢幣銀元、玩具糕點等。將孩子置於竹器之中自由抓取其中的東西，以三次為限。當孩子抓了三件東西後，家裡就按這三件東西的性質，來判定孩子將來的興趣或發展趨向。這當然包含有一些唯心色彩，但人們更看重的是這種習俗的喜慶氣氛。事實上這一儀式表達的是家族親友長輩對後人成長的期望。

「善始」的第三年的開書時間是小孩三歲生日這天。孩子三歲，意味著已經不需要父母時時呵護了，已經從脆弱的嬰兒階段進入幼兒階段，生命力進一步旺盛。漢川民間視三歲為小孩人生的新起點，「善始」的三年臺書也進入最後一年。這次臺書的重要活動是「吃福菜」。臺書先生們在三天的講書過程中除了講書外還要兼做廚師，即要製作大量的炸藕夾、蒸茄盒、虎皮椒裏肉這三樣菜餡，這就是福菜。為什麼不請廚師或是東家自己製作福菜呢？這是因為在人們的觀念中講善書的先生是最吉祥的人，而福菜是為小孩祝福的，當然請臺書先生們製作最為合宜。福菜一般是每天上午做好，將菜餡裝入三隻大木盆中，置於講書檯上的神靈先祖牌位之下。中午、晚上講書時，上臺燒香、施善惠的觀眾每人都要各樣菜餡都嘗上兩口為孩子祝福。這就叫「吃福菜」。福菜是有寓意的：藕夾象徵著孩子「有心竅，聰明通達」；茄盒象徵著孩子「合群、隨和、性格好、與誰都合得來、有人緣」；虎皮椒裏肉則像徵著孩子將來「內秀、有真才實學、為人謙虛不張揚」。福菜的寓意飽含著家長和鄉親對孩子濃濃的祝福，寄託著社會、家庭對孩子美好的希望；從另一個角度說，也體現了漢川民間普遍的人格塑造標準和立身處世原則。吃福菜的人越多就意味著孩子得到的祝福就越多，東家就越高興。如果每天的福菜都被吃得盆底朝天，那更是大吉之兆，東家全家會喜不

自勝，會放萬頭長鞭表示慶祝。

「善始」臺書及其表現出來的一系列漢川民間風俗講究，無不是表露出新的生命的誕生給村族與家庭帶來的喜悅之情，同時也寄託著人們對孩子健康成長的殷殷期盼。

（2）老人去世時請的臺書。

漢川民間習俗認為，老人享壽六十歲以上因老、病而死的，就算壽終正寢，稱之為「喜喪」，也就是人們通常所說的「白喜事」。這種正常死亡的喪葬儀禮作為人生歷程中的最後一道「通過儀禮」是非常隆重的。如果說誕生禮是接納一個人進入社會的話，喪葬禮則表示一個人最終脫離社會，它標誌著人生旅程的終結，但在中國民俗觀念中，死亡並不等於亡者與生者關係的終結，二者之間還存在著依託宗族血緣關係的精神連繫。傳統社會中的人從出生到死亡都與家族脫不開關係，生是家族中的人，死也是家族中的鬼，安葬於家族墓地，享受後世的祭享，個體消失了，家族精神長存。因此圍繞著對亡者身後喪葬的處理，如同迎接出生的嬰兒一樣，雖然儀禮的中心人物並不能積極地參加為他舉行的儀禮活動，但人們按照「事死如事生」的倫理原則舉行一整套儀式程序為死者送行，死者的子女為死者請臺書是其中的重要一項。

相對於慶祝小孩出生的「善始」臺書，喜喪的臺書稱之為「善終」，目的是為死者的一生畫上一個圓滿的句號。和「善始」臺書一樣，「善終」臺書也要講三年，每年連講三天，早晚各一場，其間視一些特殊情況還要增加天數場次。這裡的「三年」的講究除了本文前述的原因外，還飽含著孝道與親情，用意類似古時的父母去世後的「三年居喪」。漢川民間的傳統觀念認為：小孩子出生後三年不離父母的懷抱，時刻都要父母的呵護、照料，因此，父母亡故後，子女應該還報三年，以盡孝道，臺書被認為是盡孝的最好形式之一。

第一年「善終」臺書的開書時間是在死者去世的第三天，因為這天

后人要為死者舉行「接三」禮，該禮就在講書的過程中進行。舊時的漢川民間傳說認為，人死了三天，他的靈魂要正式到陰曹地府去了，或者他的靈魂要被神、佛或神、佛的使者金童玉女迎接去了。人們都希望親人死去以後升天，但這又必須是生前有些功德的，否則不能如願。漢川民俗又認為在死者去世三天靈魂離去的時候，由子女為死者延請臺書說書禮懺，可以起到為死者贖罪積德的作用，能使死者的靈魂順利進入天堂，所以就有了「接三」的習俗。對於亡人的兒女來說，則是送親人進入天堂，所以這一程序又叫「送三」或「迎三」。

要送死者上天堂去，必然要有車馬。這種車馬是善書先生們在接到死者子女邀請講「善終」臺書的帖子的當天就開始親自著手製作的，用紙和篾條紮製[1]。「送三」的時間一般在黃昏時分，夜間臺書開場以前。「送三」時，主講先生要率眾先生齊誦《桃園明聖經》，還有鄉間吹鼓手吹嗩吶、鳴鑼，然後由死者的子女鳴炮後將車馬送出門，在死者居所西邊的某一特定地點燒掉。

有的家庭還要在死者去世的當年的「善終」臺書講畢後，再請三天的「迎七」臺書。「迎七」就是自死者去世的那天算起，每逢七天就是一「七」。這天，死者的子女必須到死者的墳前去祭奠，在七七四十九天後就是「滿七」了。漢川民俗認為若這天恰逢農曆初七、十七、二十七，就是「犯七」。犯七，死者就有罪，一些孝順的子女往往會從這天開始請三天臺書，名曰：「做七」，為死去的親人銷罪化災。村裡的許多鄉親都會來燒紙燒香、燃放鞭炮，為死者祝福祈禱。

第二、三年的「善終」臺書的開書時間均為死者的忌日。第二年「善終」臺書中的重要禮儀是「反哭」禮，即死者的兒子兒媳、女兒女

---

1　如要講「善終」臺書，死者的子女會在死者去世當天到善書先生處下帖說明三天後開臺，這期間先生們會根據東家的要求做這些準備工作。

婿、裡孫外孫要在講書的三天中，在每天早晚書講畢後，上講書檯對死者靈位叩拜哭悼，以表示對亡人的哀悼、思念之情。第三年「善終」臺書中除了「反哭」禮外，死者的子女孫輩還要為死者行「虞禮」、「卒哭」等儀注。「虞禮」是安魂禮，即後輩們要在講書的三天中的每天早上開講前，到墳前祭奠，三天進行三次。三次「虞禮」之後，最後一場書講完的當天晚上，後輩上講書檯向死者行「卒哭」禮，又叫「永別鞠躬禮」，即向靈位供獻茶、酒、飯、面條、果品、豆腐、肉食等。舉哀後，閤家與善書先生們分享供品，以示死者對後人、先生賜福賜酒；後人、先生合孝受福。「卒哭」禮後表示三年滿孝。服孝滿後的第二天主講先生會為死者子女「脫孝」。即主講先生為死者子女洗頭、剃鬚，換上紅色的衣服以示滿孝。若是為母喪服孝，則還要請舅父來幫助死者的兒子剃頭，無有舅父的，則由先生剃。至此，隨著服喪期的結束，三年「善終」臺書也告圓滿。

「善終」臺書及其禮俗體現了「百善孝為先」的民族傳統，現今社會，雖不必為一些禮俗所左右，但對老人以孝心相待，這一點還是值得提倡的。

# 六、臺書在新時期的發展及對臺書的思考

## 1. 臺書在新時期[1]的發展主要表現在兩個方面

（1）臺書的影響力和演出市場的地域不斷擴大。

新中國成立前後至「文革」期間，臺書的宣講演出活動隨著漢川善書的興衰枯榮而歷經繁榮與沉寂，特別是在「文化大革命」的十年浩劫期間，文藝界萬馬齊喑，漢川善書被誣為「封建毒草」、「鬼唸經」而

---

1　20世紀80年代中後期至今。

遭禁講，臺書的演出活動也被迫完全停止。進入二十世紀八〇年代後，國家實行了改革開放政策，隨著思想領域的禁錮和文化觀念的桎梏被打破，隨著生產力的空前解放和經濟的逐漸繁榮，人們在物質生活不斷得到改善的同時，對文化生活的追求成為精神文明建設的重要方面。漢川善書這一深受漢川人民喜愛的曲藝曲種，在國家日益重視傳統文化的大背景下，在地方政府的保護與扶持下，地位不斷提高，重新煥發了生機與活力。臺書的宣講演出活動在這一趨勢的推動下，也獲得了新生。由於臺書有著獨特的傳統文化內涵和表現形式，所以不但在漢川擁有廣闊的演出市場，在二十世紀八〇年代中後期至今，還以漢川為中心輻射到了周邊許多縣市，如孝感、仙桃、應城、雲夢等地。近年來臨近漢川的漢陽的侏儒、索河、永安、大集、玉賢、奓山等地的臺書也十分興盛。臺書的宣講演出活動甚至發展到了離漢川較遠的咸寧、荊州、黃岡的部分縣。武漢市所轄的各區中除漢陽外，還有蔡甸、新洲、漢南等地也有臺書的宣講演出活動，可見其生命力的強勁與旺盛。

（2）宣講臺書時所選的案傳內容題材範圍的擴大、豐富和發展。

當代臺書在形式、程序上原汁原味地保留了漢川宗教、民俗等方面的講究的同時，在內容上卻表現出適應時代潮流的要求，與新一代觀眾文化層次的提高、知識結構的改變、人生價值的取向、審美情趣的角度相時而動的發展變化態勢。所宣講的案傳內容已不再囿於僅僅宣揚因果報應這一範疇，許多原來只能在館書時才能講的社會故事、道德故事、傳奇故事、偵破故事和近幾年創作的反映現實生活的案傳故事被大量搬上臺書講臺。尤為難能可貴的是，一些創作能力較強，對時代氣息具有敏銳感觸力的新一代青年主講先生創作了一批以當代社會生活重大現實問題為題材的案傳故事，如著名善書藝人熊乃國於二〇〇一年根據法輪功受害者真實而慘痛的經歷創作了揭批法輪功邪教本質的善書案傳《迷途驚夢》，於當年春節臺書時在各地巡迴宣講，以有別於報紙、電視等

現代媒體的本地獨特民間曲藝表現形式，通過善書先生們聲淚俱下的全情投入與精彩演繹，深刻地使觀眾進一步看清了法輪功害國害民的邪教本質，有力地配合了當地政府正在深入開展的「揭邪教，明真相」的群眾工作，產生了積極的社會影響，起到了良好的宣傳效果，得到了各級領導的充分肯定，受到了各界群眾的廣泛讚譽，表現了當代臺書與時俱進的一面。此外，如新創的宣傳計劃生育這一基本國策的《三子不認娘》《女兒養老》等案傳故事也以其曲折感人又不失幽默詼諧的故事情節，發人深省的思想內涵和對農村仍然存在的重男輕女的思想和行為的現實針砭意義而廣受群眾歡迎。臺書案傳故事中新出現的各類新題材、新內容為臺書藝術的機體注入了新的活力。

臺書題材內容的變化還表現在根據許多古代和現當代長篇小說移植、改編的長篇善書案傳被列入臺書的常講書目，有根據古代《三國演義》等歷史名著、《楊家將》等英雄人物小說、《施公案》等公案小說、《七俠五義》等劍俠小說、《醒世姻緣傳》等言情小說、《官場現形記》等譴責小說改編的長篇案傳書目。有根據現當代《四世同堂》等巨匠名著、《啼笑因緣》等通俗小說、《白鹿原》等鄉土小說、《平凡的世界》等世情小說、《罪證》等偵破小說改編的連臺本案傳故事。這些長篇案傳故事的改編與宣講，極大地豐富了臺書的表演資源，極受群眾歡迎，許多村莊家庭，無論公書私書，在經濟條件允許的前提下，請長篇臺書的越來越多。短則十天半個月，長則一個月到四十天，場場觀眾爆滿，已經成為一種獨特的文化景觀。

臺書題材、篇幅方面的拓展對臺書的表演藝術空間的延伸，對臺書演出市場領域的擴大起到了良好的推動作用。這在傳統臺書中是不可想像的。當代漢川善書藝人在臺書藝術的發展中所表現出來的大膽的創新意識與勤奮的開拓實踐既是臺書在新時期發展的重要內在因素，也是臺書在新時期發展的主要外在表現。

### 2. 筆者對臺書的思考

（1）從臺書作為民間傳統曲藝曲種漢川善書的一種重要表現形式的角度來說，臺書與館書在漢川善書的宣講、表演上形成了良好的互補關係。

館書常年在固定地點設書館講書，意味著漢川善書這一國家級非物質文化遺產每天都有實實在在的演出活動，這對於鞏固善書愛好者對漢川善書的忠誠度、培育不同年齡層的觀眾，對於善書藝人不斷提高自己的藝術技巧、增強自己的藝術表現力，對於老一代藝人對新一代藝人的傳、幫、帶，對於青年藝人的藝術實踐都有著不可或缺的重要意義。但館書在觀眾群體中的輻射半徑受地域空間的限制，是比較小的，有明顯的侷限性。而任何一個藝術品種擁有一個認可、接納、喜愛它並且成分廣泛，人數眾多的觀眾群體，無疑是該藝術品種存在、發展乃至傳承的基本的、必要的條件之一。臺書在很大程度上彌補了館書觀眾輻射面窄的這一不足。臺書演出方式非常靈活，和戲劇、雜技等藝術形式相比，臺書的人員結構簡單，除了隨身攜帶的醒木、摺扇外，基本不需要任何表演用的服裝和道具，這使它甚至可以深入到最偏遠的農村。漢川善書長盛不衰，每個不同的時代都有穩定的觀眾群體，尤其在農村擁有許多鐵桿書迷，每一代藝人都能在前人的基礎上有創新、有發展，這其中臺書在善書市場的開拓、觀眾群體的培育等方面，委實功不可沒，起到了館書無法代替的作用。此外，臺書在宗教色彩，在其所結合、體現的地方民俗方面獨具特色。漢川善書這一民間說唱藝術，擁有兩種互補的、各具特點的表現形式，這在我國的各類曲藝曲種中是非常罕見的。

（2）從臺書的宗教色彩的角度來說，講臺書時，無論是早期所選案傳故事的內容以因果報應為主，人們對書檯上供奉的神鬼先祖的頂禮膜拜及表現的敬畏之情和願望訴求，還是大收臺後「施善惠」的現實善行，其實質都表現了臺書流行區域的人們觀念中的求善、向善之心；實

踐中的行善之舉。這一切的目的都是為了求村社、家族、家庭乃至個人的福祉。

對臺書的宗教色彩不能主觀地、簡單地、片面地，甚至是武斷地從迷信的角度來理解，雖然臺書的宗教色彩中不可否認的含有唯心的成分。對臺書的宗教色彩應該以馬克思辯證唯物主義、歷史唯物主義的文化觀來做整體的把握、全面的分析、綜合的評價，以免失之偏頗。

筆者認為，無論是對從講臺書時人們虔誠祭祀神鬼先祖的舉動，還是對從講臺書時的天數、年數及其他一系列講究中所體現出來的臺書的宗教色彩，從信仰的角度來理解更為客觀、合適。信仰是意識、心理、信念在社會的反映。古代先民認為萬物都是有靈性的，在科學不發達的遠古時代，人類在與自然界進行生存鬥爭的過程中，對千姿百態的自然事物和變幻莫測的自然現象感到無法理解，在無法了解自然界的本質時，他們把自然界中許多與自己生活息息相關的事物人格化和神化，並認為一切自己無法解釋的自然現像是一種具有超自然力的神靈在主宰。人要得到大自然的恩賜，就要用各種方式討好支配著大自然的神靈，就這樣產生了神靈崇拜。後來不斷演變，在對高層神靈崇拜的基礎上，出現了一系列的基層民間神祇崇拜。民間有一系列俗神為人們所信仰，如本文前面提到的福祿壽三星、城隍、土地、送子娘娘、喜神等，這些俗神有的雖然也列入官方祀典，但其民間意義更強。在人們的觀念中，它們與人們的生產、生活緊密相關，民眾對它們誠心禮拜，祈求得到它們的保護。在靈魂不死、萬物有靈的思想基礎上，又衍生出靈魂和祖先崇拜。在民間，百姓座上供奉的神靈先祖乃至鬼魂，各有神能法力，充分表現出中國民間造神的隨意性和功利性，使中國社會呈現出五彩斑斕的多元神鬼信仰。具體到講臺書時，從漢川民間人們崇奉一系列的神鬼先祖而表現出臺書一定的宗教色彩而言，從前述不難看出這其實是有著悠久深長的精神淵源的，是人們的原始信仰與精神寄託相互滲透的一種內

外結合的表現形式。由這一系列崇拜物所承載的信仰都是為了寄託一個村社、家族、家庭和個人的期望、幻想和精神，是人們嚮往平和、安定、幸福生活的一種最直接的表現。

道教「天道承負、善惡報應」的天理循環觀念建立在天人感應的心理基礎上，滲透在請、講、聽臺書時漢川民間人們的共同信仰中，表現出現實中宗教流派的思想精義與人們精神世界裡的神鬼先祖相結合的宗教色彩，這一角度產生的宗教色彩又反過來貫穿於人們的共同信仰之中。道教將客觀存在的超自然力量決定著人的命運，規範著人的行為這一觀點，在講臺書時通過人們樂於接受的民間文學的曲藝表現形式灌輸給人們，而這種倫理觀通過人們敬畏崇拜的神鬼先祖來貫徹，比起靠如政權等人間力量來貫徹顯得更有效，因為神鬼先祖的力量在普通百姓的傳統心理上比其他力量更具威懾力，用今天的眼光看，雖然道教「善惡報應」的倫理觀並不具有可通過試驗方式觀察、認定的實證的科學性，但至少在臺書風行的漢川民間，確實對當地社會道德的詬病起到了一定的預防作用。臺書的勸善、祈福意圖既結合了宗教色彩和人們的信仰，也通過自己獨特的宣講演出形式感性、通俗地加以表現，而非空洞乏味、蒼白無力的說教。許多人生道理在一個個精彩的案傳故事中得到了生動的演繹，潛移默化地成為人們為人處世的內在標準，成為群體的公共意識。向善行善、慎獨自律、扶危濟困已成為很多臺書宣講活動頻繁的村莊不成文的村規民約，違反這些的人會受到集體的譴責。

臺書天數、年數的講究實際上是臺書的宗教色彩的程式化表現，這些最初根據道教典籍提出，最終約定俗成的慣例，使人們實踐自我信仰的向善、行善的現實行動有了一個寄寓了宗教意義的量化標準。

漢川民間的人們在請臺書、講臺書、聽臺書時，集體和自我對神鬼先祖及現實中的弱勢群體進行的表明善意、表達善願，實踐善行、祈望善報這一系列富含宗教色彩的信仰與行為相結合的綜合活動，除去其中

的唯心成分，可以說對內起到了淨化人們的心靈環境、提升人格層次，對外如「施善惠」等現實善行則培養了村社共同體的集體精神和社會責任感。其積極的社會意義，良好的社會效果是非常明顯的。

（3）從臺書與漢川歲時節日和民俗的連繫的角度來說，臺書是「漢川善書」這一既作為民間文學存在，又作為曲藝曲種存在的文化遺產的表現形式之一。同時，從臺書的本體角度看，它自身就是一種極具地方特色的民俗活動。

民間文學與民俗學是關係密切的姊妹學科，二者從研究對象到研究方法、研究手段上從來就是相互交叉、相互借鑑的。民俗學是一門研究民間傳承文化的人文科學，民間文學也是民間傳承的一種文化現象，因此，民間文學的研究是民俗學的一個重要組成部分。臺書集中保存和再現了漢川及其周邊地區大量的、成體系的、原汁原味的宗教習俗、歲時節日講究和傳統民俗活動，是它們良好的物化載體和具有鮮活生動的反映形式、準確全面的記載內容的備忘錄。臺書所記錄、承載、結合、表現的宗教習俗、地方歲時節日講究和傳統民俗活動儘管是舊時代甚至是古老時期的產物，卻又具有久遠的生命力，它的特點如同一些學人所揭示的「像一塊多棱的寶石，從不同的角度可以看出不同的光彩」。[1]它由許多層面構成，具有多重價值和光彩。

近年來隨著「旅遊熱」的興起，各地一些具有濃郁民俗風情的地方特色文化活動和那些自然風光、人文景觀一樣，深深吸引著遠方的遊客。在中國改革開放的熱潮中，許多地方實行「文化搭臺，經貿唱戲」，文化活動中最重要的品種往往就是具有地方特色的民間文化活動，它成為招徠外地遊客的土特產品的一部分，愈來愈受到人們的關

---

1　詳見劉守華《多棱的寶石——關於中國民間文學命運的思考》，《中南民族學院學報》，1988年第三期。

注。臺書這一複合型、多元化的藝術形式如能以自身的本體藝術特色，結合與其具有密切連繫的宗教信仰特色、歲時節日特色，地方民俗特色，加以深度的文化資源產業開發，如作為本地區旅遊產業中的特色表演項目進行培植、包裝、推廣等，使之走出目前主要以農村、鄉鎮為主的小天地，走進更為廣闊的市場，一定前景美好、大有可為。

## 七、結語

漢川善書被列為首批國家級非物質文化遺產保護名錄，充分說明了漢川善書寶貴的歷史價值和豐富的人文內涵。如果說館書是漢川善書這一民間文學和曲藝曲種的原生態的表現形式，那麼臺書無疑可以說是漢川善書在此基礎上的再生態的表現形式。臺書除保留、再現了漢川善書的精神實質、思想內涵和藝術特點外，還因其結合了本文前述的宗教、節令、民俗等因素，從而使之超越了單純的曲藝活動的範疇，同時成為一種具有濃郁地方色彩的宗教活動、節令活動和民俗活動。因而臺書較之館書來說，其受眾面更廣。可以說，是臺書使漢川善書至少在漢川各地及其周邊許多地區廣泛傳播，走進了千家萬戶。某些人口集中的地方請過幾次臺書後，在本地設館常年宣講館書，臺書帶動了館書的發展。許多年輕人原來並不了解漢川善書，就是在本地請臺書時，通過觀看臺書，被其獨具魅力的宣講、演出所吸引，從而了解、喜歡上了漢川善書，成為漢川善書的忠實觀眾和擁躉。在網絡資訊日益發達，電影電視等現代娛樂方式即便是在農村也日趨普及的現代社會，許多傳統曲藝品種都面臨著觀眾流失甚至斷層，這是一個很嚴峻，很迫切的現實問題。一個曲藝品種的生存、發展、傳承，除了政府部門是否重視扶持，業務主管部門的保護、引導工作是否有力、有效等外在因素外，自身的藝術特質是否能使不同時代的觀眾長久鍾情，自身的表演方式是否能適應市

場的要求等內在因素則是決定條件。這些內在因素解決得如何，直接決定該曲藝品種能否擁有持續性的、一定規模數量的、比較穩定的觀眾群體。而歸根結底，有沒有觀眾是所有曲藝品種繁榮或是衰亡的關鍵問題。臺書在為漢川善書培育新生代觀眾群體方面起了重要作用，較好地解決了很多曲藝品種普遍存在的觀眾斷層問題，這就意味著解決了漢川善書的長期市場問題。有了市場，漢川善書就有了生存的空間、發展的動力、傳承的條件。如此一來，漢川善書才不會從具有現實意義的文化遺產變為只能供人憑弔的文化遺跡。這樣，政府部門的重視扶持也好，業務主管部門的保護引導也好，才能有的放矢，不會成為無源之水、無本之木。漢川善書就能常講常新、常演常盛。以後，如要開展對漢川善書的產業化開發、深度利用等工作，進行國際化交流等活動，也就有了重要依託。

人們通過臺書，向神鬼先祖表達自己樸素的人生理想和善良的生活願望的同時，也從臺書中的一個個滲透著仁愛孝悌、重義輕利、謙和禮讓、真誠有信、自強上進、勤儉質樸等中華民族傳統美德的案傳故事中接受著現實的人格教益，並轉化為「施善惠」等實際的善行。據此看來，請、講、聽臺書實際上是一個三位一體的有機整體，縱觀它的全過程，其實質是結合了人們「善」的精神信仰，貫穿了「好人有好報」的傳統道德理念的村族社區公共群體的共同心靈實踐和行為實踐，對其所產生的對己自省、對人友善的客觀效果如從大局著眼來看，可以說是和我們國家目前大力提倡的構建社會主義和諧社會以及社會主義新農村建設的「鄉風文明」等標準是並行不悖的。

漢川善書作為國家級的非物質文化遺產，亟待建立一套完整的、細化的、多角度的，高度系統化的，能不斷豐富、發展的理論體系，用以指導漢川善書的研究、保護、推廣、發展等工作。臺書作為漢川善書的重要表現形式之一，除了本文論及的曲藝藝術價值、宗教研究價值、人

文內涵價值、思想道德教育價值、從民俗學的角度保護、開發的價值外，如果把它作為一種古老的、綜合的民族文化現象來考察，臺書還具有民族學、美學、民間文藝學等多方面的重要研究價值。

漢川曲藝界、音樂界的一些專業學者已經對漢川善書理論體系的構建做了許多有益的探索，進行了大量開創性的研究工作，取得了可喜的成果。作為後學，筆者希望本文在漢川善書理論體系的構建這一系統性工程中，有一點微薄的承續之用，起一點拋磚引玉的作用。這也是筆者寫作本文的旨歸所在。

# 漢川善書案傳目錄（已收集）

A 《安公子投親》（1、2、3、4、卷）

B 《巴斗冤》（講綱、對本）《八仙圖》《八歲翰林》《寶蓮燈》《包袱旗》《匕首案》《白蛇傳》《白公雞》《敗馬記》

C 《長壽橋》《茶碗記》《徹底團圓》（又名《漁網記》）

D 《打蘆花》《打碗記》《打神告廟》（又名《尼姑告夫》）《盜玉鏡》《打擂招親鍍黃帕》《丁氏割肝》《打棕衣》

E 《惡報回善》《恩仇記》《恩義亭》

F 《鳳落梧桐》《鳳凰山》（又名（漁女恨））《鳳凰閣》《芙蓉屏》

G 《郭子香》（上、下集）《古寺冤案》《古國悲風》《桂花橋》《趕春桃》《過後知》

H 《花鐲奇案》《還妻得妻》《蝴蝶杯》（全詞）《湖鄉情》（案本曲譜）《好姑娘》《火燒百花臺》《翰林洞》

J 《吉祥花》《金玉滿堂》《金石緣》《荊花案》（又名《兩條命案》）《蔣興哥》《假報喜》《假神化逆》《吉祥花》《借玉杯》《君子亭》《九曲橋》《九件衣》

K 《哭長城》

L 《蘿蔔頂》《淚灑庵堂》《兩個媳婦》《亂世情緣》（1、2、3、4卷）《連環逼婚記》《梁祝姻緣》《樓鳳山》《六月雪》（又名《斬竇娥》）《狸貓換太子》《浪子回頭》

M 《木匠做官》《買豬頭》《美人瓶》《梅花記》《蜜蜂計》《描容尋夫》

N 《南陽奇案》《龍宮招親》（又名《三脫狀元袍》）《龍鬚麵》

P 《破肚顯貞》

Q 《秦香蓮》（前傳、後傳）《巧破案中案》

R 《人頭願》

S 《雙玉緣》《雙金錠》（上、中、下集）《雙狀元》《雙槐樹》（又名
《八義圖》）《雙英配》《雙婚配》《雙膀記》《雙珠球》《雙毛辨》《雙
冠誥》《雙鳥做媒》《雙層緣》《雙秋記》《雙玉蟬》《雙秋配》《捨
命申冤》《捨命救夫》《捨得金彈子得巧鴛鴦》《舍子救主》《舍子
救孤》《審磨子》《珊瑚配》《石磨坊產子》《善惡分明》《四害誤》《三
娘教子》《三女生一子》《三個後娘》《三槐冤》《士林祭塔全詞》

T 《脫身計》《貪妻失銀》《天理良心》《天賜金馬》《逃生救父》《童
媳化嫂》《唐李旦》（上、下集）

W 《五子哭墳》《烏金記》《五通橋》《剮子奇冤記》（上、下集）《萬
尤村》《萬花村》《五子爭父》

X 《巡按斬子》《嫌丑報》《血手印》《孝婦受累》《一口血》《血袍記》
《漁網媒》《血羅衫》《孝遇奇緣》

Y 《一箭姻緣》（又名《神虎媒》）《冤中冤》《啞巴告狀》《鴛鴦鏡》

Z 《爭死受封》《裝瘋延婚》（又名《合同記》）《珍珠塔》

善書案傳

# 巧計報仇

熊乃國

　　書出在明朝正德年間，朝中有位禮部尚書曹世昌，老家是湖廣黃梅縣小池口人氏，為官清正，忠心耿耿，不爭名奪利，疏財仗義，高風亮節，兩袖清風。

　　曹尚書德配的夫人孟氏賢淑，只生一女芳名青合，自幼讀書習武，琴棋書畫無一不精，才通二酉，學富五車，武勝花、穆，戰無不勝，花容月貌，天姿香色，壓賽四大美人。年已十七，高低不就，尚未許配人戶。

　　按古規再過一年就成了老姑娘，二老與青合商量好了，定於八月十五設擂臺比武招親。

　　擂臺設在後花園，入場的規矩如下：（1）年齡十七至二十四歲。（2）要有功名。（3）五官人品端正。（4）僧道兩門，方外之人禁止入場。（5）武藝蓋場馬繞三圈，無人上場過手就算中了擂臺。（6）不許暗器傷人，敗了者退場，中了者良辰定於八月十八招婿入贅成親。

　　以上六條寫的告示，四處張貼，招動的人如潮水一般。到了八月十五巳時入場，擂臺早已搭好，一塊大場子能容三千人，周圍有茶棚，安排得有家丁奴僕招待。成群結隊的王孫公子，威武雄壯，穿戴華麗，看的人擠在假山上，趴在院牆上。

　　午時初刻，曹青合小姐豔飾濃妝，四名使女陪同，登了擂臺後層的彩臺，如同仙女下凡，下面的人欠的流涎。

　　開始打擂了，輸了的退場，打了三個半時辰。最後望著有個安樂侯夏戎的兒子夏子威蓋了場馬繞三圈，卻輸到一個過路的公子龍少川手

上。再無人敢比，請到府中問候款待，等候三日拜堂成親。

到了十六，皇上下來了聖旨，命曹尚書將女兒賜配國舅夏子威。曹世昌接了旨，心中疑難，就命丫環喊女兒到書房商量。

# 第一場

### 曹世昌對女

| | |
|---|---|
| 為父的我乃是六神不定 | 喊兒到書房來有樁事情 |
| 想為父在朝中官居一品 | 我膝下只有兒一個釵裙 |
| 求婚的雖是多高低不就 | 一心想擇佳婿總是不成 |
| 眼望著兒十七不曾受聘 | 才商量選乘龍比武招親 |
| 問過了龍少川他的身分 | 並不是生嫌棄我不稱心 |
| 青合兒你說是姻緣已定 | 我失悔不該打擂有個原因 |
| 安樂侯他仗其皇親背景 | 請聖旨到我家要奪婚姻 |
| 他的子夏子威國舅身分 | 女兒是西宮娘娘獻媚寵君 |
| 恨的夏戎那老狗專奏誑本 | 害死了朝廷裡若干忠臣 |
| 若不允違聖旨豈能容忍 | 允了婚有人要罵我求榮 |
| 因此上喊你來商量議論 | 這件事看女兒如何調停 |

### 青合對父回詞

| | |
|---|---|
| 老爹尊怎麼說與兒商議 | 這件事爹不必擔心著急 |
| 就說是有皇上下了旨意 | 為兒的已經是有夫之妻 |
| 誰不知為兒的比武招婿 | 擇選了龍少川終身諸宜 |
| 爹可以去辯本奏明皇帝 | 就說兒拜了堂花開並蒂 |
| 再不然還可以將計就計 | 安排兒今晚上交杯作揖 |
| 像這樣豈不是乾坤定矣 | 就不怕夏子威他來強逼 |

父奏明萬歲爺勸他另娶　　天子的小舅爺何愁嬌妻
老爹尊莫含糊顧此失彼　　莫認為賊子是皇親國戚
比武招親這乃天經地義　　出爾反爾爹要把官聲貶低
勸父親切不可三心二意　　為兒的心已決始終如一

　　曹青合的一番話提醒了禮部大人，進房與夫人商量後，吩咐打掃華堂。安排提前青合與龍少川拜了花燭。

　　次日，十七的中午，只見國舅帶僕人送來了上頭禮物，霞披衣裙放在中堂，要拜岳父，管家推說老爺身體欠安，夏子威叫他轉告明天抬花轎接人。

　　夏子威走後，一家人苦無良策，到了晚上，曹青合呆坐一會，就問龍相公如何是好？

# 第二場

### 龍少川對小姐

與小姐坐洞房思前想後　　成夫妻就應該風雨同舟
不隱瞞對小姐話說清楚　　施一禮告了罪細說從頭
二爹娘都死在奸臣之手　　被夏戎奏假本全家誅戮
父親是監查御史清風兩袖　　只因為忠奸不合結的冤仇
抄家時我殺開一條血路　　改假名龍少川在外漂流
打擂時恰遇我從此過路　　真名姓我姓龐號叫步州
高攀了賢小姐名門閨秀　　卻不料夏子威來奪眷屬
我二人決不能寅夜逃走　　依我看那難免後顧之憂
明日裡對付賊良策本有　　唯只有我去報殺父之仇
我扮成賢小姐去配國舅　　小姐就裝一個陪嫁丫頭

到他家跟隨我莫離左右　　要喊我是小姐莫當步州
殺了賊除了奸一同逃走　　變不利為有利破釜沉舟

## 青合回詞

相公夫對與我說了詳細　　曹青合我永遠是你的妻
你說是男裝女去做代替　　報仇恨除奸惡借此良機
為妻的雖不才也有武藝　　去殺賊我願助一臂之力
你的妻說不上深明大義　　是夫妻就應該同心協力
入虎穴一定要膽大心細　　殺了賊出城門懸掛首級
我二人就一同高飛比翼　　找一個好地方棲身落籍
事成功那就是一舉兩利　　這一條好計策使賊不疑
到夏家但願得賊子中計　　殺一個滿堂紅再把詩題
等賊子明日裡來把親娶　　天不早三更鼓滅燈休息

　　次日瞞著府人做好了一切準備，還是個錦帶裝的衣服，龐步州扮小姐，羅裙遮腳，曹青合扮成陪嫁的丫環，萬事俱備，只等東風。

　　果然夏子威手捧諭令，好不威風來登門娶親，三請三催要發親，禮部大人去闖宮面聖上去了。孟氏夫人來到女兒房中問怎辦？青合對母吐實情，然後發親上轎。

　　國丈府鬧到三更人靜歸房，次早廚娘李媽到堂前一看，以為國丈、國舅父子醉臥倒地，走攏看清後魂不附體。喊起家僕和鄰居，查點人數，殺了國舅一家十八口，兩個無頭屍是國丈父子，粉壁牆下有個大碗內有血，手指頭，在牆上題有詩，詩云：

夏戎父子為禍首　　心懷巨測起奸媒
害死多少忠良將　　全家應該遭誅戮

殺他本是忠良後　　不在詩上把名留

為國除了兩狂狗　　為我報了殺父仇


　　報案到刑部，又是守城兵報，有兩個女子主僕提著兩顆人頭掛在城門旗杆上，殺了兩名守城兵後，開城而逃，追蹤不見。

　　刑部尚書楊玉龍帶隨從到侯府下勘，一共殺了十八口，侯爺父子無頭，那十六口是侯爺的三妻四妾，管家二爺姑姨舅媽。看了粉壁牆上題的血詩，楊大人知道是仇殺，不知兇手是誰。據守城兵報是兩個女子，急命手下取來人頭，果然是國丈父子，吩咐收屍回衙，問廚娘李媽，就是不見新人主僕。

　　刑部楊尚書沉思此案，理應追究禮部曹大人，一殿之臣，面面相覷。明知安樂侯詐害忠良結有仇恨，理應遭誅。若不追案，西宮娘娘豈能罷休。就將殺人題詩，案犯在逃，不知名姓，無從拘拿，具奏朝廷。

　　皇上御覽後順藤摸瓜，理應追究禮部尚書曹世昌，降旨宣曹尚書上殿，御駕親審，刑部觀審。


# 第三場

## 曹世昌見皇上

臣領旨伏金階遵守王命　　但不知為何事惱怒龍心

我女兒手無有縛雞之勁　　怎能殺安樂侯那麼多人

十八條人命案要有實證　　恕為臣祈萬歲御駕查明

問詳情曹世昌葡萄啟本　　中秋節為女兒打擂招親

招來了眾少年爭強比勝　　選中了龍少川過路武生

選良辰十八日交杯合巹　　卻不料聖旨下萬歲賜婚

進宮來將此事朝君面聖　　遇太監不讓進攔在午門

| | |
|---|---|
| 回府去勸武生以作罷論 | 諒解我不能夠違旨欺君 |
| 龍少川明大義慨然應允 | 臨走時無異說笑臉辭行 |
| 青合女嫁國舅並無怨恨 | 求之不得匹配了國戚皇親 |
| 萬不料國舅府遭此不幸 | 一家人被殺害令人痛心 |
| 並不是臣推得這麼幹淨 | 是與非總有個久後自明 |

「國舅一家被殺，你是牽涉嫌疑，寡人暫將你打入刑部天牢，交刑部審查。」「謝萬歲。」

楊玉龍奉旨押曹世昌回刑部，監禁待查，這樣一來，審的結果如何不與自己相干，免得西宮怪罪。

單講曹尚書的孟氏夫人得悉老爺坐了天牢，吩咐備酒菜探監。

# 第四場

## 探天牢

老爺對夫人

| | |
|---|---|
| 賢安人問情由一言難盡 | 冒算到選女婿惹火燒身 |
| 打擂臺選少川人品秀俊 | 引起了夏國舅心懷不平 |
| 請聖旨強奪婚遭了報應 | 這也是奸臣的惡貫滿盈 |
| 新婚夜被殺了十八條人命 | 凡是親沾有故殺得乾淨 |
| 府中的丫環使女並無傷損 | 有一個老廚娘報案衙門 |
| 刑部衙報朝廷萬歲御審 | 說女兒是兇手辯白不清 |
| 故將我打入在天牢監禁 | 但不知這冤枉何日能申 |
| 青合兒如今是無蹤無影 | 故所以皇上要向我追根 |

## 孟夫人回詞

聽老爺說了些表面情況　　你不知這裡面還有內詳
夏國丈害忠良遮天一掌　　這一次報應到自取滅亡
他父子仗著是皇親國丈　　請聖旨來強娶我的姑娘
只氣得龍少川怒從心上　　說國丈害死了他的爹娘
與女兒定一計去殺奸黨　　與青合去代嫁男扮女裝
叫青合扮丫環一同前往　　上轎前才對我說了隱藏
老爺夫進皇宮去見皇上　　夏國舅來娶親出言猖狂
在當時為妻的無法阻擋　　只能夠順水推舟依了姑娘
女婿兒雖報了父母冤枉　　但不知兩個伢飄零何方
請老爺在天牢寬心下放　　萬歲爺總有朝識別忠良

孟夫人回府，求同僚保本按下。

回書講龍少川與曹青合殺了國丈父子等人，提頭到城門殺了兩個守城兵丁，掛了人頭，開城逃走不遠脫了血衣，拿出錦帶內的衣服各換各裝，雖是金銀充足，卻無落腳之地，在外飄零一年多了，化名梁小三，因母姓梁，少去一撇，川字換方向是三。

現在的曹青合懷有六甲快要臨盆，已是寒冬時節，他們來到湖廣棗陽地界，下大雪三尺，無法行走，找到一高大門戶，借投寶莊。門公稟報員外。

員外魯殷郎年約四十，人稱小孟嘗，安人倪氏常在害病，請梁小三夫婦客堂問了情況，安排住宿，以上賓招待。不到三日，曹青合要降產，魯員外安排在花園假山旁豔陽閣生下一子，取名雪生，腳背有顆硃砂痣，青合又在雪生腳底上刺上名字。到了第十天晚上，魯殷郎手提紗燈來豔陽閣來看母子。有話要說，退去左右，青合問：「恩公，有何事吩咐？」

# 第五場

## 魯殷郎對曹青合

| | |
|---|---|
| 曹娘子在我家款待不好 | 魯殷郎稱不上望重德高 |
| 我覺得對娘子不夠周到 | 只能說冒有受風雨飄搖 |
| 問娘子得冒得什麼預兆 | 近幾日是不是肉徹眼跳 |
| 有件事本不能讓你知道 | 說出來切不可痛哭號啕 |
| 你丈夫昨夜晚被捉走了 | 說他是殺人犯畏罪潛逃 |

（恩公啊，絕無此事，我夫君怎麼會是殺人犯呢。我看了差人的通關大票，要解到京城去問罪開刀。這是冤枉啊！）

| | |
|---|---|
| 你們的一切事我都知道 | 你夫與我拜把結為知交 |
| 在酒後吐真言全都說了 | 從打擂到殺人夫妻逃跑 |
| 兄弟斬首無依無靠有我關照 | 可保你母子們不受煎熬 |
| 或者你想嫁人那就更好 | 絕不是說假言兩面三刀 |

（哪個男人又肯討我這個二婚女人）

| | |
|---|---|
| 魯殷郎我有心討你做小 | 如落在天堂裡快樂逍遙 |

## 曹青合回詞

| | |
|---|---|
| 適才間聽恩公這個凶信 | 曹青合我有話回答恩人 |
| 不知道梁小三懷有仇恨 | 把仇恨血洗了國舅滿門 |
| 他帶我逃出來離鄉背井 | 但不知是如何露了風聲 |
| 被捉拿到京城哪有活命 | 丟姣兒月未滿我又年輕 |
| 嫁恩人做次房我都應允 | 細思想但又有幾個不能 |
| 房中有結髮妻豈能容忍 | 怕虛待隨娘子嬰兒雪生 |
| 嫁恩人我可以一言為定 | 但不過我還有話要說明 |

再莫來豔陽閣出出進進　　有一個小丫環服侍就行
府中的耳目多避免議論　　要滿月三日後方可成親
不嫌棄高攀了三生有幸　　你這人打燈籠我也難尋
時不早請恩人回房安寢　　我二人說的話各在各心

各位，他們二人按表面說的話，好像是情投意合，其實都是說的假話，魯殷郎的計謀愚下就略作檢點，魯殷郎有兩個父親，一個姓殷，一個姓魯，二下混爭不明，故名魯殷郎，他是偽君子，不是真善人，梁小三中了他的套，結拜弟兄是愛曹青合的美貌，定下謀夫奪妻計，設宴勸醉梁小三酒後吐真言。魯抓住這個弱點再三勸梁小三酒醉如泥，乘黑夜之機吩咐心腹將小三裝進口袋抬到河裡拋丟下水，到了次夜就來向青合提婚。

曹青合是才女不是一般的女人，話聽來音，知道有陰謀，就順水推舟拖延他，好尋脫身之計。

又過了十日，更鼓報三，在豔陽閣想得可嘆！

# 第六場

## 曹青合自嘆

抱姣兒對孤燈心中悽慘　　耳聽得樵樓上更鼓報三
好夫妻遭不幸被人拆散　　如同似惡浪打翻下風船
驚回首我乃是十磨九難　　屈指算一年多地北天南
原以為魯殷郎樂善不倦　　錯當初投進了他的家園
不知道此人是隱惡揚善　　明君子暗小人執其兩端
設圈套欲將我青合謀占　　獻殷勤與夫君假結金蘭
我的夫中了賊不擇手段　　對賊子吐實言露了隱瞞

就說是我的夫解京取斬　　　拼一死我不上賊子的船
尋不到脫身計我該怎辦　　　我好比水中魚困在深潭
賊逼婚看看的離期不遠　　　千金體豈讓那賊子糾纏
楚霸王破釜沉舟背水一戰　　關雲長匹馬單槍殺過五關
趙子龍保阿斗渾身是膽　　　難道說我不能轉危為安
今夜晚我心中思緒千萬　　　要保住雪生兒夫的後傳
曹青合唯只有二個打算　　　一保節二保子不上賊船

　　曹青合一夜想到天亮，明知賊子不會鬆放她，究竟怎辦，也不知她
自己葫蘆裡裝的麼藥。

　　時間過得真快，轉眼滿月三天，魯殷郎要拜堂，青合要洞房擺酒，
孩子交丫環代引，魯賊上前摟抱接吻，青合假獻妖媚，咬賊的舌，將早
藏好的短刀刺進賊的胸膛，賊子慘叫一聲，倒在血泊中，驚動惡奴，曹
青合雖有武藝，寡難敵眾，被捆綁，將母子送棗陽縣報案。縣官黃靖明
吩咐犯人押在班房，天明勘屍，家僕埋屍，回衙升堂，帶殺人犯上堂。


# 第七場

## 曹青合上堂

小女子跪法堂老爺容講　　　曹青合對大人泣訴端詳
這嬰兒本是我親生所養　　　配丈夫梁小三武藝高強
到京城看父母探親一往　　　我夫妻回黃梅路過棗陽
卻不料在此地大雪下降　　　借居在魯殷郎他的府莊
不知他表面是財疏義仗　　　關照我懷身大肚客氣非常
借花園豔陽閣我把產降　　　剛十天月未滿禍起蕭牆
謀死了我的夫關門贖當　　　說我夫在他家酒醉而亡

聽此言並不疑他是說謊　　強逼我嫁如他做個次房
我見他露凶相心中猜想　　才知是謀夫奪妻昧了天良
假應允等月滿再同羅帳　　等時機逃出這鐵壁銅牆
逃不脫苦求他賊不鬆放　　抽出刀威逼我躲閃一旁
他上前摟抱我自投羅網　　撲在那刀尖上自刺胸膛
咬斷舌那是他撲在地上　　實本是魯殷郎自取滅亡
我手無縛雞力老爺可想　　求公斷我無罪放我娘倆

　　曹青合真是會說，半真半假，老爺吩咐押在平監。黃靖明乃是兩榜進士，清官，退堂閱供。案犯所供言詞並非一般女子，又閱出到京城探親，莫非是那位官府千金，只有微服私訪此案。地方人見魯死了，就敢揭露他的罪惡，假行善，謀財害命。黃靖明回衙結案。

　　無巧不成書，適逢京城派了位新任刑部尚書，鄒應龍奉旨出京巡查民情，駕臨湖廣棗陽縣。

　　這年乃是壬午年，嘉靖皇帝登基，大赦冤獄。鄒大人閱了曹青合一案和縣官私訪的情況，判魯殷郎謀夫奪妻，死之不虧。曹青合無罪，結案時問了她的情況收義女，將母子帶回京住在刑部尚書府中。

　　再講天牢內的曹世昌大人，新君登基，大赦天下，曹大人被赦出天牢，告職歸故，帶夫人家僕坐官船回老家去了。

　　新君接著開恩比選人才，文武兩考。能文善武的人齊到京城赴考。書中簡述，考畢，有個武狀元梁小三拜客到刑部尚書府，鄒大人置酒接風，在席上寒暄，狀元公說了來歷身世，鄒公言道：「狀元公，你有一位親戚在我這裡，請到靜室一會。」

# 第八場

## 曹青合對夫

與相公今相見恍如隔世　　提分別說遭遇落淚心寒
棗陽的魯殷郎為人不善　　我夫妻上了當由此可觀
他說你要解到京城取斬　　不知是哄騙我別有心肝
可嘆我在花園月都未滿　　狗賊子就向我強逼姻緣
無奈何允了婚推到月滿　　想尋個脫身計難上加難
日期到在洞房就把酒勸　　假獻媚哄得那賊子心軟
殺淫賊驚動了府中家院　　捉住我連夜到縣衙報官
棗陽縣是清官據理推斷　　私訪賊在地方作惡多端
恰遇著鄒大人出京查案　　閱了卷提覆審為我申冤
將母子帶回京百般照看　　冇算到還能夠聚首團圓
被賊子害得我夫妻分散　　請夫君把離情對我說穿

## 龐步州回詞

夫妻們今相逢出其不意　　驚回首我乃是逢凶化吉
只怪我有勇無謀粗心大意　　把賊子當君子看成莫逆
在席前拜把拈香結為仁義　　不知是設圈套奪我的妻
以為是他對我真心實意　　被賊子勸得我酒醉如泥
命惡奴就將我拋在河裡　　被救起醒了酒後悔不及
沈大人救上船見我有氣　　飲薑湯除了寒起暖換衣
對大人我說了遭遇詳細　　才知道我乃是忠良後裔
聽說是我自幼學過武藝　　帶回京收在府等候考期
我心想訪賢妻出京探你　　恰遇著嘉靖王新君登基
納賢才選棟梁朝開恩比　　我奪了武狀元名列第一

拜刑部鄒大人來到衙裡　　在席上敘寒暄問其來歷
對我講說府中有個親戚　　三生有幸成全我來會賢妻
今日裡得到了骨肉團聚　　皇天不負忠良後悲喜交集

　　各位，龐步州死裡逃生書中是個埋筆，剛才在宣詞裡已經說清楚
了。夫妻二人敘了離情，然後出堂拜謝了鄒大人夫婦的成全之恩，款待
三日，探得岳父告職回黃梅，龐步州告假與青合回小池口探親。

# 第九場

## 曹青合對母

不孝女跪娘前從頭細稟　　兒把這離別情說得娘聽
龐步州作代替把賊哄信　　殺奸賊府中的一十八人
一則是龐公子報了仇恨　　二則是為朝廷除了禍根
割下了父子頭讓人觀瞬　　掛城頭逃出京四處飄零
一年多兒懷有六甲身孕　　逃到了棗陽地大雪紛紛
路難行進村莊哀求惻隱　　借居在魯殷郎他的家庭
要解懷借亭閣慨然應允　　在花園生一子取名雪生
卻不料龐郎他失了謹慎　　在酒後吐實言大禍臨身
魯殷郎假善人心術不正　　將龐郎沉了水逼我成婚
假應允施巧計殺賊一命　　被惡奴綁送到棗陽衙門
幸遇著一青天斷得公正　　斷賊子自食其果惡貫滿盈
釋放我出牢獄未把罪定　　鄒大人收義女帶回京城
說到此向母親報個喜信　　龐步州遇救星絕處逢生
他奪了武狀元三生有幸　　告皇假我夫妻回來探親

## 孟氏對女還詞

| | |
|---|---|
| 青合兒說了這前前後後 | 娘聽了止不住淚往下流 |
| 想當初被逼得無路可走 | 也只好讓兒去破釜沉舟 |
| 女婿兒報了仇逃走以後 | 卻不料留下了後顧之憂 |
| 你的爹受牽涉龍主惱怒 | 坐天牢一年多不能分憂 |
| 只等到正德王龍歸海口 | 立新主開雨露大赦冤獄 |
| 出天牢兒的爹辭官不做 | 回故土思骨肉常常擔憂 |
| 冇算到有今天揚眉氣吐 | 女婿兒點狀元名揚九州 |
| 待我來將孫兒接過在手 | 圓臉方腮大眼睛貌如步州 |

　　母女敘畢，辦酒。步州對岳父說了經過，祭祖後回京接二老盡孝。上殿奏明皇上受封，恢復龐步州原名，封都指揮，父龐士元平反，牌位進忠良廟。曹青合封一品誥命夫人。謝恩下殿。

　　夏國丈的財產除李氏廚娘和幾位老家院的養老費用，餘下繳納國庫。魯殷郎的財產族人瓜分。棗陽縣令開四品皇賞。龐步州報效朝廷，曹青合又生二子繼龐、曹兩家煙火，世代簪纓。曹世昌兩老高壽，無疾而終。

# 孝子大舜

熊乃國

三皇五帝：

天皇氏：取天開於子之意，始制干文之名定歲。

地皇氏：取地開於丑之意，定三辰分晝夜。

人皇氏：取人生於寅之意，政教君臣，男女飲食。

1. 黃帝：有熊氏，名軒轅。

2. 顓頊：高陽氏，黃帝孫。

3. 帝嚳：高辛氏，黃帝次子少昊之孫。

3. 帝堯：陶唐氏，帝嚳之子。

4. 帝舜：有虞氏，黃帝八世孫。

詩曰：

> 善處家庭善自全　　從來惟有舜為然
>
> 屢遭奪變終無禍　　半倚宮中女聖賢

　　自古家庭之變，莫如大舜，善處家庭之變者，亦莫如大舜。大舜出身寒微，不幸幼年喪母，父親復娶的晚母心術不正，晚母生的兒子叫象，脾氣驕傲無比，母子串通一氣，總是想害死大舜，大舜處在這樣的家庭環境裡卻能夠善處善待，對後娘不失孝道，對兄弟備加友愛，表現出非凡的品德，終無禍患，這其中也多虧了二位好妻子：娥皇、女英的賢內助，使孝子大舜名滿天下，繼承了堯帝的王位，成為了三皇五帝之一的古聖先賢，這段閒言也是《孝子大舜》書中的引言。

　　此一章書出在遠古時代，唐堯帝在位，歷山（即現今山西省芮城縣

東）地方所轄姚墟，有一個叫有虞氏的灣村，此灣一人名叫瞽叟，山野農夫，素患眼疾，雖是一位粗魯之人，卻娶了一房美貌賢善的妻子姬氏。瞽叟天生愚笨，常與人不和睦，姬氏卻能時時化解，地方人無不稱賢。姬氏過門二年生下一子取名叫舜，因是長子，又叫大舜。撫到九歲，聰明秀俊，讀書已有兩年，性情酷似母親姬氏，每當父親眼疾復發，大舜總是殷勤服侍，不失子道，十分孝順。

天有不測風雲，這一年姬氏得病，久醫無效，大舜退學回家勤理內外小事，姬氏想到兒子只有九歲，丈夫眼睛又不好，自己若死，他父子如何是好，想到這裡，心亂如麻，低聲哭泣。瞽叟沒有細心，只知吵鬧，此時兒子拾柴歸家問母。

# 第一場

## 大舜問母病

不孝兒跪床前來把安請　　　這暫些娘的病是重是輕
娘說是藥無效壽元已盡　　　聽此言兒好比亂箭穿心
恕兒的不孝罪孝道未盡　　　兒已經滿九歲未報娘恩
二爹娘生養我辛苦受盡　　　撫養兒三年的乳哺殷勤
鴉雀有反哺意何況大舜　　　羊也有跪乳恩古書所云
做父母愛兒女心思難盡　　　為人子應該報操勞之恩
倘若是我的娘一旦命殞　　　丟下我父子們孤苦伶仃
最可嘆我的爹患有眼疾　　　只惟求神保佑不能失明
兒一定盡孝道盡到責任　　　服侍爹我一定早晚殷勤
娘說是擔心爹責罵大舜　　　父教子是應該娘莫擔心
父親是有病人兒有思忖　　　脾氣壞皆因是疾病造成
請母親放寬懷安心養病　　　囑咐言為兒的謹記在心

## 姬氏對子還詞

聽兒言為娘的心中悽慘　　眼望著大舜兒落淚心寒
沒算到娘的病一彎不轉　　趁我還能言語囑咐一番
為娘的赴九泉就在早晚　　丟下你父子們千難萬難
擔心兒挑不起這副重擔　　我的兒方九歲哪有主權
你的爹一生世脾氣傲慢　　兩父子難得過四日八餐
無女人不成家娘有預算　　要囑咐你的爹拿定主權
娶一房晚母來把兒照看　　一定會像我一樣問暖問寒
像這樣父子有靠遂娘心願　　支撐起這個家和氣一團
兒要對晚母娘百般孝善　　晚母有不是處兒要包涵
如若是添了弟妹你有伴　　兒切記不能夠骨肉相殘
若能把囑咐言牢記心坎　　娘死在九泉下魂也安然
兒快去把你的父親叫喊　　為娘的我對他有言一番

　　大舜喊來父親，姬氏囑咐了後事，當晚去世，大舜哭得死去活來。安葬以後，大舜在父親面前早晚盡孝，瞽叟總是不稱心，因他是個蠢笨之人，不知好歹，脾氣又古怪，一發脾氣就眼睛疼，時好時壞，苦了兒子大舜。

　　第二年春，大舜求人替父做媒，娶晚母畢氏進門。此婦口含糖塊，心藏利刀。年底，生下一子取名叫象，細皮白肉，又名白象。畢氏對二子兩樣心腸，大舜總是盡人子之道，還是買不活畢氏的心。總把大舜當眼中釘，瞽叟對後妻言聽計從，常常責罵大兒。

　　光陰似箭，轉瞬八年，四口之家靠十八歲的大舜養家，種田，打魚，做陶器賣。畢氏說要照顧瞎子，八歲的象還要大舜帶，有時候田裡忙了，大舜去耕田，手牽小弟。大舜的孝行善舉傳遍方圓，無人不知，人人稱讚。大舜出了名，畢氏發忌妒，貪懶好吃害假病，臥床不起，求

醫無效。大舜備香燭，晚上到大路口求虛空過往神聖賜靈符。

## 第二場

### 大舜焚香

| | |
|---|---|
| 有大舜托香盤舉目觀看 | 滿天的星光閃皓月如盤 |
| 常聽說人存心天地有感 | 今夜晚我大舜跌跪平川 |
| 焚信香但求得天從人願 | 三叩首我把這香火發燃 |
| 情因為我的娘染下病患 | 服藥方無效驗沉重如山 |
| 倘若是娘有個三長兩短 | 丟下我父子們塌天一般 |
| 娘若死那我就罪有千萬 | 八歲的小兄弟誰個撫盤 |
| 有娘在可以把父親照看 | 我在外謀生計心可放寬 |
| 故所以今夜晚求神許願 | 求天神保佑娘轉危為安 |
| 老天爺寧可降我的災難 | 願母親福如海壽比南山 |
| 如果是我的娘壽元已滿 | 求天神減大舜我的壽元 |
| 與母親添福壽足以如願 | 娘親的病早愈兒心才安 |
| 焚罷了三炷香端起茶碗 | 將靈符捧進房奉與娘餐 |

　　大舜求的符水奉與畢氏喝了，畢氏對大舜言道：「兒的孝心有感，為娘病雖好了，還有心病難癒。家中老的老，小的小，娘是女流，兒要到歷山開荒，雷澤捕魚，黃河之濱制陶器，才能養家餬口。」大舜領命到歷山開荒，旁人憐憫孝子都來幫忙。大舜到雷澤（即今山西永濟首陽）捕魚，人皆讓居。只要他所到之處，就興起禮讓之風。他到黃河之濱製作陶器，就有人成群結隊追隨共事，一年成一村落，二年成邑，三年成都（那時四縣為一都）。可憐大舜受盡了顛沛流離，光陰易過，又是十年過去了，晚母始終害不死他，家中的日常用度都是大舜送回的。

還是一如既往對虐待他的晚母堅守孝道，對弟弟象愛護倍常，在這十年的時間裡，他的孝行名氣全國聞名，人人稱頌。

書中再講當今天子唐堯帝，自己的兒子丹朱無有治國之才，不可君臨天下，堯帝命大臣們四處訪賢，以傳大位，大臣們訪遍各地，大舜名滿天下，回奏堯帝。書不重返，將大舜的出生經歷，孝善品德一一奏明，堯帝聽了肅然起敬問：「大舜名滿天下，可曾有妻？」「因父母不喜歡他，二十八歲沒有妻室。」堯帝笑道：「人誰不孝，一旦娶妻，順妻逆母，朕有二女娥皇、娥英，德性頗賢，朕將二女許大舜為室，一則二女嫁得賢人，二則試探大舜有妻室後，對父母又是如何，三則考驗他的才德品行。」當下詔書派欽差到歷山宣讀。

再講大舜那日剛好在家，欽差到府宣讀了詔書，瞽叟雖看不見，卻聽得明白，對大舜道：「山野村夫，怎敢娶天子之女，莫尋死路，快些推辭。」「天子之命，誰敢推辭，況娶妻乃續嗣大事，天子之女不娶，更娶何人？」「金枝玉葉，仗其身分，必定虐待老人。」「天子宮中淑女，既肯下嫁，必知孝道，父親放心。」接旨謝恩。

欽差回奏堯帝，天子對娥皇、女英說明，又傳旨命人到歷山修宮院、倉房，工程告竣，擇日公主下嫁歷山，御賜牛羊無數，室懸琴瑟，壁依干戈。二位公主與大舜成配後，毫無嬌貴之氣，克盡婦道，夫妻和諧，孝敬公婆。

單講瞽叟夫妻，身在福中不知福，這好的兒子、媳婦，他們總是爐子靠水缸[1]。前書講過，瞽叟天生蠢笨，現在的眼睛已瞎枯了，聽畢氏的話，還有像，十八歲了，性情與母親一樣，忌垢哥哥做了天子的女婿，家有琴瑟、干戈，野有牛羊，還有兩位千嬌百媚的公主，想到這

---

1 爐子靠水缸：歇後語，意思為一頭冷一頭熱。

裡，短嘆長聲，晚上到母親的房裡。

# 第三場

### 白象對母

為兒的進房來垂頭喪氣　　　見母親我勉強打躬作揖
只因為心中有一股怨氣　　　一陣陣往上澎悶到著急
兄長他現在是天子女婿　　　兩公主許配他一夫二妻
住宮院抱琴瑟牛羊遍地　　　他三人相親愛形影不離
為兒的一無妻二無名氣　　　與爹娘住一起有得出息
我本是老娘親親生養的　　　為什麼我不能成名發跡
為什麼我不能出人頭地　　　為什麼我與他百不及一
人比人氣死人恨在心裡　　　恨不得要剝他大舜的皮
為此事找母親來拿主意　　　老娘親請回答這個幾筆

### 畢氏還詞

聽兒言為娘的前思後想　　　望著兒娘我有滿腹愁腸
大舜他方十歲虧我撫養　　　他的娘去世後我來填房
生下了我的兒取名白象　　　你與他娘我是兩樣心腸
將大舜磨滅死何曾不想　　　十多年他總是遇難呈祥
殺他的心我都有總是在想　　　他是個大孝子四海名揚
適才間聽象兒說的情況　　　不謀害他大舜不能蕭牆
我的兒坐攏來你聽娘講　　　不能夠明下手暗害為強
明日裡兒去請口喊兄長　　　父母命請他來同飲酒漿
勸醉後再下手勒住頸項　　　勒死後只說是酒醉而亡
他一死就遂了兒的願望　　　兒可以得到那兩個婆娘

照樣的相親愛娘有福享　　　坐宮院娘執掌倉房牛羊
你的爹瞎眉閉眼不得阻擋　　　他一生凡百事由得老娘

　　母子定好毒計，畢氏對瞽叟顛倒黑白說大舜順妻逆母，愚笨的瞎子說逆子留他做甚，殺了他，畢氏大喜。

　　次日象到舜宮傳父母之命飲酒，舜知不善，請弟少待一時，兄進宮院告知嫂嫂。娥皇、女英曰：「父母之命，不去則為不孝，妾有藥丸一顆，秘含口中，千杯不醉。」

　　大舜隨象到父母的上房，畢氏已做好準備，假惺惺勸舜飲酒，從早到晚卻喝不醉，又留飲半夜，依然不醉，畢氏只好放他回宮，象氣得直哼，三天以後，畢氏對子。

# 第四場

## 畢氏對白象

叫象兒你攏來挨娘坐好　　　我的兒莫生氣心放明亮
大舜他千杯不醉真有算倒　　　娘與你設的計枉把神勞
這幾天娘日夜睡不著覺　　　總是在替象兒你把心操
乾乾思又有一計已經想好　　　後倉房那屋頂確實算高
上面蓋的全都是一些茅草　　　娘只說受不住風雨飄搖
命大舜搬梯子上屋換草　　　撿屋漏修倉房就是明朝
你等他上屋後梯子搬掉　　　在下面然後用大火焚燒
大舜他上下不能那才算好　　　管教他葬火海命赴陰曹
這一條好妙計神仙難料　　　虧了我想得到巧設籠牢

## 象對母回詞

| | |
|---|---|
| 聽娘言為兒的笑容滿面 | 我的娘可算得女中之賢 |
| 想出了這一計真是高見 | 為兒的佩服娘安排周全 |
| 明日裡我再去把他拜見 | 我只說修倉房父母之言 |
| 他一定不會推要講孝念 | 只等他中了計送他歸天 |
| 二嫂嫂歸為兒願望實現 | 免得我朝每日欠得流涎 |
| 老娘親為了兒恩德不淺 | 兒一定孝敬娘決不食言 |
| 早問安晚侍膳一日幾遍 | 願母親享清福益壽延年 |

次日依計而行，舜請弟飲茶，自己進宮告知二妻，娥皇、女英各取斗笠一頂囑夫頭戴背背，可遮日曬。大舜來到後倉房搬梯上屋撿漏換草，象先搬走梯子，後用柴草在下面放火，倉房著火燒得只轟，大舜在屋頂無計可施。

再講娥皇、女英見後倉起火趕來，見風助火威，姐妹朝大舜喊歌詞：「鳥之飛兮翼之力。人而不飛，為無羽翼。為無羽翼，何殊乎斗笠。」大舜聽了歌詞，如夢初醒，從頭背上取下斗笠左右作翼，斗笠張風，將身帶住，悠悠揚揚落下，毫無傷損，二妻扶夫回宮。此時的象躲在遠處氣死氣活，等他三人走了，倉房也燒塌了，忙報母知，說明經過，畢氏心想房上可以下飛，前面老井最深，可命大舜掏井，待完工之日，必死無疑，命象三日後傳父母之命，大舜掏井。

三日之後，大舜領命，二妻附了歌詞：「滑滑深深，雖曰無路，旁隧而出，神就之度。」大舜與象來到前面老井，兄對弟曰七日完工，掏出的泥土都堆在井旁，第七天象用繩繫兄下去後，棄繩報與父母，三人搬石運土填滿井口，守了一天無動靜，晚上象急奔大舜的宮院來占嫂嫂，卻見大舜坐擁娥皇、女英在鼓琴作樂，象滿面羞慚，進退不是，舜忙起身相迎：「賢弟有何事？」「弟思兄乎。」「你我弟兄，應兄友弟恭，

兄命嫂嫂置酒與弟敘友愛之情。」象無地自容，兄嫂客客氣氣，卻隻字不提掏井之事，象告辭稟母，以為有神助，此後再不敢害他。

列位，大舜是怎麼回宮的呢？前書說過大舜聽娥皇、女英的歌詞，內有「旁隧而出」，在掏井時事先挖了一條旁道，上面填井，他已由旁邊通道逃回宮了。

書中再講唐堯帝時常派人來探大舜的情況，得知了這些事蹟，天子與四岳（掌管天下四方的諸侯）商議凡人能治國者，必先能齊家，先宣大舜入都城進皇宮參與政事，管理百官，接待賓客，經受磨煉。旨詔大舜入朝見了天子，大舜奏本，欲請父母、兄弟進宮，臣理國事，宮主盡孝公婆。准奏，接請全家入皇宮，大舜宮門迎母下拜，畢氏上前牽起大舜。

## 第五場

### 畢氏對大舜

| | |
|---|---|
| 手牽著大舜兒羞愧難忍 | 千杯水洗不盡滿面灰塵 |
| 初過門表面上把你撫引 | 背地裡當我的眼中之釘 |
| 白象兒出世後我起心不正 | 總是想謀害你畫虎不成 |
| 穿與吃刻薄你兒不爭論 | 逼迫兒要養活一家四人 |
| 特別是幾椿事罪不容恕 | 為娘的我確實說不出唇 |
| 第一次借勸酒想謀兒命 | 第二次命白象又用火焚 |
| 第三次謀害你磚土填井 | 我的兒屢次裡死裡逃生 |
| 這也是大舜兒你的心穩 | 行孝兒天保佑沾了神恩 |
| 到如今身榮顯不把娘恨 | 接為娘進皇宮跪迎宮門 |
| 人的心是肉做當面承認 | 娘先前做事錯追悔不贏 |

## 大舜還詞

從前的那些話一概不講　　　跪母前兒有言娘聽端詳

娘有錯兒應該要放大量　　　子不言父母過完全應當

兒雖然身榮貴仍然一樣　　　請母親休生疑寬下心腸

我十歲虧了娘將我撫養　　　兒怎敢疑惑娘兩樣心腸

兒如今進皇宮榮貴高尚　　　不是娘哪有我四海名揚

兒應該接父母進宮奉養　　　決不把老母親看成後娘

老娘親切不要七思八想　　　安心的享清福何為羞惶


　　娥皇、女英攙扶二老，大舜牽弟進宮，早晚敬孝，誰知不上一月，畢氏病亡，這也是她無福享受。

　　再講大舜將國家大事處理得井井有條，啟用人才，顯示出了非凡的治國方略和才幹。終於得到堯帝的認可，擇選吉日，舉行大典，禪位於大舜。大舜以孝得了天下，立娥皇為皇后，女英為妃，自此以後天下太平，國泰民安。


書終　編寫於庚寅年五月

# 銀鎖記[1]

熊乃國

引語：

| 生男生女本常情 | 常情也遭是非論 |
| 論是論非生枝節 | 節外生枝傷天倫 |

此書出在二十世紀八〇年代，湖北省崇陽縣山區地方小嶺旁田村。有一人田長庚，父親早已去世，母親常望喜有五十多歲了。田長庚還有個妹妹叫三妹。

這時的田長庚已經結了婚，妻子叫巧巧，姓麼事就不知道，只知道她是常望喜大媽的養女。兩個伢青梅竹馬，結婚以後，他們倆感情相當好，與三妹也合得來，對媽媽非常講孝道，村上的人都愛他們愛得飽。結婚的第二年，小兩口就滿了二十六歲，在這年巧巧懷了毛毛。

在媳婦懷孕的這段時間裡，常望喜對她是體貼入微、關懷備至。因長庚是個獨子，老人有點封建思想，總是擔心怕巧巧生個姑娘。說著產期快到了，巧巧做好臨產的準備，想去集鎮上買點小東西。山區地方趕個集場很不方便，大約有上十里路之遙。巧巧走了三里多路過了樟樹坳，肚子疼起來了，轉走不遠，那裡有個小村莊，就走不得了，額頭冒汗，疼得直哼直揪，這時村裡來了個媽媽就問她：

---

1 又名《換子》。

# 第一場

## 巧巧對媽媽

抬頭看見媽媽你把我問　　坐在此我乃是肚子發疼
我從來冇害過肚疼的病　　家住在小嶺旁就是田村
巧巧我從小就有名無姓　　愛人叫田長庚是個農民
我今日是準備去上集鎮　　買幾樣小東西有點事情
因為我生毛毛該得最近　　走到這半路上肚子就疼
我這暫疼痛得屬害得很　　大概是媽說的這個原因
回家去離此地路還不近　　頭髮昏冷汗淋寸步難行
唯只有求媽媽與我送信　　叫我的愛人來背我一程
來不及怎麼辦以作罷論　　我只有把孩子生在樹林
老媽媽同情我破除迷信　　到你家生小孩我看不行

## 媽媽回詞

這是你有機會把我碰上　　我就是住在這樟樹坳旁
我家裡有兒媳老身姓蔣　　老伴死我婆家乃是姓康
兒子他在縣城商店記賬　　媳在家搞農業就是兩娘
抱孫子還冇有總是在想　　已經都懷得有時間很長
做老人這心腸都是一樣　　都是想生兒子不生姑娘
你今天這是個實際情況　　我這人一生的熱心快腸
樟樹坳這一塊誰不歌獎　　都曉得我接生是個內行
我早就破除了迷信思想　　借房屋生小孩這又何妨
這種事很稀少可以原諒　　我的媳她不會說短道長
到我家並不遠你把心放　　攙扶你快些走還要趕忙

這位大媽蔣梅芝攙扶巧巧到家生下一子，蔣梅芝乘巧巧這暫不省人事來了個偷梁換柱，把她兒子抱到媳婦張慧君房裡換出了孫姑娘。

書中交代，張慧君是五更天產的女嬰，蔣梅芝不樂，是準備到集場上買喜頭魚發奶水的，遇著巧巧扶回家來，做了這不道德的苟事。巧巧產後昏迷哪裡知道兒子被換了呢，等她甦醒轉來，蔣大媽沖的蛋花糖水餵得她喝了，把伢給她看了，說了句「姑娘像媽真是朵花，我託人去把信你的丈夫去了，應該快轉來了」。

這時田長庚請人抬的竹床來接巧巧，千恩萬謝辭別了蔣大媽，抬回田村家中。媽媽常望喜把鞭一放抱伢一看見是女孩心都冷了，認為家斷了後根，悶悶不樂地招呼媳婦滿了月。媽媽把兒子喊到自己房中商量把孫女送給長庚的表嫂林玉芳，長庚就回房商量巧巧，巧巧不同意，兩口子的爭執，常望喜聽得清楚，就來勸巧巧。

## 第二場

### 常望喜對巧巧

| | |
|---|---|
| 我本來是有點封建思想 | 巧巧兒小點聲不要張揚 |
| 媽勸你莫生氣你聽我講 | 絕不是嫌棄你生的姑娘 |
| 怎能說怪得你不會生養 | 只怪那瞎眼的送子娘娘 |
| 這件事我一直前思後想 | 兩全其美把孫女給得玉芳 |
| 你可以再生胎如果變樣 | 我田家豈不是內外都強 |
| 巧巧兒為什麼這不明亮 | 計劃生育如今是抓得緊張 |
| 勸巧巧你要為田家著想 | 斷了後那你就臉上無光 |
| 長庚兒是獨子你莫拗 | 他爹死我撫他日夜繁忙 |
| 我的巧你應該細思慢想 | 你只有四歲多被丟在路旁 |
| 媽把你當親生抱回撫養 | 從不說你是我撿的姑娘 |

望得你們結了婚我老當益壯　　不怕苦不怕累整天碌忙
媽都是為你好你不領情　　　　誰知你辜負我一片心腸
我活著還有個什麼希望　　　　早離開這個家各拿主張

## 巧巧回詞

見媽媽對於我生了氣憤　　　　巧巧我把道理說得娘聽
如今是新社會男女平等　　　　如果是重男輕女這可不行
若鬧得政府知要受責懲　　　　勸媽媽一定要開動腦筋
將孩子給別人我堅決不肯　　　不能夠輕視女兒不是人
我走了這條路有名無姓　　　　豈忍心叫女兒步我後塵
別的事我一概可以應允　　　　丟孩子我不能順於人情
如果是我的媽執迷不醒　　　　那我就抱孩子離開家庭
我走了讓媽媽睜開眼睛　　　　再選個好媳婦會養會生

　　正在爭論，三妹回了。問了情況，說媽媽這是在違法，把女孩不當人，就把這場爭論壓下去了。

　　常望喜還是不死心，丟了個眼色，暗地與長庚商量，又生一計，等夜間趁巧巧睡著了，抱到樟樹坳丟了她。過了深夜兩點鐘，長庚抱著孩子，望喜從箱子內拿了把銀長命鎖給兒子，囑咐丟伢時掛在伢的頸上。書中交代，這銀鎖是她當年撿巧巧時掛在巧巧的頸上的。長庚是孝子，含淚趁著月色走了三里多路到了樟樹坳，見有塊石頭，放在石上孩子就哭，長庚轉面將孩子抱在懷裡，萬分為難，眼淚直流。

# 第三場

## 田長庚哭兒

| | |
|---|---|
| 見兒哭我心中六神不定 | 好像是老蒼天試問長庚 |
| 心慘傷將女兒雙手抱緊 | 一陣陣寒風吹刺入人心 |
| 這明月在高空只見陰影 | 樹見我如流淚落葉歸根 |
| 丟女兒在山坳其心何忍 | 我長庚為什麼要丟親生 |
| 丟了兒妻知道定要拚命 | 不丟兒我不能應付母親 |
| 這銀鎖是奶奶給的紀念品 | 兒戴上長命百歲無災星 |
| 丟你在樟樹坳莫把媽恨 | 兒要恨你就只能恨父親 |
| 如果是有人救你這條命 | 撿回去但願你伶俐聰明 |
| 我脫下一件衣與兒遮冷 | 放你在石塊上再莫做聲 |
| 天亮了下山坳我要抓緊 | 聽到是有人在喊我長庚 |

　　這是巧巧發覺了，趕出來在喊：「長庚！你把孩子抱到哪裡去了？」山谷回音，很遠都聽得見。因田村一邊是小嶺，一邊是水塘，西頭是小路梯田，唯只有東頭的路是通往集鎮去的。巧巧一覺醒來，不見女兒與丈夫，想到白天的事情就一驚，有種不祥的預感，邊哭邊喊上了大路，到了樟樹坳，天已亮了，喊聲響徹山谷。

　　這暫的長庚正想隱避，卻被巧巧看見，上前抓住問他要女兒，二人拉扯來到丟伢的石塊前，只見接了生的蔣媽媽把伢抱在懷中，望著長命鎖流淚。其實，二人的吵鬧蔣媽媽聽得清清楚楚，她是去上街的。巧巧上前喊：「蔣媽媽，把伢還給我！」

# 第四場

## 蔣梅芝對巧巧

孩子是我孫女你莫要吵鬧　　要強奪我問你憑哪一條
長命鎖是我家祖傳之寶　　上面有長命富貴銀龍四條
我不說你當然就不知道　　我見了這銀鎖淚水難包
我當時連生三女婆婆不肯要　　逼著我將小女丟在山坳
她只有四歲多五歲不到　　戴這個長命鎖把她丟在樟樹坳
到現在廿二歲我才碰到　　我的兒怎不抬頭把娘瞄
為娘的還有一事把兒害了　　害親生我不說罪不可饒
你在我家生一子被我換掉　　因為你昏迷了難以分爻
既說了娘我就完璧歸趙　　等一會到我家讓你觀瞧
抱回去讓你的婆婆看了　　就叫她諒解我這個老茗
回家去一定要和睦共道　　只怪我在從中過河拆橋
如不然造成了恩將仇報　　不因此母女們難把言交

## 巧巧回詞

聞此言不由人心如刀割　　嘆命運和遭遇淚往下滴
對母親不知道從何說起　　到今天才曉得我的來歷
老奶奶重男輕女把我嫌棄　　丟在這樟樹坳母女隔離
若不是有這個銀鎖標記　　媽與我還哪有相會之期
媽吃了這苦頭怎麼都忘記　　用女孩換男孩這是何必
鬧這場大風波垂頭喪氣　　與婆婆鬧分裂兩下躁急
特別是破裂了家庭關係　　為此事傷感情要鬧脫離
不能夠不顧影響只顧自己　　溺女棄女這都是違背法律
如果是只生男不養女的　　世界上又哪有成雙的夫妻

今日裡演這曲換子的戲　　　這其中有曲折又有情誼

　　月有陰晴圓缺，人有悲歡離合，母女二人抱頭痛哭一場後，蔣媽媽回家去換子去了，長庚在跟巧巧揩淚，勸她原諒他們母子，巧巧說不怨婆婆，娘對我有救命之恩。正在這時，常望喜和三妹趕來了，冇看見伢，以為被人撿走了，婆婆扯著巧巧要她回去，巧巧說孩子不找到我不回去。

　　此時，蔣梅芝已把伢送來，長庚接在手中抱著，銀鎖依然掛著，常媽媽的情緒又來了，掉頭就走。長庚夫婦別了蔣媽媽，回到家來喊媽看孩子，常媽媽道：「隨總看，還不是個鬼姑娘。」「不是姑娘，是個放牛郎。」常望喜一看覺得奇怪，通過長庚說了情況大喜，知道了巧巧的身世，她姓康，是蔣媽媽望子丟的么姑娘。

　　次日，常望喜叫兒子買的酒菜，接岳母過門，兩親家見面，互相感激，互相認錯，男女都是一樣，我們是老糊塗。

　　從此以後兩家夫妻越發恩愛了，婆媳關係越發親熱了，書也結束了。

# 包公出世[1]

熊乃國

　　書出宋朝第三帝真宗在位，江南省盧州府合肥縣包家莊有位員外包懷，富蓋一境，為人安分守己，樂善好施，因此地方人稱為「包善人」，也是人稱「包百萬」。包懷是個謹慎人，這兩種稱呼，自己覺得擔當不起，又攔不住別人的口舌，只得將「包家莊」莊碑改為「包村」，一是本人謙虛，二免了浩大的財主名頭。包懷的安人周氏賢德良善，膝下二子，長子包山，次子包海，都已成人娶妻。雖是一母所生，心性卻不一樣，老大包山為人忠厚老誠，正直無私，妻子王氏賢淑無比，生下一子尚未滿月。老二包海為人奸詐陰險，刻苦毒惡。妻子李氏刁惡不賢，又無生育。幸虧包懷治家有方，家規嚴緊，大兒大媳凡事寬合，讓兄弟、弟媳三分，毫不計較，因此還算和睦，父子兄弟春種秋收，務農為業，雖不是詩書門第，卻是勤儉人家，在地方聲望很高。

　　單講包懷員年已四十四歲，安人周氏四十三歲了，卻身懷有孕，已經出了懷，員外不樂，周氏問員外為什麼長吁短嘆？

## 第一場

### 員外對周氏安人

　　賢安人不必要再三追問　　　嘆一口大長氣再說詳情

---

1　又名《奎星下界》。

我包家自祖輩務農為本　　安本分守自在下傳子孫
養兒子接媳婦財丁並進　　喜紅梅重結子添了孫兒
我只望兩個兒子星昌盛　　天保佑我包家子孫繁榮
萬不料賢安人身懷有孕　　添子孫你已經年過四旬
平素日你就是體弱多病　　早與晚靠丫環服侍殷勤
按年齡已經是氣血虧損　　為什麼卻懷這冤孽上身
十月的懷胎苦我且不論　　更還有三年的乳哺殷情
擔心你年紀邁身體受損　　一旦是要解懷受不起折騰
妻說是到時候聽天由命　　說到此為夫的還有下情
話到唇邊我卻有難言之隱　　怕兒媳說笑話臉面何存
這都是我前世缺少德性　　連累了賢安人得此災星

## 周氏還詞

聽此言勸夫君心放平靜　　謝員外說的話體貼人心
兒女是前世修命中注定　　種子是隔年留古言常云
員外夫再莫把自己責懲　　我夫妻可說是行善一生
善者學惡者誠抱這根本　　在地方從來不利己損人
幸喜得一家人子媳合順　　望綠竹又生孫四季清平
雖說是四十三妻又有孕　　按因果就應該不是災星
積善家天保佑這是一定　　到老來落一個福壽康寧
妻受孕一定是神祖蔭庇　　有感覺並不是力不從心
不吃力不吃虧食宿安穩　　細思想一切事勝過年輕
莫擔心兒媳們怕有言論　　員外夫家規嚴誰不知聞
或生男或生女包門有幸　　只唯求祖蔭庇發財發人
請夫君解悉眉心放安穩　　說不定生一子改換門庭

賢德的周氏說的話都是在寬員外的心，暗暗做重活，挨桌子角想打掉這一胎，誰知像生了根一樣，反被二媳李氏嘲諷「媳婦養伢無廉恥，婆婆養伢正當時」。周氏聽了，悶在心裡，在員外面前說二媳婦的幾百個好，其實大媳婦是真好，總是寬婆婆的心。轉瞬數月，一日員外獨坐書齋，想到安人早晚就要分娩，不覺睏倦，伏幾而臥。朦朧之際，天降祥雲繚繞，紅光一閃，落下個怪物，頭生雙角，青面紅髮，巨口獠牙，左手拿銀錠，右手執硃筆，往安人房中衝去，員外大叫一聲醒來，才知是夢，心中亂跳，丫環來報安人產生一子，是大奶奶招呼的，員外嘆了口氣說：「家門不幸，生此妖邪。」到房中見安人無恙，只是血昏了，並不看小孩，出房遇次子包海說夢情後，員外回書房去了。

　　列位，安人所生並不是妖，而是「奎星下界」，奎星乃廿八星宿之首，就是以後的包公。書下正題，再講包海回到自己房中說與李氏聽了，「二一添作五」的家當變成了「三三十一」了。李氏唆夫去商量老子趁母昏迷丟掉妖邪，切莫提家當的事。包海到書房見父。

# 第二場

### 包海對父親

| | |
|---|---|
| 老父親不必要悉眉苦相 | 兒包海施一禮跌跪書房 |
| 兒知道爹心中很不快爽 | 產妖邪這件事不能怪娘 |
| 老娘親一生世賢淑瞭亮 | 生養我兩弟兄恩德難忘 |
| 十月的懷胎苦難以盡講 | 三年的乳撫恩綿綿情長 |
| 冇算到今日裡禍從天降 | 產妖邪玷辱了娘的賢良 |
| 氣得多在書房滿腹愁腸 | 曾恐怕到以後家敗人亡 |
| 說到此兒有言不得不講 | 這件事望父親快拿主張 |
| 如果是留著他不堪設想 | 到後來一家老少被他吃光 |

唯只有送他走不等天亮　　　拋丟到錦屏山還在趕忙
或是行或是止父親酌量　　　請父親恕為兒舌尖嘴長

## 員外還詞

一番話解開了我的煩惱　　　父不怪我的兒你說話明了
這妖怪不能留還要趁早　　　快抱到錦屏山把他丟拋
用一個茶葉簍把他裝好　　　這件事包海兒你要代勞
你切切不能讓別人知道　　　包村到錦屏山五里之遙
一路上要謹慎把他背好　　　要做得神鬼不知靜靜悄悄
如果是你的娘問起來了　　　一切事有為父我去開消
你快去拿簍子書房等倒　　　我馬上進房去抱出孽妖
囑咐的言和話兒要記好　　　為包門除妖邪云散天高

　　老員外認為小兒子說的話合了自己的心思，命包海備好茶葉簍子在書房等候。包海回覆了李氏，背簍到書房。員外自己到安人房中支開丫環和大媳王氏，抱起小孩一看，黑得放亮，交包海裝好往錦屏山去了。員外回到安人房中坐了一會兒，周氏甦醒問小兒在哪裡？員外說夭折了，已經埋了，安人傷心了一番，還是員外百般安慰。

　　再講包海匆匆忙忙到了錦屏山，已經是二更天氣，見一坑深草，準備抱出小兄弟，只見草叢裡綠光一閃，一陣腥風，一聲虎嘯，原來草內臥著一隻老虎，綠光是虎眼迸射出來的，嚇的包海連褲子都尿濕了，丟了簍子跑回家中，也不通稟父親，鑽進被窩戰戰兢兢，李氏見狀問他怎麼這樣。

# 第三場

### 包海對妻李氏

你問我為什麼回來就睡　　我這暫已經是魂散魄飛
把三弟我裝進茶葉簍內　　連夜到錦屏山行走如飛
到山中見深坑忙做準備　　忽然間閃綠光一陣風吹
原來是一隻老虎臥在草內　　見有人叫一聲發了虎威
我當時只駭得軟了雙腿　　丟簍子往轉跑氣力而微
戰兢兢直累得汗流浹背　　若遲挨一定是難把家回
有算倒我與妻還能相會　　除掉了小三弟我不怕吃虧
保家財二一添作五我不失悔　　如不然三一三十一要吃大虧
便宜了哥和嫂你說的很對　　我夫妻總是在上當吃虧
你叫我還再去回覆老鬼　　把老鬼要哄得喜笑揚眉

　　包海又去回稟父親丟得很順利，說不定已被人撿走。員外說你母親那裡為父已安頓了。包海回房自思，以為做得天衣無縫，誰知隔牆有耳，他夫妻剛才的話語被大娘王氏聽得一清二楚，因包山收租未歸，王氏在前天井暗處等夫歸，見老二慌慌張張回來衝進房去了。王氏以為惹了禍，隔窗聽清後毛骨悚然，回房心亂如麻，自思自嘆。

# 第四場

### 王氏自嘆

坐房中不由人心神混亂　　思想起時才事毛骨悚然
恨包海他不該謀弟圖產　　兩夫妻做的事黔心亂肝
曾不想二公婆樂施好善　　救人急濟人難廣結善緣

| | |
|---|---|
| 久行善仍然是家財萬貫 | 在地方一直是富蓋全灣 |
| 積善家應該是皇天照看 | 神默佑婆年邁生下老三 |
| 包海弟兩夫妻人心不滿 | 大不該為祖業起心太殘 |
| 這件事二娘她主謀一半 | 她的心是無底洞又奸又貪 |
| 我們是長哥嫂該做模範 | 凡百事讓他夫妻一忍為安 |
| 冇算到他今日包天大膽 | 為必是老公公掌不住舵盤 |
| 聽他們說的話確有委婉 | 牽涉有老公公事在兩難 |
| 我不能去明說只有用暗 | 連夜晚暗暗地找回老三 |
| 把三弟當親生盤撫上岸 | 對公婆要隱瞞不能說穿 |
| 主意定我就是這個打算 | 怕只怕三弟被猛虎拖含 |
| 要望祈包門中神祖照看 | 等夫君收租回再作主權 |

　　王氏正在悲泣，包山收租回了，見妻落淚問了情由。包山說：賢妻，錦屏山離此五六里路，前山峭壁陡岩，定是丟在後山，待我馬上去尋回三弟。包山走後，王氏擔心老虎傷人，又恐找不著三弟，默誦觀音心經。

　　且說包山急急奔到錦屏山後，四下打尋，見一片深草如碾壓了一般，又見茶葉簍子內無有三弟，為必是虎吃了，再往前行，一尺多厚的草上爬著個黑漆漆、亮油油、赤條條的小兒，包山解衣包好抱回家來天已快明，王氏喂奶，夫妻商量，房中有兩個孩子，別人看見就要生疑，只有舍子留弟，包山知道本村張德祿家一子月未滿夭折，趁天不亮將己子送張家寄養，用銀壓了口舌，回家把三弟起乳名黑子，由王氏精心撫養。

　　光陰易過，轉瞬黑子到了七歲，從未哭過、笑過，不言不語，有人逗他也不理睬，人人嫌棄，只有父母包山夫妻百般疼愛。一日老安人周氏五十壽辰，不請外客，自擺家宴，王氏領黑子與祖母拜壽，包山夫妻

拜後，黑子雙膝跪在祖母面前，三拜九叩，安人眉開眼笑，扶起抱在懷中喊乖乖：「七年前老身產的幺兒，若是活著與他般大般長。」王氏聞言，雙膝跪地，婆婆問這是為甚？

# 第五場

### 王氏對婆婆

為媳的跪婆前淚往下掉　　　求婆婆原諒媳把罪恕饒
媳有罪瞞婆婆恕我不孝　　　這黑子是婆婆生的老幺
並不是落地亡把他埋了　　　本是媳抱回房撫至今朝
多只為婆懷他年紀不小　　　老公公常嘆氣心不樂陶
婆總在想辦法把胎打掉　　　為媳的藏暗處瞄了又瞄
婆分娩昏迷後媳生計較　　　求公公讓為媳盤撫老幺
只因為婆母娘年齡大了　　　受不了撫育苦日夜操勞
老公公聞此言喜之不了　　　詒婆婆假說三弟命歸陰曹
嫂撫弟媳應該盡點孝道　　　我夫妻略可報二老勤勞
小孫兒送他到別家去了　　　寄託與張德祿撫養代勞
今日裡婆母娘五旬壽到　　　我夫妻代三弟來慶蟠桃
吐實言請婆婆恕兒不孝　　　小三弟已七歲長了這高

### 周氏還詞

為婆的連忙將孝媳扶起　　　這樣的好媳婦世間罕稀
盡孝道舍親生撫養三弟　　　這美德堪稱為賢良第一
七年前娘生他如同夢裡　　　年紀邁筋血差渾身無力
甦醒後不見兒不知底細　　　你公公他說是死得可惜
冇算到賢孝媳深明大義　　　嫂撫弟千古無雙你是唯一

媳婦的這美德不能忘記　　婆應該賜名號我的孝媳
「王賢人」三個字天經地義　子而孫孫而子向你學習
轉面來喊么兒娘有話敘　　從今後喊嫂娘始終如一
將黑子改三黑爭苦圖氣　　切莫忘嫂娘的教養成立
叫包山把孫兒接回家裡　　要酬謝張德祿操心勞力

　　王氏雖是吐了實言，但還是隱瞞了老二謀弟圖產的事，半真半假的話感動了公公包懷，按照媳婦說的話向安人賠了不是，婆婆喊王氏是「賢人」，包三黑也就是以後的「包公」，稱賢人為嫂娘，長哥長嫂當爺娘這句話以後流傳與後世。包海與李氏做夢都有算到黑子是老么，並不感激大嫂隱瞞真相，總想害死三黑，有賢人照應無處下手。包山已將兒子接回，重重謝了張家。轉瞬二年已過，三黑九歲了，包海父前進讒莫慣失老三，恐日後好吃懶做，不知勤儉，跟長工老周的兒子學牧牛羊，免吃閒飯。員外商量安人後囑咐了老周，老周囑咐兒子長保天天帶三官人出去哄他玩耍。主僕放牧或山上，或河邊總在五六里之遙，一日到錦屏山鵝頭峰，長保與眾牧童嬉笑玩耍，三黑總是一人或觀山水，或席地而坐，或枕石而眠，像總是有心思一般。一日天變，三黑進山窩古廟躲雨，電閃雷鳴，三黑在供桌前盤膝而坐，驚雷轟頂，覺得身後是一人摟抱自己，回頭看一女羞容滿面，懼怕驚雷，三黑脫外套將女子與自己一併遮護，雷聲愈急，不離頂門，三刻工夫，雨小雷止，卻不見女子，三黑納悶，出廟長保找來一起趕牛羊回家，剛到村口，二嫂的丫環秋香端一盤油餅來，說是二主母做與三官人吃的，三黑拿著往嘴邊送，說謝過嫂嫂，忽手一麻，像有人打了一下，餅掉在地上，被老周餵的黃犬銜走了。把牛羊剛趕圈裡，只見黃犬七竅流血死了。老周問了長保後，請三黑到自己房中，囑三官人二主母再給吃食切切莫要，三黑不快，莫離間我叔嫂不合，回房並不告訴別人。過了三天，秋香來請三官人到李氏屋

內，二嫂滿面笑容說：「秋香昨日到聽見枯井內有人說話，喊我同去，在井口往下看，頭上金簪落到井裡，金簪是婆婆把的，恐婆責怪，叫別人打撈，井口又小，又恐傳揚出去，請三弟下井拿簪。」三黑答應，李氏用繩繫在三黑腰中，主僕慢慢往下放三官人，剛放一半，上面喊拉不住了，繩子一鬆，三黑撲通一聲落在井底，幸好枯井內潮濕長滿藤草，卻未摔著，三黑這才信了老周的話，二嫂害我。忽然前面金光一閃，三黑以為是金簪，向前一撲，光往前竄，三黑趕得滿面是汗，約趕了裡把路，撲住一看，是銅古鏡一面，揣入懷中，正在納悶，黑暗前面有一線亮光，往前爬有草，用手一扒大亮，鑽出一看乃花園後牆外地溝，回家到嫂娘房中，渾身是泥，揪嘴發氣。王氏賢人大吃一驚，問三弟從哪裡來的，怎麼這樣？

## 第六場

### 三黑對嫂娘

| | |
|---|---|
| 見嫂娘我不知從何而講 | 今日裡弟險些命見無常 |
| 我是被二嫂嫂害得這樣 | 她幾次謀害我太不賢良 |
| 前三天去放牧錦屏山往 | 雷聲響天下雨躲進廟堂 |
| 坐在那供桌前雷聲更響 | 忽然間我身後有位姑娘 |
| 我見她聞雷失驚神魂飄蕩 | 脫外套蓋住她怕有損傷 |
| 風雨停雷聲止收衣觀望 | 無影形卻不見那位姑娘 |
| 來無影去無蹤令人猜想 | 與長保轉歸家遇著秋香 |
| 手端著一塊油餅她對我講 | 是二嫂親手做端與我嘗 |
| 我剛剛拿在手頭昏腦漲 | 手一麻落地上黃犬隻 |
| 犬吃餅當場亡七竅血放 | 那老周囑咐我把二嫂提防 |
| 今日裡命秋香又將我誆 | 說金簪掉井內要我幫忙 |

用繩索繫住我突然一放　　落井底見前面有跎亮光
照亮光往前趕抓住不放　　是一面古銅鏡在放霞光
又只見前面像天亮一樣　　爬出來是地溝緊挨院牆
但不知二嫂她為何這樣　　這古鏡弟交與我的嫂娘

## 王賢人回詞

聽三弟訴情由心情沉重　　看起來兩次險多虧祖宗
這古鏡到後來一定有用　　為嫂的暫收起留在房中
弟躲雨這奇事如同做夢　　難道是遇神仙無影無蹤
問二嫂為什麼將你欺哄　　有些話嫂不能說出始終
你現在還年幼當然不懂　　異日後成了人一竅百通
這些事要隱藏不能招罜　　切不可去告訴婆婆公公
對二嫂像往常一樣看重　　量放大能忍則忍警惕莫松
男兒漢志在千里報答父母　　嫂嫂我說的話牢記心中

　　賢人幫三黑洗淨身上送他回房睡了。王氏回房嗟嘆一陣，二娘為家當不顧手足，忘了倫理，適逢包山回房了，王氏將事情說與夫君聽了，包山道：「二弟的一些作為，我只能裝痴，若明言傷了手足和氣，添了妯娌不睦，我看三弟器宇不凡，行事奇異，將來心不可限量，我與二弟少讀詩書，何不嚴師教訓三弟，若祖上有德，得個一官半職，也好改換門庭。」王氏言公公面前要好些說。

　　次日，包山來見老員外，說：「三黑放牧不是正事，是下人做的，應請師教訓，我弟兄兩個書讀少了，有些為難的賬目常吃人的虧，三黑若把書讀好了，可管些出入賬目，有些看不懂的書我也好請教先生。」員外見說得有理，吩咐請一般的先生就行了，教他三幾年，比你我強些就罷了。

包山大喜，四處探訪名儒，非是違父命，因見三弟與眾不同，擇名師教他，必能光宗耀祖。訪得離不遠有位寧老夫子，學問雖深不可測，但性格古怪，教徒有三不教：一是笨了不教；二是學生只准帶書僮一個進館，閒人不准出入；三是十年之內只准先生辭館，不准東家辭先生。有此三不教，來修不拘多少，故無人敢請。包山面見寧公，擇日來接，備酒請師，師生見面，愛慕非常，先拜聖人，後拜老師，只帶書僮包興（與三官人同庚），一來服侍茶水，二來也可學幾個字兒，這正是：英才得遇春風入，俊傑來從喜氣生。

　　且說寧老夫子入了師位，正式開館，三黑呈上「大學」一書，老師點了句教道：「大學之道。」三黑說：「在明明德。」寧夫子曰：「我說的是大學之道。」三黑曰：「是，難道下句不是在明明德嗎？」寧夫子叫他再往下念，三黑曰：「在新民，在止於到善……」老師大驚，疑是家中有人教過他，或是別人背書，他聽過。馬上換書，仍然如此，無論什麼書都是老師教上句，他便知下句，喜得寧公鬍子翹，給三黑起學名「包拯」，取意將來拯民於水火之中，字文正，取意為「政」字，將來理國政必為治世良臣之意。

　　轉瞬五年，包拯十四歲入學榜發案首秀才，整學酒時，老員外陪先生，員外長聲短嘆，寧公問情由，員外說了文正出世時得的夢兆，是怪後必家敗人亡，寧夫子乃飽學，拈鬚掐指一默大笑，手拿銀錠，又拿硃筆，定是奎星下界，員外還是不信。兩年後包文正十六歲，省考鄉試中了舉人，依然大辦筵席，寧夫子讓包拯進京會試，自己的車修學金全部送於包拯做盤費。員外無話可說，讓包興做伴，擇日起程。頭天晚上嫂娘餞行。

# 第七場

## 嫂娘與三弟餞行

包拯弟坐席止慢把酒飲　　為嫂的有一番言語叮嚀
想起你年幼時磨難受盡　　嫂撫你到七歲含辛茹苦
你哥哥擇名師將你教訓　　口而誦心而惟溫故知新
幸喜你有恆心勤學發憤　　入洪門緊接著得中舉人
這一次開大比弟把京進　　願望你芝麻開花節節高昇
說到此嫂對你還有言論　　做了官切不可得意忘形
莫貪圖嗟來食奸貪讒佞　　貪贓枉法就要落千古罵名
食爵祿報朝廷要為官清正　　一定要官清如水勤政愛民
遇疑案多訪查高懸明鏡　　重證據秉公執法有冤必申
切不可助惡人欺壓百姓　　只想你落一個清吏之名
此番到京城去路途不近　　有困難你就問書僮包興
弟如今十六歲婚姻未定　　在外面你自己見機而行
如果有相當的送信回郡　　為嫂的稟公婆與你收親
囑咐的言和語牢牢記緊　　為嫂的在家中靜候佳音

## 包拯還詞

賢嫂娘說的話含有分量　　教訓言小弟我牢記心房
弟幼年磨難多虧嫂撫養　　常教我學古人苦坐寒窗
對我講梅花香寒冬開放　　還說過那鏽鐵久煉成鋼
弟這次若能夠名登金榜　　也不枉賢嫂娘教有義方
嫂娘問我做了官打算怎樣　　施一禮跪塵埃敢對上蒼
決不做貪官污吏玷辱祖上　　為百姓保安居除暴安良
小弟我只唯求萬民尊仰　　落一個鐵面無私四海名揚

婚姻事弟一定放在心上　　　如若有合適的要經過嫂娘
弟走後嫂娘保重請莫掛望　　　堂上的二雙親拜託嫂娘
敘哀腸耳聽得金雞三唱　　　撤了席請嫂娘安宿進房

　　次日包拯拜別父母兄嫂、老師與包興登程上路。包拯騎馬，包興擔書箱，非止一日到一鎮上飯店吃飯。包興替三官人剛斟上酒，對面桌上一個道人擲杯嘆氣酒灑一桌，包拯正在納悶，又來一武生面帶俠氣，道人忙稱恩公，武生從懷中掏出一錠銀子遞與道人，囑咐晚間再見，道人走了。包拯見武生年約二十上下，器宇軒昂，就請他同桌，添了酒菜，二人通了名姓。武生展昭字熊飛，一文一武言語投機，飲了數杯。展昭言有事先告辭，結賬後去了。包拯主僕也起程上路，約走了近二十里路，天色晚了，見一廟宇金龍寺。包拯命書僮叩門借宿。主持法本問明來歷後，吩咐小和尚牽馬上料，請主僕到禪房放好書箱行李，法本告退。小僧送來素菜素飯後退去，主僕用畢，包拯命包興送碗碟到廚房，省得小和尚來回跑，包興不知廚房亂闖，見一房內幾個年輕女人花枝招展嬉笑，包興忙回稟公子，此廟不寧靜，忙到前房看行李已經沒了，馬也不知牽到哪裡去了，主僕逃到山門，山門已上鎖，別無出路，天已黑了多時，如何是好，忽然院牆上跳下一人正是展昭。

　　展昭言包先生怎落此廟，白日那道人與此廟教老方丈是道友，道人也住在此廟，老方丈有二徒弟法本、法明，不守法規戒律，誘騙婦女進廟淫亂，老僧不依被徒所殺，道人告到官府，法明、法本行賄狗官，責打道人逐趕出廟，村中吊頸，是我所救，叫道人飯店等候，我到廟附近澄清後，到店叫道人晚上來廟，幫他除掉法明、法本，我已來了多時，探到後禪房，見法明、法本與五個女人飲酒，談論西禪房內的舉子等三更下手。我準備先救舉子，再殺凶僧，誰知舉子是你，快隨我來，到後牆用繩將主僕提過後牆，叫快逃走吧，我去殺賊會道人。身形一晃就不

見了（展昭殺了賊和尚，道人住廟，後書無有交代，這是旁案）。

單講包興扶著公子只顧逃命，哪裡還記得行李包裹，一晚上跑了近三十里路徑。天亮到了三元鎮，包興安慰公子，先到飯店吃飯，我到鎮上找舅爺備坐騎盤纏，三官人莫擔心，包拯信實了，包興聰明過人，準備當衣救濟。主僕找到一家二葷鋪上樓，包拯只知讀書，不知大館與二葷鋪的區別，要了小菜飯，包興不等公子吃完，叫公子邊吃邊等，我去找舅爺。下樓到巷內將裡面的表綢夾袍脫下去，找當鋪不著，正急無辦法，見人圍數層擠進去一看，地上鋪著白紙，寫的告白，旁邊一人充人念告姓白的。包興念：「告白：四方仁人君子知之，今有隱逸村內李老大人府內小姐被妖迷住，倘有能治邪捉妖者，謝紋銀三百兩，決不食言，謹此告白。」包興靈機一動，「我如此這般……」

這正是：難裡巧逢機會事，急中生出智謀來。

包興想好計策，對守告白的李府家人道：「我叫包興，我家包相公慣能驅逐妖邪，手到病除，因是外地人，神通再大，不敢露真相。恐背妖言惑眾之名，必須患家誠心懇求，到時候我家相公要謙套說不會降妖，越推你就要跪求，相公試探你是真心，定要答應。」守告白的道：「我叫李保，只要能請到法師，赴湯蹈火，在所不辭。」收了告白同包興來見包法師。觀看者成群相隨到了二葷鋪門口，包興向眾人道：「倘若我家相公不肯動腳要走，請眾位攔阻。」又對李保道：「你先到櫃上結清我們飯錢，在樓梯口等著咳嗽為號，你再上樓懇求吧。」包興先上樓去了，櫃上認得李保是李大人的主管，賬寫到李府賬上，李保在樓梯口等候。

再講包文正等得五心煩躁，包興在此哪有舅爺，必是棄主而逃。這時包興上樓道：「三官人，舅爺未找到，卻遇了件撈錢的好事。」

把隱逸村李府的事說了一遍，請相公降妖。包拯大罵奴才該打，包興忙咳嗽，李保上樓見法師裡面威嚴，跪請：

# 第八場

## 李保對法師

| | |
|---|---|
| 小李保見法師屈膝稟告 | 請大駕到寒舍驅邪降妖 |
| 東家叫李文業天官告老 | 隱逸村離此有三里之遙 |
| 老東人家富豪造化不好 | 乏後嗣只有小姐名叫杏姣 |
| 游花園中了邪神魂顛倒 | 只駭得老夫人魂散魄消 |
| 請名醫服妙藥總不投效 | 地方上各壇門菩薩接高 |
| 有仙駕和罡神診她不倒 | 寫告白在街上請人降妖 |
| 遇包興貴書僮告白看了 | 說相公神通大法力又高 |
| 故所以請法師你莫謙套 | 一定要施惻隱貴膀抬高 |
| 包法師莫說書僮胡言亂道 | 你是真人不露相作你一瞄 |
| 瞄到你膽小的嚇得一跳 | 面如墨好威嚴氣派英豪 |
| 這神氣必能把邪氣壓倒 | 這氣魄能鎮住鬼哭神嚎 |
| 三叩首請法師抬舉李保 | 如不然我回去怎樣開消 |
| 請法師街面上人人知曉 | 如不去東家對我實難恕饒 |
| 求法師垂仁德把口鬆了 | 願相公子兒孫朱衣紫袍 |

　　包拯被纏不過，拉包興一旁痛斥，包興道：「相公，窮則思變，只怪包裹行李沒了，現在店中的飯錢都沒得把的，人家把賬已結了，你去捉不到妖，人家不會怪你，有吃有喝有睡，到時尋脫身之計不遲。」此時門口鬧的只轟「莫走了法官」。包拯扶起李保道：「捉不到妖可別怪我。」「包法官我家接的醫生、神駕不少，小姐冇好，沒有怪人家還不是人事盤纏。」包拯主僕下樓，李保請眾人讓路，眾人觀了包拯相貌，個個稱奇，好神氣，必能退邪。說著到了門口，李保去稟老爺。

　　單講李文業乃吏部天官告老還鄉，這隱逸村名是大人起的，不過是

退歸林下安逸之意，夫人張氏，膝下無兒，只生杏姣小姐，十六未許，遊園中邪。這日老爺太太正在著急，李保稟報：請到法師，少年儒生。吩咐打開中門迎進。包拯口稱：「大人在上，晚生拜揖。」李大人觀他相貌奇異，氣度不凡，連忙問了身世情由。包拯將進京會試，路途遭劫和盤說出。李見是落難書生，考問才學，問一答十。大人吩咐李保服侍包相公不可怠慢，然後回房休息。夫人暗派人支會李保，小姐已挪到夫人房中，請法官到小姐房中捉妖，李保暗問包興：「法官要何物？」包興說用桌子三張，椅子一張，配圍桌椅披、硃砂、新筆、黃表紙、寶劍、香爐、燭臺，法師現在書房定性養神，二更進房登壇捉妖，我與你先進房設壇，時近初更，都準備好了，叫李保書房外等候。包興進了書房。

此時包拯已睡著了，因昨晚未睡，包興輕輕喊醒，叫二更登壇降妖，包拯又責，包興道無功不受祿，一定要去看看。包拯動身，李保掌燈到小姐臥室。包拯看了擺設，香菸縹緲，燈燭輝煌，知是包興鬧的鬼。包興吩咐：「所有閒人迴避，特別是婦女。如果偷看，要瞎眼睛。」李保退去。

包興髮香叩首，開表。包拯暗笑，只見包興上了桌子，將硃砂墨磨好，拿新筆準備寫字，只覺手腕有人把著在黃表上寫了：「淘氣，淘氣，該打，讓星主來吧。」包興嚇得冷汗只炸，燒了黃表，下臺來請公子。包拯無奈登臺坐在椅上，見桌上放著寶劍，又是硃砂黃紙，筆硯，我來練幾個字玩玩，不覺腕隨筆動，有人把著一般，一氣呵成。包拯剛要看寫的什麼，外面「哎喲」一聲，咕咚有人栽倒，包拯提劍下臺開門見是李保倒地，「法官老爺，嚇死我也，適才房內一道白光衝出一道青煙不見了，故所嚇倒。」包拯納悶，回房見包興藏桌下，說也看見白光青煙，定是妖被趕走了。

正在這時有人傳老爺太太的話，恐包先生夜深勞頓，請書房安歇。包興主僕休息去了。李保等人拆法臺，見硃砂黃紙字帖以為是法官留的

鎮房符咒，連寶劍一起拿到內堂交老爺太太，並說了做法設壇白光青煙的經過，老爺觀符咒，乃是詩一首：避劫山中受大恩，欺心毒餅落於塵。尋簪井底將君救，三次相酬結好姻。

　　詩中隱藏事蹟，老爺命李保暗暗向包興探問四句詩的隱藏，包拯定親否？明早回話。老爺為什麼這樣呢？因白日見了包拯後說與夫人聽，此人人品好，學問高，人生奇相，異日必顯，若治好女兒，便可聯姻。李保走後，二老擔心女兒不知怎樣，誰知次日小姐來請安，病已好了。老爺急傳李保，李保言昨夜暗問包興詩中之事，包興講是三官人自幼遭的磨難，逢凶化吉，並未定親。小姐言遊園看見狐狸後便人事不知，今早清醒方才記得。李文業恍然大悟，乃是狐仙報恩，「三次相酬結好姻」是與女兒牽紅線，急請包拯赴宴。

# 第九場

### 李大人對包拯

　　　　請上坐這淡酒微不足道　　　謝先生醫好了女兒杏姣

　　　　今早晨她已經完全好了　　　依我看她起病並不是妖

　　（大人說不是妖邪，究竟是什麼呢？是狐仙在從中來把恩報。為包拯與杏姣牽線搭橋。哎呀，大人如此說，有何憑據？婚姻大事，不是兒戲。）

　　　　這首詩是昨夜寫在黃表　　　四句話句句都藏有蹊蹺

　　（待我看來：避劫山中受大恩，欺心毒餅落於塵。尋簪井底將君救，三次相酬結好姻。這是我年幼時的經過，大人怎麼這樣清楚呢？）

　　　　向包興我已經問清白了　　　才知你幼年間屢把難遭

　　（書僮包興是怎樣說的呢？）

　　　　油餅裡下毒藥是你二嫂　　　到井底摸簪子要你小命一條

（吃餅時手一麻，像被人打了一下，到井底照亮光爬出了地洞。）

  兩次險是狐仙從中暗保  廟中躲雨有不有此事一條

（有這個事，因到山上放羊，天氣陡變，所以到廟中躲雨。）

  一女子怕雷打將你抱倒  雷聲止女子不見你覺得蹊蹺

（那女子是來無影去無蹤，雷好像是打她的。這又與令愛有何牽涉呢？）

  我女兒遊花園起病不好  一直是神昏迷暮暮朝朝

（令愛神志不清，那就不好辦，不知現在如何？）

  今早晨清醒了毛病已好  記起了遊花園起病的根苗

（令愛遊花園是怎樣起的病呢？）

  因看見一狐狸眼前一跳  我把這前因後果仔細推敲

（原來如此，請問大人是怎樣推敲的呢？）

  是狐仙三報恩李府來到  只等你包拯到驅邪降妖

（我坐在法壇上面，好像有人抱著我的手腕在寫字。）

  這一切是天意有緣湊巧  你是個明白人見識頗高

（這都是老大人錯愛包拯了哇。）

  將杏姣許配你夫妻偕老  我二老了卻了心事一條

## 包拯回詞

老大人說因果明明朗朗  看起來確實是狐仙幫忙

婚姻事老大人請聽我講  等包拯考試後轉回家鄉

對父母說明白實話實講  還有個撫我的王氏嫂娘

大人是官宦家天官首相  包家是百姓家恐不恰當

不嫌棄我包拯一禮奉上  拜岳父與岳母二老高堂

起程時賢嫂娘曾對我講  在外面定親事只要相當

定好了寫信回說明情況  由嫂娘來做主以後拜堂

這些話對岳父不得不講　　先成名後成親平安吉祥
我準備明日裡就把京上　　曾恐怕誤考期還要趕忙

又談了些齊家治國之事，包拯應答如流，喜得李文業不肯放行，留住三日，先寫信由李府派人送回稟明嫂娘父母。備馬匹盤纏送主僕上路到京報名等考。

再講朝廷真宗駕崩，仁宗接位，龐吉國丈主考。龐吉是奸貪之臣，會進的舉子有很多用錢打點走門路，通關節，包拯靠自己的學問考了三場，只中了第十三名進士，放了鳳陽府定遠縣令，領文憑回家祭祖省親，經過隱逸村拜了岳父母，然後回合肥縣包村拜見父母兄嫂寧老夫子，稟明先上任，理清政務後，再接李天官之女拜堂，祭拜了祖先後擇日帶包興到定遠縣上任，起程的頭天晚上，王氏嫂娘千叮萬囑，並說了當年井中的古鏡用布包好，掛在祖先堂柱頭上，三弟赴任帶去吧，命秋香去取，秋香跌了一跤，頭破出血，取古鏡解包布一照，血滴鏡面，見一女蓬頭散髮，青面獠牙，秋香瘋了，跑到二主母李氏房中，將李氏眼珠挖出，包海知道這是惡報，從此改邪歸正，李氏秋香死之不虧。

包拯走馬上任，不知斷了多少奇巧案子，人稱包公。為斷烏盆一案夾棍夾死趙大被削職，流落到京城大相國寺內。以後皇宮鬧鬼，仁宗訪應夢賢臣出的畫像。王延齡訪到大相國寺，奏明仁宗，包拯皇宮斷鬼，聖上升包拯為開封府尹，加封陰陽學士，請旨賜配，皇上傳旨，李文業送女進京完配。李大人辦了全副嫁奩，內有稀世珍寶「古今盆」。不日到京拜完花燭。書中交代，李文業二老俱是高壽。寧老夫子不願進京，包公接不來。只是包公的二嫂李氏死後罵名千載，二哥包海暴病而亡。長兄長嫂包公屢次回鄉視為父母一般，包公的父母以後去世葬在祖塋。

書終　編寫於二○一二年五月一日

# 監中產子

熊乃國

　　清順治江蘇南通洲如皋縣儒學旁一人許佐明，原在明崇禎十七年做過吏部都堂，明亡清興，不願投清，歸家安守本分，日食清苦。

　　許佐明的妻子汪氏賢，一子元博，幼定朱又明之女朱年君為室，元博九歲母亡，讀書到十六歲，滿腹經綸，不願考功名，瞞父加入復社。

　　復社是個反清組織。許佐明見元博不求功名，就把媳婦朱年君接過門來。

　　花燭之夜元博要妻給他刺字剪髮。朱氏有蓋世之美，琴棋書畫精通，孝道賢淑，堪稱才女，一家人上慈下孝。兩年後，時至清明，朱氏已經身懷六甲，夫妻二人備了香燭與母祭墳。

　　單講南通洲太守何戎之子何奎，帶惡奴騎馬遊春，見朱年君貌似天仙，吩咐強搶，許元博正在大罵，來了一年輕英雄勸何不聽，打死賊子，救了元博夫婦。此人趙純超，與許結拜，許兄、趙弟各歸。

　　惡奴回報何戎，老賊問了情況，命收屍，行函如皋縣殷廣艮捉許元博歸案。

## 第一場

### 許元博上堂

| | |
|---|---|
| 許元博我敢說清白無罪 | 讀書人從來不越理犯規 |
| 心無愧肝膽照人何以下跪 | 有犯罪就不懼狐假虎威 |
| 忠臣義士只能跪君親師位 | 許元博高風亮節跪你何為 |

| | |
|---|---|
| 可笑你持二主不知羞愧 | 上下勾結壓淳良亂定是非 |
| 這一案不查清不分涇渭 | 我手無縛雞力怎打死何奎 |
| 為什麼受害者還要坐罪 | 我打死何奎賊見證是誰 |
| 那何奎搶我妻難道無罪 | 他強搶有夫妻為所欲為 |
| 無王法仗官職父子狼狽 | 他乃是死有餘辜又能怪誰 |
| 助惡人欺良善這就不對 | 本是他惡貫滿天網恢恢 |
| 若不能秉公斷官官相衛 | 豈不是助惡賊作福作威 |
| 何曾是強詞奪理舌槍劍嘴 | 這一案老爺要多加思維 |
| 卻然何又說我剪髮有罪 | 打破盤又說碟顛倒是非 |
| 改衣褲好殘酷火觸兩腿 | 我好比籠中鳥有翅難飛 |
| 問字跡許元博直言不諱 | 我乃是明朝後做了不推 |
| 我生為大明人死為大明鬼 | 威不屈志不朽視死如歸 |
| 許元博光明正大死不懼畏 | 我遲死與早死事在人為 |
| 花燭夜年君妻墨針刺背 | 剪頭髮這乃是夫唱婦隨 |
| 一句話你們是通同作弊 | 千言萬語辯不清誰是誰非 |

收監提他父，妻歸案，封門。朱年君在監得知夫君定逆罪，在女牢尋死，被禁媽阻攔。再講那天打死何奎的英雄趙純超，高風亮節，肝膽照人，家財萬貫，仗義，妻孔玉環。趙純超得知元博兄一家下獄，命總管趙全到縣探聽確著，然後命妻孔氏到監與監嫂探獄。因孔玉環是懷身大肚，換了素裝，代銀菜飯由趙全引路。

# 第二場

### 玉環與年君探獄

| | |
|---|---|
| 賢弟妹你也是懷身大肚 | 不辭勞到衙門來探監獄 |

你夫妻真乃是情高義厚
三月三我夫妻掃墓祭祖
他騎在那馬上攔在路口
強搶我是多沐兄弟相救
好言勸他不聽兩下爭鬥
如皋縣派公差將夫拘留
審問時為嫂的尚不清楚
倘若是我的夫一旦斬首
在牢中我雖是尋過短路
為姐的雖是有身孕在肚
一家人好比是羊落虎口
我也曾在獄中思前想後
怎能說怪兄弟一時莽魯
一家人遭株連猜之不透
他要我剪頭髮刺字背後
我也曾勸告他良言苦口
如果是露字跡官府追究

聽為姐把苦情細說從來
恰遇著何奎賊去把春遊
還帶有一隻犬一群惡奴
狗賊子仗勢力不講理由
弟失手打死了惡奴狂徒
不詳查是與非押進監獄
又捉我與公公一併監囚
為姐的我何必苟延春秋
幾次阻攔都是那管監的獄卒
但不知什麼時能出冤獄
就是怕冤沉海底無人報仇
不能夠把嬰兒生在監獄
若不救姐就要遭受侮辱
想起了我與他洞房花燭
這行為俱都是不順潮流
到今日果然是大禍臨頭
曾恐怕要連累滿門誅戮

## 孔玉環回詞

為妹的辦菜飯來把監探
怪只怪如皋縣他不公斷
怪只怪他不該打死兇犯
一聽說姐一家捉拿到案
結金蘭就該共甘苦患難
故所以到獄中來把姐看
姐說是尋自盡一死消散

聽姐姐說情由毛骨悚然
官官相衛到頭來百姓遭冤
反害了姐一家跪府爬官
我夫妻在家中意亂心煩
我夫妻怎能夠袖手旁觀
禍到頭不自由把心放寬
絕不能讓嬰兒腹內含冤

| | |
|---|---|
| 小嬰兒死腹內更為悽慘 | 對不起許氏祖先斷了後傳 |
| 年君姐千萬要聽我相勸 | 或生男或生女有人報冤 |
| 有後根二十年報仇不晚 | 姐應當立志向堅守困難 |
| 一定要等待到十月胎滿 | 我夫妻救你母子願上刀山 |
| 請姐姐樹雄心站高看遠 | 斗有轉星有移事事循環 |
| 姐分娩我拜託禁媽照看 | 妹回家備幾件小兒衣衫 |
| 這銀子收下用莫嫌輕慢 | 我的話姐一定牢記再三 |

　　孔氏乃名門閨秀，才色兼全，勸了年君嫂嫂，出銀托禁媽照顧朱氏分娩。歸家對夫言明探獄情況，商量救朱年君出獄。

　　再講如皋縣令殷廣銀將許元博「打死人命，剪髮刺字」定了滿門罪，詳文南通洲，何戎大喜，有此叛逆大罪可報殺子仇恨。

　　適逢有位操江御史陳錦來通洲，閱了許元博一案的詳文，屬如逆案，就親臨如皋縣覆審。看了卷宗驗證屬實。許元博所供是因搶妻發案，與詳文有異。陳大人即刻申文押解南京巡撫去定奪，並允許他父子夫妻一會再起解。獄卒告知元博大驚，才知連累了父、妻，隨獄卒見父親。

# 第三場

## 父子監中會

| | |
|---|---|
| 跪塵埃對父親從頭稟告 | 本是兒連累了全家坐牢 |
| 老父親受兒一拜恕兒不孝 | 從今後兒不能報答您老 |
| 不孝兒辜負了爹的教導 | 想到此為兒的罪有千條 |
| 遭不幸我的娘去世得早 | 父將我撫成人受盡操勞 |
| 父子們相依為命屋如破廟 | 十六歲接年君來把杯交 |

家雖貧老和少和睦共道　　三月三掃墳墓陡起風潮
遇何奎搶年君橫行霸道　　抱不平幸喜有義弟純超
怪何奎那賊子不聽勸告　　故失手打死他坐進監牢
如皋縣南通洲互相關照　　不分清是與非嚴刑逼招
不由辯法堂上脫衣受拷　　以字跡定了我逆罪一條
縣府衙狼狽為奸不公不道　說我有罪加一等大罪兩條
將為兒解南京凶多吉少　　為兒的我只有魂轉如皋
兒元博從今後難見你老　　只唯求父與妻早出監牢
我不能與父親披麻戴孝　　在監中父子別就是今朝
事到今此悔恨一死罷了　　牽連了父和妻苦受煎熬

## 許佐明回詞

兒起解到南京心如刀割　　手牽著元博兒痛不欲生
南京衙如果是朝廷來信　　我的兒那就是九死一生
這字跡刺在背難毀罪證　　一家人要抄斬不能脫身
為父的生與死並不要緊　　擔心的就是那媳婦年君
媳婦兒懷得有六甲身孕　　怕官府公報私仇不能從輕
為父的我一生安守本分　　我寧可守貧窮辭官歸林
冇算到落一個如此光景　　父進獄媳坐牢子解南京
按道理應該是惡人受懲　　說到此既悲嘆令人傷心
恨貪官和污吏欺壓百姓　　南通洲仗官職縱子橫行
害得我一家人老少監禁　　想到此父好比亂箭穿心
被官府害一家山窮水盡　　一家人好比是天塌地沉
頃刻間父子們慘不可忍　　願我兒去南京絕處逢生

獄卒又帶到女牢會妻，抱頭痛哭，互囑。被獄卒催起程，披枷壓進

囚車。陳御史命二差隨帶詳文，吩咐二差，許乃逆案罪犯，不能敲打，要活人解到南京。

單講趙純超騎馬趕上囑咐許元博兄長珍重，用銀交節解差。果然一路照顧周到，途經揚州借宿龐府。主人龐景興乃退歸官員，問了元博的情況，托他帶一封信。「大人，我乃犯人，不便交信。」「就呈公堂。」原來龐景興與許元博的父親乃結拜年兄年弟。

解到南京巡撫衙，龐風鳴看了詳文，提犯人上堂。許元博一言不發，呈上書信。巡撫吩咐火烙背心，噴墨水甦醒，留衙養好傷。判他充軍到蘇州寒山寺為僧。背上字跡已除，成了一塊墨跡。

回書再講如皋縣令收到省府文書，將許佐明充軍滿洲，由解差領他含冤上路。

再講朱年君要解往蒙古塔，因她快要分娩，寬延一月，分娩後起解。戊子年六月初八亥時，朱氏在監中產子，多虧禁媽關照，朱氏看了兒子左腳背有顆紅棗形的硃砂痣，貌似丈夫，向禁媽討了墨針，在腳心刺了乳名，拿出三尺白綾寫血書。

# 第四場

## 朱氏寫血書

| | |
|---|---|
| 在監中抱姣兒淚如雨滾 | 看兒的這面相貌如夫君 |
| 我的兒圓圓臉口方鼻正 | 天庭滿地闊圓目秀眉清 |
| 在監中生下兒山窮水盡 | 娘身上僅只有三尺白綾 |
| 咬中指寫血書留下憑證 | 在監中產生兒撫養不能 |
| 上寫著我的兒家鄉原郡 | 祖籍是南通洲如皋縣城 |
| 兒的祖父許佐明為官清正 | 保過了大明朝皇帝崇禎 |
| 兒的爹許元博為人直耿 | 為娘的我姓朱號叫年君 |

一家人被害得抱屈含恨　　　南通洲如皋縣是我家仇人
兒的爹解南京生死難定　　　為娘的與你祖父判罪充軍
戊子年娘把你生在監禁　　　兒乃是六月初八亥時出生
左腳背兒有塊硃砂痣印　　　腳底下刺得有兒的乳名
因此上留下這血書一份　　　我是想兒將來落葉歸根
娘丟兒為保你能夠活命　　　是怕的官府知斬草除根
成了人要記住一門仇恨　　　娘與你取乳名號叫苦生
跪牢中求皇天把兒照應　　　丟了兒娘解到蒙古充軍
娘本當往下寫血已滴盡　　　但願兒落一個善門家庭
將血書放在兒身上藏隱　　　狠著心交禁媽抱出牢門
將姣兒托禁媽跪地哀懇　　　千萬要莫漏風守口如瓶
只要是保住了我兒性命　　　我死在九泉下不忘大恩

　　熱心快腸的禁媽將嬰兒抱回家已是三更，本想留著撫養，一無奶吃，二怕官府知道有窩藏之罪，心想只有送到缺兒缺女的人戶，究竟如何後書交代。

　　半月以後，縣令殷廣良命王志雄解朱年君往蒙古，因路途遙遠，王志雄先安頓好家屬，準備起程。

　　王志雄妻劉氏賢，王生性耿直，從不索詐犯人，就是好酒，有一個六歲的兒子叫王慶生，還有個十一個月的女兒剛死了三天。適逢趙純超之妻孔玉環生了一對孿生兒子缺奶，命管家趙全到處請奶媽，找王志雄議定生活銀子，並將慶生帶去讀書，都由趙純超包了。

　　王志雄這才安心等朱氏滿月起解，起解之前，如皋縣令殷廣良到牢親提女犯朱年君，見朱氏如花似玉，若解蒙古豈不可惜了嗎？因拘來未經過審問就下了女牢，故未犯眼睛。今日一見頓起淫心，不免用一女犯偷樑換柱，留下她做個三房，就開門見山逼婚，說了很多好處。

# 第五場

## 朱年君對縣令

| | |
|---|---|
| 縣太爺莫放肆聽我勸你 | 像這樣威逼我這是何必 |
| 你身為七品官要講道理 | 怎能夠收我這犯女為妻 |
| 領謝你成全我一番好意 | 解蒙古示年君不怕可惜 |
| 我犯罪不能要別人代替 | 勸老爺你不要枉費心機 |
| 說這話你乃是下賤極矣 | 朱年君寧可死也不相依 |
| 不知羞無廉恥真乃卑鄙 | 你休想做美夢籠中捉雞 |
| 你不要再出言把我調戲 | 強奪我做妻子罪大惡極 |
| 我把你這狗官好有一比 | 好比是雞代貓狗子穿衣 |
| 你這種人如禽獸傷天害理 | 在如皋害百姓枉披人皮 |
| 只要我能活著就要告你 | 螳螂後有黃雀這不稀奇 |
| 莫弄得你死無葬身之地 | 奉勸你莫下這一局敗棋 |
| 我罵你痛打賊耳光一記 | 任賊殺任賊砍決不做妻 |

割了她的舌頭，刺面貼金，披枷戴鎖起解。

再講趙純超得知盟嫂起解，騎馬趕來，見朱氏淚流滿面，血糊滿口，不能言語，問了解差王志雄才知情。開包裹交銀王志雄替盟嫂治傷，以後回來我們結為弟兄，然後分手。過了不久王志雄回來到衙交差。對縣令言犯女出血不止，死在海安洲，殷廣民說她福命太薄，死了也罷。

單講王志雄抽空到趙府來看妻兒，純超以上賓相待，結拜，敘了朱氏的情況後，歸家。

十八年了，趙純超的一雙胎子文成、武成十年寒窗，習文練武，大比之年，文成、武成、慶生三人赴京考。

書中交代，趙文成文狀元，趙武成武狀元，王慶生兩榜進士，皇封文成都臺御史，武成為王城兵馬司將軍。王慶生蘇州四品，三人領文憑告假回如皋省親祭祖。到了晚上，命將大公子喊到書房品茶。趙純超對文成講故事。

# 第六回

## 趙純超對文成講故事

文成兒坐書房慢把茶飲　　此時刻已經是鼓打初更
賀喜兒中狀元封官掌印　　我這暫講一段故事你聽
問情節說出來慘不可忍　　兒聽了你也要為此痛心
是出在明末清初如皋縣境　　到如今事隔了一十八春
有一個許元博為人可敬　　有妻室有兒子還有父親
南通洲太守子不安本分　　在墳前搶他的妻子年君
一英雄他與我同名同姓　　見此情仗義氣抱打不平
為救年君打死了淫賊一命　　被官府捉拿了許家滿門
一家人被關押如皋監禁　　許元博定逆罪解往金陵
將父親發配滿洲生死難定　　元博的妻在獄中十月臨盆
可憐她生一子不能撫引　　分娩後要解到蒙古充軍
好一個周禁媽善良憐憫　　將嬰兒救出來死裡逃生
用白綾寫得有血書一份　　交得我抱回家撫養成人
你說是這公子沒見眼睛　　並不是我虛構弄假傳真
賢侄兒你再三將我追問　　趙純超我不是你親生的父親
防官府不鬆放故此瞞隱　　對外人說你是一對雙生
許元博與我是割頭換頸　　望你報仇十八年我守口如瓶
你千萬不能忘許家冤恨　　待為父取血書兒觀分明

# 文成回詞

觀看了這血書原原本本　　這一篇故事情萬確千真
這些年我如在夢中沒醒　　到今日才明白我的出生
是多沐老恩父救我一命　　跪塵埃對恩父頓首謝恩
十八年當親生撫養教訓　　栽培我攻詩書一舉成名
兒一定為父母報仇雪恨　　但不可打草驚蛇動賊人
待為兒具本章朝君面聖　　請聖旨首先要去把娘尋
去蒙古雖然是路途不近　　騎良馬不停蹄日夜兼程
人誠心天必應這是一定　　母子會仇能報冤枉可申
若說是會著娘難以相認　　兒有這白綾血書可以為憑
懲貪官有母親三頭對證　　召鐵證就可以按罪定刑
就不怕如皋縣他不招認　　誰的是誰的非是非分明
說到此向恩父屈膝請命　　事不宜遲兒準備明日起程

　　稟明恩母孔氏，次日進京面奏順治皇王，念他是孝子必是賢臣，複姓許文成，封巡方御史，賜尚方寶劍出京尋母。

　　書中交代，王慶生也拜了趙純超夫婦，代父母上任，為官清正，娶妻生子。王志雄夫婦享子孫之福，得了美報。

　　還有趙純超的兒子武成假滿進京招了駙馬。

　　回書再講許文成往蒙古尋母，來到海安洲住了公館，天降大雪，不能行走，心急如焚，只有吹簫撫琴解悶。住了幾天，一天晚上三更，公館側不遠傳來琴簫之聲，含有悲怨。命人打探是淨土庵中傳出。次日大眾微服焚香，問了庵主請求不見，回館開堂傳吹簫尼僧。退了左右，賜了座位言道：本院既識琴音，又識簫聲，有冤可訴，因何出家修行，為何不能說話，然何又會吹簫撫琴呢？

# 第七場

## 尼僧吹簫申冤

被官府把我的舌頭割了　　　小尼僧我只會撫琴吹簫
是青天我就把冤情稟告　　　含冤屈十八年鬼哭狼嚎
雖有冤在地方無門可告　　　一家冤沉海底延到今朝
我自幼習琴簫詩書知曉　　　並不是海安人家住如皋
配丈夫許元博三年不到　　　遭橫禍我夫妻含冤坐牢
南通洲縱子行橫專行霸道　　強搶我有夫之妻作惡放刁
有一位結義兄弟把我救了　　為救我打死了人命一條
打死了搶人賊本來是好　　　一家人被告到如皋坐牢
夫定罪解上司生死難料　　　我那時身懷有孕關押如皋
在監中生一子把他丟了　　　剛出世交禁媽抱出監牢
用白綾寫得有生庚年號　　　腳底下刺得有墨字為標
還有塊硃砂痣如同紅棗　　　是在那左腳背我瞄了又瞄
丟了兒在女牢心如刀絞　　　滿了月卻不料又起風潮
如皋縣殷廣艮逼我做小　　　因不從就割了我的舌頭
實可恨狗貪官慘無人道　　　又將我發配蒙古押出監牢
起解時刺破了我的容貌　　　幸喜得解差官德重恩高
解到這海安洲把我放了　　　落庵堂有苦難言只有吹簫
我吹簫把冤情詳細稟告　　　求青天申沉冤做主撐腰

## 許文成認母回詞

上前來屈膝跪兒把娘認　　　請母親撫搖琴對兒回音
並沒有錯認娘聽兒告稟　　　兒是娘在獄中丟的苦生
既如此起塵埃為兒遵命　　　脫朝靴現腳背娘看分明

| | |
|---|---|
| 周禁媽交純超叔父撫引 | 說我是雙胞胎取名文成 |
| 十八歲大比年兒把京進 | 沐皇恩點狀元金榜題名 |
| 封官職都臺御史皇恩照應 | 告御史回如皋祭祖省親 |
| 趙叔父講故事一言難盡 | 內容是許元博朱氏年君 |
| 說真情取血書認兒觀定 | 才知道兒乃是許家後根 |
| 兒因此具本章請了王命 | 立志向到蒙古來把娘尋 |
| 為尋娘馬不停蹄翻山越嶺 | 行到這海安洲大雪紛紛 |
| 在此地被阻隔不能前進 | 坐不安臥不寧心急如焚 |
| 昨夜晚傳來了簫聲一陣 | 仔細聽嘆得有含冤之情 |
| 兒因此在公館才下傳命 | 訴身世果然是我的母親 |
| 看起來我母子該有緣分 | 天從人願在海安會著娘親 |
| 兒一定為父母報仇雪恨 | 接母親回如皋去把冤申 |

　　謝了淨土庵的師傅，滿廟裝金。書中這是個伏筆，當年王志雄她解到海安治了傷，故放她找地方棲身，故此落庵中。

　　雪止日出，從海安回如皋到趙府會趙純超夫婦，敘了經過。適逢王志雄也來串門。次日御史代人駕臨如皋縣衙查閱了案卷。殷廣艮還在任。御史要公堂審犯人。殷廣艮丈二和尚，許大人吩咐將狗官殷廣艮拿下。


# 第八場

## 殷廣艮上堂

| | |
|---|---|
| 老大人問得我莫名其妙 | 殷廣艮並不知犯了哪條 |
| 許元博那一案年代不少 | 罪惡重解上司早就開消 |
| 他打死太守子其罪不小 | 刺字剪髮反朝廷王法不饒 |

| | |
|---|---|
| 說何奎搶他妻我不知道 | 打死人當償命應該吞刀 |
| 許佐明判充罪養子不教 | 妻子有株連罪故此坐牢 |
| 本來是把她的舌頭割了 | 因辱罵朝廷命官其罪不饒 |
| 我何曾強逼婚要她做小 | 這實在是誣栽信口造謠 |
| 革官職把我的頂子摘了 | 一無憑二無證這是逼招 |
| 四十板打開了我的訣竅 | 王志雄對了證卑職有招 |
| 在如皋我乃是吃喝玩笑 | 不愛民不勤政捧上攀高 |
| 壓官司將原告打成被告 | 對上司用欺騙兩面三刀 |
| 老百姓取了我一個外號 | 說我是花蝴蝶快樂逍遙 |
| 見犯女朱年君花容月貌 | 逼婚姻有此事這我承招 |
| 貪贓枉法殷廣艮樣樣做到 | 跪法堂畫供單法網難逃 |

吩咐割了他的舌頭，充軍邊外，死在途中。奏明朝廷，自有新官接任。又查南通洲何戎告職坐官船被劫殺。

又查南通巡撫衙門龐風鳴已告職歸故，換了新官。查了當年許元博充軍案，充軍蘇州寒山寺為僧。直接訪到蘇州，正好是王志雄的兒子王慶生是蘇州府臺，接風洗塵。

次日帶人到寒山寺見了方丈雲空長老，請到文殊院品茶，說明來意查十八年前充軍來的許元博。云空大師言確有此事，許元博法號誌方。命小和尚請志方到文殊院見御史。本院來寶寺有一事相問，師傅你可知道？

# 第九場

## 許元博見御史

| | |
|---|---|
| 阿彌陀佛問大人因何來訪 | 只要是知道的決不隱藏 |

這寺廟所住的都是和尚　　我就是許元博法名志方
見大人望著我上下打量　　在佛堂燒了戒不是假裝
桃花謝菊花放寒來暑往　　學修行十八年時間很長
有父親有妻子不是扯謊　　如皋縣是我的原郡家鄉
我原本不是個出家和尚　　提遭遇那我就說來話長
萬不料在家中禍從天降　　被官府害得我全家遭殃
從如皋解到南京由下到上　　龐巡撫又將我覆審一堂
驗字跡脫衣衫火烙背膀　　昏死後噴冷水又才還陽
我在那法堂上一言沒講　　押沒畫我就在衙門養傷
傷好後發配我來當和尚　　每日裡參禪打坐唸佛燒香
用墨水毀字跡不定罪狀　　我一直到現在難以猜詳
記起了在揚州中途路上　　因下雨借宿了一家寶莊
老主人龐景興問了情況　　就托我代書信呈上公堂
常言道哪怕是樹高十丈　　落葉歸根我總是苦思家鄉
出家人不認家不由人想　　到後來我只能魂轉故鄉

## 認父回詞

老父親說遭遇令人可嘆　　兒跪在文殊院細說根源
只因為被害得骨肉分散　　父子們相見不識這是必然
待為兒取血書交爹觀看　　朱氏母親手寫血跡斑斑
戊子年母親在監中生產　　撫養我是恩母孔氏玉環
把我當親生子沒有輕看　　栽培我赴京考點了狀元
老恩父講出了故事一段　　為兒的才知道水木根源
具本章呈皇上龍目御覽　　封御史賜尚方與民申冤
娘發配到蒙古路程上萬　　坐輕騎兒尋母走到海安
淨土庵母子會天從人願　　可憐娘只吹簫對兒訴冤

| | |
|---|---|
| 如皋縣將我娘舌頭割斷 | 殷廣艮那狗官醜態不堪 |
| 南通洲那何戎告職回轉 | 被海盜劫殺了他的官船 |
| 為尋父找到了南京查案 | 龐巡撫告了職換了新官 |
| 在衙門查看了當年案卷 | 才知爹寒山寺出家修緣 |
| 兒因此進寺來把父訪探 | 為兒的已申了許門之冤 |
| 請父親與為兒一同回轉 | 再去查老祖父全家團圓 |

　　謝了方丈，千金酬報。接到公館，王慶生款待。次日回如皋趙府夫妻會痛哭，一個是光頭和尚，一個是無舌頭的尼姑，又恨，又悲，又苦……

　　元博父子拜謝了趙純超夫婦，然後歸家，揭了封條，祭祖。這時，許佐明期滿回府，大慶團圓。事畢，許文成進京復旨，奏明聖上，龍心大喜，封：許文成文華殿大學士兼吏部天官（謝了龐景興和龐風鳴大人）。趙武成武英殿大學士兼九門提督。

　　趙許兩家子孫發達，許佐明、元博、朱氏享子孫之福。周禁媽由許文成養老送終。

　　　　　　　　　　二〇〇一年二月三十日，寫於分水三星村

# 海瑞巧破焚屍案[1]

熊乃國

明嘉靖浙江淳安縣南門外十里羅家灣一人羅相林妻秦氏，家貧四十歲生女秋嬋，撫至十五歲。誰知秦氏一病倒床，羅相林無法，找潘家村員外潘玉章拿高息銀子二十兩與妻醫病，不到兩個月，人財兩空。潘員外上門逼債，連本帶利，五十兩銀子，羅相林只得讓秋嬋抵債，立了賣約，到潘家府為奴婢。

單講秋嬋人品秀麗，心靈手巧，到潘府將近一年，得到員外的正室妻子馬氏安人的喜愛，做了貼身丫環。員外的二安人胡氏有一貼身丫環穆桂芝十七歲大秋嬋一歲，到潘家已是兩年，與羅秋嬋很合得來，見秋嬋美貌能幹，為何走了這條路呢？二更到秋嬋房中來，秋嬋問姐姐有什麼事嗎？

## 第一場

### 桂芝對秋嬋

此時刻已經是二更時候　　　為姐的與賢妹敘點苦愁
自從你來到這潘家之後　　　姐總是時時刻替你擔憂
這潘家是地獄黑天無路　　　把奴僕不當數如同牲畜
吃的是牛馬食不如豬狗　　　若有點不到處由他污辱
為姐的我因為無路可走　　　不得已賣自身做了丫頭

---

1　又名《啞女申冤》。

得了他身價銀五十足數　　　這銀兩已花散難把身贖
雙親死丟下我三歲不夠　　　多虧了老祖母把我撫育
家貧窮祖孫二人百無一有　　無住處杉樹林中搭棚住宿
靠祖母砍柴賣只能餬口　　　撫我到十五歲又添一愁
老祖母得了病天不保佑　　　穆桂芝我不能望水流舟
跪大街賣自身告哀求救　　　陪同我有一位族人三叔
恰遇著潘員外買我嘗口[1]　　立賣約蓋手印來做僕奴
托三叔醫祖母街上分手　　　整兩年冇回家常把淚流

## 羅秋嬋還詞

聽姐姐訴身世心中悽慘　　　多謝姐關心我小妹秋嬋
到潘家做丫環我本不願　　　多只為家貧寒逼上樑山
老娘親染重病一灣不轉　　　眼望著無錢醫望水流船
老父親到潘府來借錢串　　　拿他的閻王錢醫也枉然
老娘親一命亡五七未滿　　　潘玉章到我家逼債償還
命管家拿算盤當時一算　　　本生利利滾本對本轉彎
逼我爹跪在地無有法辦　　　潘玉章惡狠狠不肯從寬
看見我他當時一聲吶喊　　　姑娘可以抵債項逼做丫環
到潘家一年多聽從使喚　　　承沐姐暗照顧才得安然
從今後願與姐共苦共患　　　我二人結姊妹風雨同船

　　二人結了姊妹，互相照顧不表。（秋嬋會扯由頭，二人暗中去看奶奶，並說了一切經過。）

　　再講潘玉章為富不仁，一妻二妾。結髮妻馬氏生有一女婷婷六歲，

---

1　嘗口：答應。

二安人胡氏千刁萬惡，無生育，總想生子得寵，私通沈明禮還是不生。三安人祁氏乃三千銀從妓院買回的，只能做擺設，不會生小孩。所以潘員外可說是乏嗣，明知二妻胡氏不貞，卻不干涉，放點活路好方便自己尋花問柳。

　　單講胡氏見秋嬋俊俏能幹，商量馬氏桂芝調換秋嬋，馬氏不允，胡氏為奪秋嬋，想了一計，備迷藥一包，放進參湯，那晚輪到員外在胡氏房中宿夜，胡氏喊秋嬋做枕頭，給她喝了參湯昏迷，胡氏扶她上床，脫盡衣衫，蓋上被子，躲在一旁，員外進房，老起少心，害了秋嬋。胡氏來了不依。


# 第二場

### 胡氏安人罵夫

| | |
|---|---|
| 上前來不由人無名火起 | 罵一聲老東西枉披人皮 |
| 做些事喪天良天雷打你 | 幸虧我來得快破了祕密 |
| 全不想你到了什麼年紀 | 五十多已經是白鬍號鬚 |
| 秋嬋是黃花女只有十幾 | 只能夠稱父女不能配夫妻 |
| 這樣做你真是傷天害理 | 既損陰又缺德太把心欺 |
| 只怪我平素日慣失了你 | 穿花街走柳巷驕奢淫逸 |
| 年輕時吟風弄月倒還可以 | 到現在就應該戒除惡習 |
| 更何況你還是員外之體 | 也不論尊與卑聲名狼藉 |
| 老娘我今與你不得下地 | 我要你這老狗不好下席 |
| 請保正與保甲詞狀寫起 | 我親自進衙門去把鼓擊 |

### 員外回詞

| | |
|---|---|
| 賢安人莫聲張不要鬧吼 | 跪在地對賢妻苦把情求 |

| | |
|---|---|
| 求安人一定要替我遮醜 | 若告狀為夫的罵名千秋 |
| 人非聖賢孰能無過古言也用 | 莫怪我年紀大不把心收 |
| 只不過是誤會無心插柳 | 我確實昏了頭糊裡糊塗 |
| 適才間為夫的進房以後 | 是準備與安人一起安宿 |
| 揭被蓋我看得清清楚楚 | 不是你是秋嬋那個丫環 |
| 愛美之心應該是人人都有 | 那貓兒見了魚總還想偷 |
| 故所以才把這糊塗事做 | 事至此已經是木已成舟 |
| 這一次請賢妻高抬貴手 | 從今後凡百事讓你滿足 |
| 男子漢大丈夫說話算數 | 百依百順只看你有麼要求 |
| 要秋嬋做貼身把你侍候 | 說了就算賢德妻不必擔憂 |
| 從明天你留下秋嬋不走 | 大安人絕不敢吵鬧不休 |

陰險毒辣的胡氏為奪秋嬋，設計害這個姑娘失去了節貞，達到了自己的目的，穆桂芝調換到大房。

老賊玉章也不思悔改，時常對秋嬋逼姦，胡氏不管，恐管得嚴了對自己的自由不利，前書提過她是個不守婦道的女人。三月後，秋嬋懷孕，胡氏恐生子納妾受寵，假關心請郎中號脈穩脈，左脈在旺是男兒。

胡氏從此就起了毒謀之念，目生凶光，面藏殺氣。秋嬋早已察覺，恐以後有個三長兩短，無人報仇，唯有姐姐穆桂芝是知己，須得對姐說明，桂芝來了。


## 第三場

### 秋嬋對桂芝

| | |
|---|---|
| 見姐姐止不住淚往下滾 | 我正在心亂如麻姐姐來臨 |
| 問情由為妹的心如刀割 | 有一番囑託言姐姐請聽 |

並不是妹妹把斷路話論　　　我不說你不知其中隱情
恨胡氏二安人毒辣心狠　　　設圈套害為妹失了節貞
施奸計逼員外親口應允　　　才能夠把為妹奪來貼身
害得我到如今身懷有孕　　　懷的是潘玉章老賊之根
前幾天請郎中來把脈把　　　先生說是男胎萬確千真
從此後胡氏婦面帶憤恨　　　眼神內對為妹含有殺情
你說是這樣講無有憑證　　　桂芝姐你也知胡氏為人
防不測妹事先對姐告稟　　　請姐姐從此後時刻留神
倘若是為妹的身遭不幸　　　你一定要替我去把冤申

## 桂芝回詞

聞此言為姐的心中思想　　　二安人雖毒惡不敢猖狂
難道她就不替員外著想　　　三房妻室僅生有一個姑娘
潘玉章總在把兒子盼望　　　如不然好家財付於汪洋
望得你懷男胎天鼓一響　　　一定要善待你好接起煙香
二安人再潑惡不敢怎樣　　　這潘府當家的還是玉章
異日後妹妹把兒子生養　　　潘玉章一定是歡喜倍常
決不會容胡氏太把肆放　　　有可能將妹妹收為四房
到那時賢妹妹應該會想　　　你與胡氏平吃平坐榮耀光揚
如萬一妹有個不幸情況　　　為姐的絕不會袖手一旁
頗性命我也要道理評講　　　申含冤我一定擊鼓上堂
姐說了這些話妹把心放　　　但願得是空言改禍呈祥

　　桂芝的一番言語都是在寬妹妹的心，她深知胡氏的為人，從此備加警惕。因自己還要服侍大安人，有時照應不到。

　　再講潘玉章得知秋嬋懷了男胎，不准胡氏把她當丫環使喚，有事吩

咐旁人。老賊寬了秋嬋的心，若生兒子，你就是四安人。胡氏惱羞成怒，決心謀死秋嬋。

淳安縣城有個「濟生堂」藥鋪，潘府的補品、藥物由該字號供給記賬，年終結算，別人不能對口，只有員外登堂才能發藥，這是潘玉章防家僕與藥店串藥。有時員外懶步，就命桂芝來拿藥，日子久了，桂芝在藥鋪還學會了寫幾個字。

胡氏想好計策，命桂芝到「濟生堂」買砒霜毒耗子，以後好賴員外買毒，藥鋪有賬。又串通情夫沈明禮備好啞藥一包，用金簪挑破熱包子下了啞藥，哄桂芝吃了成了啞巴，桂芝情知上當，與胡氏拚命，被惡奴潘安、潘福捆綁丟在馬房，玉章一概不知此情。

胡氏又命人房中擺酒請員外，上菜生參圓子熱氣騰騰，胡氏假意殷勤員外，多吃幾個，員外說留幾個秋嬋，胡氏趁機下毒，員外端的秋嬋吃了七孔流血而亡，知道胡氏下了毒謀，怒罵胡氏。


# 第四場

## 潘員外罵妻

| | |
|---|---|
| 設計謀你經常欺騙於我 | 為你的一己之私勾心鬥角 |
| 曾不想為夫的要絕香火 | 望秋嬋生一子接起香爐腳 |
| 雖說是有你們妻妾幾個 | 試問你哪一個能夠生兒 |
| 你不生還說我是個老傢伙 | 瞞著我與別人偷偷摸摸 |
| 你與別人也不生怪不怪我 | 我與秋嬋懷了子你又怎說 |
| 我望她解了懷接起香火 | 潘氏門有後傳事興家合 |
| 誰知你把我的幻想打破 | 心存詭謀秋嬋命見閻羅 |
| 這樣做你好比拿刀殺我 | 潘玉章要與你拚死覓活 |
| 一屍兩命你休想把禍藏躲 | 我要你還血債去見閻羅 |

| | |
|---|---|
| 馬上去請保正來到家所 | 具詞狀去衙門把你綁走 |
| 大老爺坐法堂據理分頗 | 按王法要殺掉你的腦殼 |

## 胡氏回詞

| | |
|---|---|
| 要告狀就奉陪一同前往 | 這一回我要你認得老娘 |
| 是清官就不會不由辯講 | 輸與贏在公堂憑嘴一張 |
| 大老爺不知道真實情況 | 說得脫走得脫看誰遭殃 |
| 你說我謀丫環我就辯講 | 說是你謀死的嫁禍栽贓 |
| 因逼姦她不從謀死命喪 | 求老爺破腹看懷有兒郎 |
| 還可到濟生堂藥鋪查賬 | 我胡氏冇有去買過砒霜 |
| 若說我將毒藥圓子內放 | 你為何要親手端與她嘗 |
| 老東西你若是再把嘴 | 老娘我就要你斬首身亡 |
| 只要你肯低頭我可原諒 | 一切事都要聽我的主張 |
| 這屍首不能夠隨便安葬 | 要防備案情發翻屍驗傷 |
| 命心腹抬遠些就用火葬 | 把骨灰埋深些神鬼難詳 |
| 然後再防後路要用重賞 | 找一人說他是行醫內行 |
| 做見證說秋嬋偶染病恙 | 醫不好一病亡留有藥方 |
| 異日後如有人把秋嬋查訪 | 就是這一妙招可發提防 |
| 應允了不要你把我誇獎 | 莫遲挨馬上辦還要趕忙 |

二人正在密謀，不知隔牆有耳，被穆桂芝聽得清清楚楚，她被捆在馬房是怎麼來了的呢？

各位，桂芝被綁在馬房，雖不能言語，心想胡氏要下手了，送信秋嬋，身不由己，心急如火，滾到扎馬草的扎刀旁割斷繩子，到秋嬋住處，胡氏正在與夫吵鬧，秋嬋已死，好在是夜晚，啞女逃了。

回書再講胡氏商量員外請沈明禮做假見證人，沈明禮破落弟子，擺

棋攤謀生，因玉章喜歡下棋故成知己，常來常往，人品又端正，年紀小玉章十歲，被胡氏勾上了手，借種生子，天不保佑。

潘玉章命心腹潘福準備抬屍火焚，潘安請來沈明禮，在秋嬋房中擺的茶食，屍體還在地上。

# 第五場

## 玉章對沈明禮

| | |
|---|---|
| 沈賢弟進房來權且坐下 | 桌案上擺得有菸酒糖茶 |
| 見女屍沈賢弟不要害怕 | 為此事才接你來到我家 |
| 對賢弟潘玉章不說假話 | 是我的二安人毒死了她 |
| 人命案非小可關係重大 | 曾恐怕到後來要把案發 |
| 到那時要過堂官司來打 | 我怕的在堂上要受刑法 |
| 無人證我就要去坐監牢 | 請你來勞煩你替我設法 |
| 這件事不能推有勞大駕 | 要念在二安人我的個她 |
| 難道你聽不懂我說的話 | 你二人做的事我布揭發 |
| 答應了為兄我早有計劃 | 在堂上你不要七扯八拉 |
| 只說你是醫生的確不假 | 就說她是暴病或是急痧 |
| 法堂上做證人幫我一把 | 我日後一定會把你提拔 |
| 這白銀兩百兩暫且收下 | 拿回家任憑你自己開發 |
| 我還要囑咐你穩住嘴巴 | 在外面切不可說七說八 |
| 這暫些我潘某不留大駕 | 等風聲平靜後再來我家 |

沈明禮一則是貪財，二則人有柄在玉章手中，不敢不聽，按玉章說的暴病急痧練好了口詞，還抄了一張處方藥單，準備到時過堂作偽證。

潘玉章的心腹惡奴潘安、潘福用麻袋裝了秋嬋的屍體，連夜抬到杉

林焚燒，因淳安縣廣出杉木，到處是杉樹林，一望無際，兩名惡奴焚屍挖土埋灰後回府，遵二安人之命勒死桂芝滅口，早已逃了，因是在街上買回的，沒有地腳板[1]，當然就找她不著。

單講焚秋嬋的地方沒過好長時間，長出茂草，像血一樣紅，很多人前來觀看，議論紛紛，有人說是地脈好，葬了老人，後人必點狀元，有人說地下有寶，驚動一人也來觀看，就是淳安縣令海瑞。

海瑞字剛峰，廣東省瓊山縣人氏，父親海玉恆員外身分，母親繆氏，積善之家，四十三歲生下海瑞，海瑞十歲父亡，繆氏安人獨自撫子成人，鄉試中舉後進京會進，放淳安知縣。勤政愛民，政績卓著，清正廉明，人稱海青天。今日微服私訪，帶了海雄、海安二人來看了地脈，並非吉地，等人散後，驗土有人體油質味，此地必定焚過屍首，海瑞推測野外焚屍，必有冤情，長出茂草，「茂草埋冤」，海瑞命海雄、海安隱藏觀動靜。

正值七月半節期，十五的那天夜晚有一女子到茂草處插香燒紙，哭不出來，是個啞女。海安跟蹤，海雄回稟老爺，海大人連夜趕到。海安稟報，啞女進了杉林一茅棚內，棚內有一老婆婆，海大人進棚說了自己的身分，問啞女是您的什麼人？孫女。是怎樣啞的？祖孫怎麼住在杉林，望太婆說明。


# 第六場

## 太婆對海大人

對大人訴情由一言難盡　　　未開口不由人老淚縱橫

---

1　地腳板：方言，指居住的地址。

老身我確實是一條苦命　　兒子死媳婦亡說都寒心
丟下了小孫女三歲將近　　我祖孫相依為命孤苦伶仃
可憐我祖孫們地無一頃　　無住處只能在杉林安身
搭這點小茅棚鑽出鑽進　　砍柴賣才能撫孫女成人
撫她到十五歲我又得病　　穆桂芝我孫女自賣自身
兒賣身救了我這條老命　　潘玉章買進府服侍安人
她從前能說會道百事靈敏　　在潘家有兩年啞病上身
冇啞前與秋嬋結了異姓　　秋嬋女本姓羅也是苦人
為抵債到潘家低人一等　　羅家灣她的父名叫相林
到茅棚來兩次偷偷出進　　故所以我知道一些原因
有一天桂芝她逃回家境　　成啞巴我觀她落淚傷心
會寫字在地上我不識認　　有時候拿香燭出去上墳
我看她冇準備再到潘姓　　那潘家從冇有上門要人
請大人你頗斷內中究竟　　老婆子我一定不忘大恩

　　海大人寬了太婆的心，然後來問啞女桂芝。

　　列位，啞女是怎麼到長茂草的地方去上墳的呢？這在書中是個埋筆，自那天見秋嬋已死，逃出潘府到了杉林之中，因是晚上，見火光衝天，摸攏來聽見潘安、潘福，說快些把秋嬋燒化好回去覆命，啞女心知肚明，回草棚哭，奶奶不懂。前書說過在她藥鋪學會了寫幾個字，在地上用棍子寫「秋嬋死了，我要申冤」。奶奶又不識字，又是孤戶獨家，所以啞女就去上墳，被海安跟蹤了，引來了海青天。海大人問了奶奶後，來問啞女，她還是寫了八個字，海瑞知道是啞女申冤，告辭回衙。

　　海瑞在閱卷室沉思一晚，想到羅秋嬋肯定在潘府被謀害，火焚屍骨，是防留下蛛絲馬跡，為什麼謀害一個丫環呢？沒有證據不能拘拿潘玉章，還必須要有原告他，想到此決心巧破焚屍案。

次日，密令海雄暗請羅相林來衙問了情由，叫他潘府探女，適可而止，付銀十兩羅相林安排生活。羅相林潘府探女得到答覆，秋嬋暴病醫生難治死了，潘家安葬，若吵鬧就付安葬費用，又把了銀子五十兩軟收拾他，回稟海大人，海瑞設法取證破案。

再講胡氏去掉秋嬋，又想害大安人，謀正室之位，如能生子傳後，就可掌握潘家，那天得知羅相林探女，軟硬兼施打發走了，還是心有餘悸，轉到村頭見有相士看相算命，人圍數層，都說很靈，回府吩咐丫環相請。

書中交代，相士乃海瑞喬裝改扮，差人們換的便服做媒子，丫環請先生給潘家胡安人看相算命。

# 第七場

## 海瑞看相算命

| | |
|---|---|
| 胡安人要看相把我來請 | 是問財是問運是問子孫 |
| 觀面相胡安人大有福分 | 相上有兩個子接起後根 |
| 這貴子得的遲根基就穩 | 如若是早得子就有災星 |
| 若要問安人你幾時受孕 | 必須要測個字方可斷明 |
| 安人你拈案字大不吉慶 | 對安人生兒子阻力不輕 |
| 把案字畫分為三個部分 | 上寶蓋中間女木字是根 |
| 寶蓋頭是安人威威一品 | 蓋住了這女子難把頭伸 |
| 問安人你是否謀過人命 | 謀的是一女子成了冤魂 |
| 你如果不說實對我瞞隱 | 我無法點化你望子不成 |
| 因這位被害女冇把棺進 | 故所以就專打杉木存身 |
| 潘家的門檻是杉木做定 | 她坐在門檻上阻擋諸神 |
| 送子娘娘到門口難把門進 | 她攔住送子娘娘要把冤申 |

唯只有到廟堂去求神聖　　解除她這冤魂再轉人生
請師為主按我這說法辦准　　保險你到明年貴子雙生

## 胡氏回詞

這先生你測字真是神算　　測出了這祕密破了機關
死丫環本來是有此一段　　說謀命確實是把我背冤
說起來話就長有些委婉　　不怪我只怪那丫環秋嬋
她不該與員外打皮鬧絆　　我親自捉了奸有把丑掀
他二人不知足藕絲不斷　　羅秋嬋懷了孕難顧羞慚
請了個老先生把脈評看　　先生說懷的是一個兒男
我因此心不甘千腸百轉　　有兒子員外就喜歡秋嬋
我早就想生子獨掌家產　　絕不能好事那秋嬋丫環
不得已才下手毒藥備辦　　肉圓子下砒霜送她上山
將屍首焚骨灰謹防發案　　是燒在杉林中有有裝棺
有算到小賤人陰魂不散　　請先生安置她圖個安然
這祕密對旁人莫說長短　　先生你只要穩莫往外傳

「安人放心，我們江湖中人，為的是掙錢餬口，明日午時，我到你家來安置，然後到廟中超度她脫身。」

「謝先生，這有紋銀五十兩，先拿著喝茶，我明天午時等先生來，不送了……」

海大人套出了秋嬋死的情況，回衙命羅相林具狀，次日午時捉了潘玉章與胡氏，請來啞女婆孫，二堂款待。胡氏押在茶房，先審潘員外。「羅相林告你謀死女兒秋嬋，活要交人，死要交屍。」「秋嬋暴病，請醫醫治無效而亡，醫生沈明禮可以作證。」命傳沈明禮。

# 第八場

## 沈明禮上堂

大老爺坐淳安官風可讚　　有耳聞海大人是位清官
提小人上法堂不知何干　　請大人將情由直接說穿
既是為羅秋嬋丫環一案　　沈明禮可作證細說根源
秋嬋女得急病請我去看　　我是個老中醫高名遠傳
她得的是暴病刻不容緩　　又好像是急痧緊閉牙關
閉了竅我用藥並不緩慢　　開竅藥用的是當歸魚肝
藥下去生了效當時醒轉　　又開了幾味藥診斷病源
川杜仲破故子還有續旦　　鮮紅花佐秦艽外加京山
猴三七朋莪朮都是錢半　　威靈仙粉甘草藥物團圓
這服藥吃下去可除病患　　誰知她當夜晚命赴陰山
一定是羅秋嬋陽壽已滿　　這完全不能與玉章相干
沈明禮願當堂作證息案　　將藥單呈公案大人請觀

## 大人回詞

觀看了這藥單真是好笑　　沈明禮你真是一個草包
幾句話把馬腳露出來了　　作偽證完全是袖裡藏刀
你早就與玉章設有圈套　　用一個假醫生來把案消
就憑你這藥單就可知道　　這單方一定是別處轉抄
他請你看秋嬋說是閉竅　　用當歸來開竅誰把你教
你還說竅被開當時轉好　　開了這一服藥只有哄苕
京山梭朋莪朮氣疼需要　　川杜仲破故子中只能治腰
猴三七論損傷不可缺少　　為什麼還要用續旦秦艽
粉甘草是一位解毒藥草　　威靈仙辛鹹走散效果更高

| | |
|---|---|
| 這一個假藥方虧了你找 | 一定是受了賄才把神勞 |
| 識時務你快把實情稟告 | 作偽證我叫你插翅難逃 |
| 叫左右馬上把五刑擺好 | 沈明禮你究竟有招無招 |

### 沈明禮招供

| | |
|---|---|
| 海大人莫動刑暫且息怒 | 沈明禮我有招細說從頭 |
| 謀秋嬋是胡氏下的毒手 | 她又怕發了案要坐監獄 |
| 只因我與胡氏早有一手 | 潘玉章才接我與他分憂 |
| 設一計作偽證交代清楚 | 說秋嬋得的是急病歸陰 |
| 拿紋銀兩百整送我喝酒 | 得了賄我才把假藥方謀 |
| 萬不料上法堂剛一開口 | 海大人就識破我的計謀 |
| 冇算到當官的還懂醫路 | 也只怪沈明禮我太昏頭 |
| 為什麼謀秋嬋玉章清楚 | 定是他與胡氏合夥同謀 |
| 知道的對老爺全部說透 | 我不敢再說謊一點冇留 |

　　畫供收監，玉章在一旁聽得清清白白，怕大人審胡氏時胡氏反咬一口，想到自己有罪，不會殺頭，不如先招下供來，喊道：「大人，我有招。」海大人坐堂不退。

# 第九場

### 潘玉章招供

| | |
|---|---|
| 潘玉章在公堂我願招案 | 海大人一定要法律從寬 |
| 羅秋嬋初來到我的家院 | 就做了大安人貼身丫環 |
| 二安人見秋嬋聰明能幹 | 想秋嬋做貼身我不從權 |
| 胡氏婦不服氣迷藥備辦 | 哄秋嬋服迷藥如死一般 |

我有錯就錯在當天夜晚　　不應該與秋嬋魚水合歡
落圈套胡氏婦如了心願　　卻不料秋嬋受孕懷了一男
又怕她生兒子得了家產　　故所以辦毒藥謀死秋嬋
砒霜是穆桂芝當的買辦　　她被害吃了啞藥逃出家園
二安人防後路神機妙算　　才請出沈明禮設此圈套
火焚了秋嬋屍以絕後患　　又誰知出現了茂草埋冤
海大人巧破了這一奇案　　你不是看相的卻是縣官
求大人對玉章從輕判斷　　這罪惡歸胡氏一人承擔

　　畫押暫押一旁，傳胡氏上堂，請穆桂芝與奶奶上堂，胡氏大驚，抬頭見大人乃是相士先生，連小便都失了禁，供認不諱，招出了所有的罪惡，捉了潘安、潘福二個惡奴。詳文上司回文轉。

　　判：胡氏斬在秋嬋焚屍處，已立了衣冠墓。

　　潘玉章、潘安、潘福、沈明禮發配充軍，都死在中途路上。潘府的產業一半判歸羅相林，一半歸桂芝婆孫。

　　大安人、三安人在回文轉之前就帶私房錢各自討人去了。潘玉章為富不仁，落得冰消瓦解。穆桂芝由海青天求名醫治好，許了人戶，養奶奶的老。

　　海瑞此書中無交代，此書只是海公案裡的一折。


　　　　　　　書終　二〇〇九年冬月寫於馬口文化站

# 雙逼婚

熊乃國

　　清康熙在位，湖北省漢陽府漢陽縣蔡甸鎮下約八里金牛山南莊一人尤吉安以駕船貿易為業，日食可過，妻子楊金花，膝下子女姐弟兩個。姑娘香芝幼許山北莊財主何福成之子必達為室。兒子尤光祖自幼嬌生慣養，生性愚笨，尚未定親。

　　這南莊還有一人王國玉漁夫，鰥居，妻子楊艮花是尤吉安的親姨妹，因爹娘去世，無兄無弟，十八歲時姐姐做媒嫁與國玉生下一子寶成，到八歲由漁夫吳正才為媒說合北莊漁夫魯宜春之女桃仙為室。

　　這金牛山南北二莊只有一個學館，尤光祖、王寶成、魯桃仙都是八九歲的伢，在一個學館讀書。

　　單講尤吉安乃是好色之徒，姨夫王國玉貧窮老實常到長河打魚，常不在家，尤吉安以照顧姨妹母子的生活為藉口，調戲楊艮花，企圖達到私通苟合的目的。姨妹貞烈不從，總是設法支脫。

　　四年以後，寶成十二歲，漁不好打了，年成也不好，為了供兒子讀書，還有一家人的生活，國玉只好賣掉漁船起坡另謀生路，結果一事無成，因為人太憨厚了，妻子勸國玉託人找份賣力的事做。

　　這年陰曆六月，尤吉安辦了一船錢紙，準備到漢川脈旺一帶去賣，船載十噸，只有一個夥計李黑皮，無父無母單身漢，吃住在船上，已幫了吉安三年。

　　尤吉安知道姨夫家的日子難過，想先買活國玉，然後釣姨妹這條魚上鉤，在莊頭對國玉講請他上船幫忙，是親有三顧，明日上船到漢川，快回去拿換洗衣服，國玉歸家對妻說明此事，楊艮花知道姨夫的用心，

又不好直說，只能說個半透半明。

# 第一場

## 楊艮花對夫

夫說是幫姨夫駕船運貨　　　為妻的我聽了有些思索
奉勸夫最好是不去為妥　　　我的話到唇邊不好明說
兩姨夫應說要平起平坐　　　你不能去幫他抽頭扶腳
顧臉皮餓肚皮話是不錯　　　妻擔心夫老實不知善惡
可知暗箭難防明槍易躲　　　人的心隔肚皮古言不錯
有的人趁丈夫不在家所　　　耍手段總想占別人老婆
還有人假仁義居心測叵　　　小恩惠可以把人心買活
妻我是打比方擔心後果　　　話只說關之掩自己揣摩
去不去奴的夫再莫問我　　　請夫君你自己拿定把握

## 國玉回詞

妻說的這些話令我難辨　　　怪只怪王國玉家屋貧寒
答應了就不能易復易反　　　說的是我明天就要上船
雖然是幫姨夫承蒙照看　　　論路程不多遠只到漢川
連去來不會超過七月半[1]　望賢妻在家中百事耐煩
妻擔心怕有人尋事鬧畔　　　天不黑你早些就把門關
寶成兒十二歲陪你做伴　　　也不怕浪子狂徒行橫蠻
十天半月為夫的就把家轉　請賢妻不要怕儘管望安

---

1　七月半：漢川民風民俗七月十五是祭祀亡魂的日子。

（我，我就是擔心姨夫……）

　　吉安哥做買賣老謀深算　　　　怎麼要賢德妻你把心擔

（如此說來，是為妻的多慮了。）

　　看起來賢德妻是心慈良善　　　我前世是跪了繡花蒲團

　　妻在家等我回來過月半　　　　那時節夫妻父子團團圓圓


　　王國玉真是太忠厚了，妻子的話哪裡打得開茅塞，次日上船起程。

　　清朝初業還沒有現在的蔡甸河通漢水，那時是湖水茫茫，沒有圍院子，船在湖裡走轉口出湖，再走下水三十里到漢口集家嘴再走上水入漢江就要上坡拉縴，只有幾天到了脈旺攏了碼頭，時近月半，錢紙正是俏貨，銷完後買的酒肉吃了後準備回漢陽。

　　正在這時來了個漢陽人搭船，尤吉安認得是棉花莊上的劉管事，手提大皮箱非常吃力，尤幫忙接箱沉重，知是金銀，船走下水快到龍王廟，劉管事已被吉安用酒勸醉，鼾聲如雷，時值半夜，尤叫王國玉幫忙謀財害命，國玉不可，勸哥哥莫傷天害理，被吉安一刀砍了拋湖中，又殺了劉管事屍拋湖中，嚇得搖櫓的李黑皮一聲尖叫，尤吉安又是一刀殺人滅口，李一歪落入湖中。天黑風大浪高，船無人掌舵，打了橫，尤吉安掌舵，船往漢口方向去了。

　　再講李黑皮只是被砍傷，水性極好，游上岸求人包了傷口回南山莊報信等到晚上到國玉門口，此時艮花母子已經睡下了，特別是艮花，自從丈夫走後，心神不寧，昨晚夢見國玉渾身是血歸來，這暫聽見是黑皮的聲音喊門，冇驚醒兒子寶成。

# 第二場

## 李黑皮報信

艮花嫂莫高聲請聽我論　　李黑皮我本是死裡逃生
到漢川船停在脈旺小鎮　　把貨物銷完了準備起程
來了個搭船客箱裝銀錠　　尤吉安起歹心謀殺客人
你丈夫阻攔他兩下爭論　　尤吉安殺你夫屍拋江心
進船艙殺客商謀財害命　　在船尾駭得我口呆目瞪
恨賊子要滅口拿刀逼近　　我受傷跳了江隨水翻騰
幸喜我水性好保住性命　　才暗中來報信嫂莫傷心
我擔心你母子以後處境　　艮花嫂要提防斬草除根
你如果有膽量去把狀稟　　李黑皮願當堂去做證人
我如今無處去隻身獨影　　唯只有到蔡甸躲避投親
艮花嫂你快把主意拿穩　　或告狀或逃走快作調停

## 艮花回詞

聞此言止不住悲聲大放　　哭一聲奴的夫痛斷肝腸
夫出門為妻的難把心放　　冇算到夫落得這樣下場
恨只恨尤吉安天殺孽障　　起的是謀夫奪妻狠毒心腸
狗賊子六親不認痴心妄想　　時常地到我家言語荒唐
我當他是姐夫總是忍讓　　夫面前我也是從不聲張
夫這次去幫他搖船駕槳　　我也曾勸阻夫語重心長
夫說是家貧窮無法可想　　才上船去幫他遭此禍殃
夫被殺丟為妻無有依傍　　吉安賊他定要設法想方
寶成兒十二歲不知四向　　我孤兒和寡母哪有主張
更不敢到衙門申冤告狀　　一無錢二無人三無商量

| 唯只有帶著兒出外流浪 | 免得兒被吉安惡狼所傷 |
| 報冤仇寄託在兒的身上 | 兒成人到蔡甸找你幫忙 |
| 此時刻兒睡著夢蟲一樣 | 不知道已經是家破人亡 |
| 對姣兒暫隱瞞事情真相 | 怕的是兒年輕莽撞荒唐 |
| 不留你請速急蔡甸而往 | 兒成人去申冤請你上堂 |

艮花清了幾件衣服送給黑皮，黑皮連夜到蔡甸投姑母去了。可憐艮花眼望熟睡的兒子，想到娘婆二家無人，無處可逃，看吉安歸來如何交代。

再講，尤吉安把船駕到龍王廟下游把船賣了。花錢請人回漢陽做假證說船翻了，黑皮、國玉淹死撈屍不著，多虧這二位救我，說著痛哭不止，艮花心裡是靜的，只能抱著寶成哭死哭活。

尤吉安打發來人走了後，假仁假義叫妻金花接姨妹母子到家一起過。艮花說命苦八字硬了，莫牽連姐姐一家。金花回家說明情況，吉安心中划算，晚上到姨妹家來釣這條魚上鉤。寶成已睡著了，艮花在燈前思緒萬千，姨夫來了。

## 第三場

### 吉安對姨妹逼婚

| 眼望著賢姨妹生活難度 | 兄有言勸告你請聽從頭 |
| 這也是王門中天不保佑 | 在長江翻了船妹丈歸西 |
| 一定是他有有修到陽壽 | 死江中難打撈屍骨難收 |
| 丟姨妹好人品無福消受 | 可惜了好青春一世孤獨 |
| 為兄的我擔心姨妹以後 | 這個寡依我說冇得守頭 |
| 凡是親有三顧古言說就 | 為兄的我應該替你擔憂 |

到我家一起住有人侍候　　穿綾羅吃美味百事不愁
你若是感覺到孤獨時候　　有為兄我與你相伴應酬
做一對暗鴛鴦銀河暗渡　　還不是一樣的到老白頭
這是我相勸你婆心苦口　　切莫把好青春付於水流

## 艮花回詞

聽此言氣得我柔腸寸斷　　休把我看成是意馬心猿
國玉死凡是人都要可嘆　　難道說姨夫你就不心寒
守夫靈本是我心甘情願　　我不愛姨夫的金銀堆山
若要問我以後生活怎辦　　願討口度我的一日兩餐
把寶成撫成人再作打算　　到日後替我的丈夫申冤
（瞎說，翻船淹死有什麼冤？）

昨夜晚夫的魂把家回轉　　對我講死陰司不是翻船
他說是有賊子把他暗算　　用柴刀劈死他靈魂杳然
我追問是何人如此大膽　　夫說是人死了再不結冤
他叫我也不要告狀報案　　兇手的名和姓不肯說穿
雖說是一個夢夢得悽慘　　這個夢做得我毛骨悚然
請姨夫再莫來胡言亂款[1]　　我的家不寧靜鬼把人纏
再不走我就把寶成叫喊　　若要我順從你萬難從權

　連駭帶喊，吉安只得罷了，邊走邊道：賤骨頭，小心你母子的性命。艮花候賊子走了，喊醒兒子，說有人害我母子，只有連夜逃走。

　　母子連夜到媒人吳正才家說出門謀生，兒子在六年之內滿了十八歲不回，魯家的婚事作罷，煩吳大哥轉告親家魯宜春。吳次日轉告魯家不

---

1　款：方言，同「說」。

題。

再講艮花母子逃到湖南嶽州被陳運清員外請去照料中了風的安人李氏。楊氏對員外說夫死無依，帶子出外謀生，隱瞞了真相。

回書再說尤吉安得知姨妹跑了，也擔了一陣子的心，謊妻說妹被野漢拐走，以後就靠發的橫財買了田，將租放賬，再不敢買船駕，怕冤魂尋岔子。

六年以後，尤光祖十九歲，無人做媒定親，男大思婚。姐姐已嫁何家。他到姐姐香芝家去玩遇著桃仙，回家病了。

## 第四場

### 金花問兒病

見姣兒病沉重娘心難過　　猶如是萬把刀插我心窩
為娘的只生有姣兒一個　　尤氏門指望兒接起香腳
撫兒到十九歲光陰易過　　百年後娘望兒送上山坡
到如今兒得病床上久臥　　眼不睜口不張不吃不喝
藥吃了很多副又無效果　　也不知是得的什麼病魔
朝每日娘心中如同刀剁　　怕的是兒有個一差二錯
莫不是有邪氣到我家所　　娘命人請神駕來逼邪魔
求上天保佑兒無災無禍　　求菩薩賜一道靈丹妙藥
兒不要嘆長氣阻攔於我　　不是病為什麼不吃不喝
有什麼心事話對娘說破　　絕不能悶在心有話不說

### 光祖回詞

老娘親問病情淚如雨點　　為兒的這性命難以保全
為兒的這毛病非常危險　　日昏迷夜沉重不能安眠

這是個對頭病有加無減　　這些時一直是神魂倒顛
娘莫去接菩薩莫把藥點　　兒怕的這性命難以久延
說出來望母親要拿主見　　我得的相思病長悶心間
姨表弟王寶成突然不見　　他母子失了蹤已有六年
未婚妻魯桃仙生得體面　　論容貌可蓋世賽過天仙
走路時無意中把她碰見　　她走後我確實欠得流涎
回家來臥床上難以閉眼　　一心想和桃仙偕老百年
話說明請母親請媒牽線　　一定要娶桃仙救命神仙
為兒的要桃仙決心不變　　辦不到兒只有命喪九泉

　　楊氏只得告訴丈夫請媒上魯宜春的門，魯宜春講女乃尤吉安的姨侄媳，早許寶成。媒人回覆尤家，尤光祖見做媒不成，要父找姐夫之父何福成定計晚上把何家的牛拴系魯門，請保證通知魯宜春準備見官，誣魯偷耕牛，魯宜春怕事，又想當年媒人吳正才的話六年已滿，請尤吉安向親家何福成求個人情，事成允婚。擇期十月初八。

　　再說楊艮花母子在岳州精心服侍陳運清的安人。李氏安人逐漸康復，見寶成聰明，讓他與自己的兒子陳古一起讀書。六年以後，寶成十八歲，楊氏想起當年對媒人的言論，愁眉不展。李氏安人問她，她說兒子八歲時定魯桃仙為妻，當年出來我對媒人講六年不歸婚姻作罷論。現已六年，所以愁悶。陳員外夫婦助銀五十兩命寶成先回漢陽探婚。如未嫁，成親包在我身上，我收寶成為義子。寶成母子千恩萬謝。晚上艮花與子餞行，準備吐實言。

# 第五場

## 楊氏餞兒行

兒離娘到漢陽把親探聽　　扯兒手不由娘泣不成聲
皆因是你父親陡遭不幸　　我母子才落得在外飄零
在陳家已六年承沐照應　　想起你爹的死落淚傷心
並不是翻了船死於非命　　為娘的把死因瞞到如今
是被人在船上劈死命盡　　真兇手我和他還是至親
你姨爹尤吉安凶暴殘忍　　謀你爹他是想逼占娘親
是多虧李黑皮暗中報信　　是吉安船上的一個傭人
他說那尤吉安謀財害命　　殺一個搭船客要奪金銀
你父親阻攔他身遭不幸　　李黑皮在一旁駭得心驚
他也被賊殺傷跳江逃命　　報信我要謹防斬草除根
小姣兒你當時熟睡未醒　　所以娘瞞住你不敢說明
怕的是年紀輕一時逞性　　仇難報斷絕了王門後根
娘今天把隱情對兒細論　　寶成兒要報仇三思而行
若告狀兒就到蔡甸小鎮　　找黑皮他上堂可做證人
依娘的兒先把婚事探聽　　金牛山南莊裡先找媒人
好和歹吳正才必有正論　　魯桃仙如未嫁準備迎親
如果她已另嫁兒莫爭論　　青山在有柴燒古之常云
訪婚姻報仇恨兒要機警　　這兩椿辦完後速急回程

## 寶成回詞

聞娘言不由兒咽喉哽哽　　我心中如刀絞怒氣難平
我父親遭殘害死於非命　　殺父仇若不報誓不為人
尤吉安不是人心腸毒狠　　劫客商謀人命法不容情

| | |
|---|---|
| 欺負娘他竟然六親不認 | 這賊子他簡直不如獸禽 |
| 兒一定到蔡甸黑皮訪問 | 問清楚兒然後就把狀呈 |
| 為兒的雖不才讀過書本 | 一定把賊告得抵命歸陰 |
| 魯家的婚姻事兒先探聽 | 找著了吳媒翁一問就明 |
| 老娘親請放心不要淚滾 | 為兒的我一定見機而行 |
| 天不早請母親進房安寢 | 在陳府等兒的佳音回程 |

次日起程，非止一日到了漢陽金牛山南莊，那天正是十月初八初更，先到媒人吳正才家，吳叔叔埋怨怎麼不早些回來。魯桃仙已被尤家父子逼得今天拜堂成親，聽說非常熱鬧，寶成嘆氣走了。

再講尤光祖婚事熱鬧，客親很多，鬧房到了三更方才散了，新郎要到花園上廁所，新娘趁機關緊房門，以為他行了方便轉來要鬧的，魯桃仙準備拼著一死保節，誰知一晚上非常寧靜。

次日天明，吉安夫婦喊兒媳端茶，桃仙開門說新郎冇回房，尤吉安命人找到花園廁所，見光祖頭被砸破死在茅廁門口。

# 第六場

## 吉安夫婦哭屍

| | |
|---|---|
| 抱兒屍為娘的魂魄不在 | 叫一聲光祖兒我的乖乖 |
| 我二老只有你傳宗接代 | 猛然間父猶如天塌下來 |
| 撫姣兒到如今一十九載 | 得相思才請媒定下親來 |
| 擇吉期來沖喜花燭交拜 | 指望是兒與媳百年和諧 |
| 賀喜的賓客們人人都愛 | 都稱讚兒與媳女貌男才 |
| 都愛兒猶如是潘安還在 | 愛媳婦好比那西施轉胎 |
| 新婚夜我的兒被賊殺害 | 這一件大奇事令人難猜 |

尤吉安我為人良心不壞　　為什麼家門敗橫禍飛來
恨賊子做的事天良何在　　罵一聲殺人賊該死該埋
害得我尤門中絕了後代　　想到此哭聲兒傷心悲哀
昨日裡慶花燭張燈結綵　　今日裡遭不幸出此大災
我二老好似那船沉大海　　出此難又好比馬碰懸崖
昨夜晚到三更到還清泰　　這賊子從哪裡鑽進園來
細思想兒被殺媳婦還在　　必須要問桃仙賊從何來
想必是媳婦在娘家有拐　　串通了姦夫來謀我兒孩
依我看不管她是好是壞　　把桃仙問了後再作主裁

　　尤吉安到縣報案控桃仙勾引姦夫，謀殺親夫，老爺劉卓勘驗，果係破頭砸死，埋屍拿魯氏回衙。

# 第七場

## 魯桃仙上堂

法堂上懸的是清如明鏡　　大老爺容小女把冤訴明
魯桃仙我自幼讀過書本　　知三從曉四德緊守閨門
尤光祖被謀殺這是報應　　本是他仗勢力奪親逼婚
奴自幼與王姓結為秦晉　　吳正才為媒證許配寶成
王寶成尤光祖同灣鄰近　　他二人本來是姨表至親
王寶成十二歲父遭不幸　　他母子出外鄉找過媒人
說六年若不回可另許姓　　我父女一直在望他回程
尤吉安說婚姻我父不允　　說許配你姨侄應該知聞
他父子忙請人計策想盡　　找的是他親家號叫福成
誣我父偷了牛捕風捉影　　要見官父無法才到尤門

請吉安找福成不把狀稟　　尤吉安逼我父答應婚姻
拜堂後鬧房到三更已進　　尤光祖上廁所未有回程
天明亮才發現被人謀命　　也不知是何人謀他命傾
這是他兩父子該顯報應　　不逼婚就不會禍從天臨
大老爺如若要把我罪定　　那姦夫在哪裡他是何人
小女子就是死也不怨恨　　大老爺一定要以理服人
一定要先把那偷牛案審　　先處治尤吉安以誡世人
然後把人命案詳查斷審　　冤死了小女子我也甘心
我好比是羊羔殺場走進　　死陰司也可免受人辱凌

　　劉卓是清官，認為桃仙說得有理，傳吳正才問了情況，先審逼婚案，再查人命案，傳何福成先打二十板。

# 第八場

## 何福成上堂

大老爺坐法堂威風凜凜　　聽小民一一的細說分明
我名叫何福成財主身分　　人稱我硝鑢水赫赫有名
我親家尤吉安把我相請　　他求我幫個忙救他兒身
尤光祖見桃仙人品秀俊　　回家去得了病如鬼勾魂
這是個單相思害人毛病　　定要娶魯桃仙這個美人
我心想魯宜春忠厚本分　　出計策威脅他一定允婚
我說他偷耕牛要把狀稟　　老實人怕坐牢又怕受刑
他知我硝鑢水有錢有狠　　就是那閻王爺也讓三分
魯宜春無奈何只有答應　　尤親家擇了期花轎迎親
冇算倒新郎官死於非命　　斷絕了尤吉安他的後根

這本是實供招並無詭稟　　　請老爺釋放我再不害人

　　收入監內，膽大的尤吉安，姑念你兒子死得苦，暫不治你罪，殺人兇手待本縣慢查，回去思過吧。老爺也不聲張，桃仙暫且羈押。
　　再講楊艮花望子不回，心驚肉跳，終於有一天晚上兒子回了臉色不好，上床就睡，病了，楊艮花以為失婚慪氣，稟安人請員外去問情況。

# 第九場

## 寶成對員外

員外問我不知從何開口　　　並不是失婚姻心中憂愁
說出來求員外把我搭救　　　我謀了一條人命做事糊塗
蒙員外賜路費漢陽一走　　　見媒人吳正才只是搖頭
他說我去遲了已失婚媾　　　未婚妻被逼迫已拜花燭
逼婚姻是我的表兄光祖　　　姨老表家富足他本姓尤
聽罷言辭媒人即刻就走　　　一邊走一邊想舊恨新仇
六年前我母子走投無路　　　是姨爹尤吉安把我父謀
李黑皮看見他下的毒手　　　刀砍死拋長江隨水奔流
逼迫娘他還要殺我絕後　　　故所以我母子逃到岳州
想起這新仇舊恨氣沖牛斗　　　花燭夜到尤家我要報仇
翻院牆進花園三更時候　　　見一人提燈籠出了新樓
原來是尤光祖他要解手　　　跟著他我摸到幾塊磚頭
乘不備用磚頭砸他頭首　　　兩三下血直流性命歸旮
出花園我一想心中發抖　　　匆忙忙由漢陽逃回岳州
雖逃脫我是在擔心以後　　　恐連累新娘子要進牢囚
魯桃仙她和我許配自幼　　　在一起讀詩書意合情投

尤吉安死了兒豈肯放手　　一定要誣桃仙把他兒謀

為此事心不安思前想後　　話說明請員外指點迷途

## 員外回詞

聽寶成說出了前後情況　　這件事我不會袖手一旁

六年整你母子隱瞞真相　　到如今我才知這些隱藏

我打算陪你去漢陽一趟　　了結這人命案我有主張

你先去投案自首反告一狀　　告你的姨爹他冇得天良

是清官就必定容你辯講　　一定要傳證人黑皮上堂

在法堂你說出如實情況　　漢陽縣一定要請我上堂

他是我姑表弟素有來往　　這案情他一定和我商量

保險你官司贏請把心放　　把賊子尤吉安斬首法場

他父子雙逼婚天良不講　　要落得報應昭彰自取滅亡

　　請人寫了詞狀，寶成母子與員外租了馬車到了漢陽，先到蔡甸找到黑皮，然後到衙門，由寶成先擊鼓投案告狀，他們三人在堂口等候。

# 第十場

## 寶成上堂

接上法堂我是來投案自首　　我名叫王寶成把人命謀

謀死了姨表兄號叫光祖　　十月八凶器是幾塊磚頭

雖投案我還要當堂控訴　　告尤家兩父子居心狠毒

吉安是親姨爹不如禽獸　　殺害了我父親早把意蓄

他是想把姨妹占為己有　　我母子無奈何逃到岳州

陳運清老員外為人恩厚　　收留我兩母子過了六秋

奉母命回漢陽婚姻探就　　見媒人吳正才說了情由
未婚妻受逼迫許了光祖　　那一晚他二人正拜花燭
他父子雙逼婚不照理路　　有舊恨未有報又添新仇
我連夜到他家準備下手　　尤光祖要解手出了門樓
用磚頭我把他砸死以後　　回岳州對員外訴說根由
我雖是真兇手罪行本有　　應先把尤吉安點燈熬油
爹被害有人證就在堂口　　李黑皮他全知始末緣由
真與假陳員外他也清楚　　所說的全是實一點冇留

## 黑皮上堂

李黑皮我情願當堂作證　　來揭露尤吉安謀財殺人
尤吉安先前是駕船為本　　我幫他只餬口不賺錢文
有一次裝滿載無法安頓　　請姨夫王國玉幫他出門
船行到襄河內脈旺小鎮　　貨起完又來了一個客人
客人是棉花莊管事身分　　他搭船帶得有一箱金銀
尤吉安起黑心謀財害命　　王國玉忙阻攔和他相爭
乘不備尤吉安天良喪盡　　刀砍死王國玉屍拋江心
緊接著手拿刀船艙直進　　殺了那搭船客奪了金銀
他怕我把此事對人談論　　要殺我來滅口刀砍我身
我一躲受了傷疼痛難忍　　為保命我只有跳入江心
這時候風又大波浪翻滾　　尤吉安以為我性命難存
也是我李黑皮不該命盡　　水性好傷不重未喪殘身
我回來黑夜裡忙送一信　　叫寶成兩母子速急逃身
這件事已經有六年光景　　王寶成到現在來把冤申
這都是實情話並未誑稟　　望青天大老爺懲辦惡人

李黑皮暫站一旁，劉卓忙請表兄陳運清和楊艮花上堂。先問了艮花，然後退堂擺酒，問了表兄運清關於寶成母子的實情，考慮再三，寶成雖是兇手，但有前因後果，尤吉安父子乃奸惡之輩，咎由自取，吩咐將全案所有人員傳到漢陽縣衙。

尤吉安見了李黑皮招了口供。劉大人判：尤吉安，你告魯桃仙與姦夫同謀殺了你子，本縣查明，你兒子乃仇人所殺，不與魯桃仙相干，你這是誣告，這是一罪。你父子不擇手段強逼婚姻，這是第二罪。六年以前，你圖財害命，連殺兩人，還要殺李黑皮滅口，這是三罪。三罪歸一，罪大惡極，判斬刑。何福成，身為財主，不守本分，出謀策劃，強奪婚姻，判監禁半年，罪銀一千兩，當堂交銀，刑滿後放人。魯桃仙，你雖受逼迫與尤光祖拜了堂，但未失身，在法堂敢於揭露惡賊，無罪開釋，賞銀五百兩。

王寶成，雖然是兇手，因有前因後果，本縣法外施恩，判你監禁半年，等刑滿再與魯桃仙成親。

李黑皮，為人正直，賞銀五百兩。

尤吉安的產業分三股，留一股楊金花養老，一股由王寶成承領，一股由被殺的劉管事家屬承領。

半年以後，寶成刑滿與魯桃仙交拜，夫妻恩愛。生下子女，養母親與黑皮的老。何福成死於獄中，楊金花老死，陳員外二老高壽，子孫發達，劉大人祿位高開，子孫發達。只有尤吉安落得滅門絕戶。

昌明文庫・悅讀中國　A0607023

漢川善書　上冊

主　　　編　漢川市文化體育新聞出版局
版權策畫　李煥芹
發 行 人　陳滿銘
總 經 理　梁錦興
總 編 輯　陳滿銘
副總編輯　張晏瑞
編 輯 所　萬卷樓圖書股份有限公司
排　　版　菩薩蠻數位文化有限公司
印　　刷　百通科技股份有限公司
封面設計　菩薩蠻數位文化有限公司
出　　版　昌明文化有限公司
桃園市龜山區中原街 32 號
電話 (02)23216565
發　　行　萬卷樓圖書股份有限公司
臺北市羅斯福路二段 41 號 6 樓之 3
電話 (02)23216565
傳真 (02)23218698
電郵 SERVICE@WANJUAN.COM.TW
大陸經銷
廈門外圖臺灣書店有限公司
　　電郵 JKB188@188.COM
ISBN 978-986-496-517-5
2019 年 3 月初版
定價：新臺幣 300 元

如何購買本書：

1. 轉帳購書，請透過以下帳戶
　 合作金庫銀行　古亭分行
　 戶名：萬卷樓圖書股份有限公司
　 帳號：0877717092596
2. 網路購書，請透過萬卷樓網站
　 網址 WWW.WANJUAN.COM.TW

大量購書，請直接聯繫我們，將有專人為您
服務。客服：(02)23216565　分機 610

如有缺頁、破損或裝訂錯誤，請寄回更換
版權所有・翻印必究
Copyright©2019 by WanJuanLou Books CO., Ltd.
All Right Reserved　　　　　Printed in Taiwan

國家圖書館出版品預行編目資料

漢川善書 / 漢川市文化體育新聞出版局主編.
-- 初版.-- 桃園市：昌明文化出版；臺北
市：萬卷樓發行, 2019.03
　　冊；　　公分
ISBN 978-986-496-517-5(上冊：平裝). --

1.勸善書　2.讀物研究　3.湖北省

192.91　　　　　　　　　　108003237

本著作物經廈門墨客知識產權代理有限公司代理，由湖北人民出版社有限公司授權萬
卷樓圖書股份有限公司（臺灣）、大龍樹（廈門）文化傳媒有限公司出版、發行中文
繁體字版版權。！